Maik Baumgärtner, Mario Born, Bastian Pauly

CRYSTAL METH

Produzenten | Dealer | Ermittler

Ch. Links Verlag, Berlin

Die Deutsche Nationalbibliothek verzeichnet diese Publikation
in der Deutschen Nationalbibliografie;
detaillierte bibliografische Daten sind im Internet
über www.dnb.de abrufbar.

1. Auflage, April 2015
© Christoph Links Verlag GmbH
Schönhauser Allee 36, 10435 Berlin, Tel.: (030) 44 02 32-0
www.christoph-links-verlag.de; mail@christoph-links-verlag.de
Umschlaggestaltung unter Verwendung eines
Crystal-Meth-Fotos von Maik Baumgärtner
Satz: Agentur Marina Siegemund, Berlin
Druck und Bindung: Druckerei F. Pustet, Regensburg

ISBN 978-3-86153-820-2

Inhalt

Einleitung: Crystal Meth –
Viele Schlagzeilen, kaum Informationen

Im Blätterwald rauscht es, im Netz nehmen die Klickzahlen zu. Zeitungen, Magazine und Online-Medien überbieten sich mit Superlativen wie »Crystal-Monster«, »Todesdroge« und »Teufelszeug«, wenn von der chemischen Verbindung N-Methylamphetamin die Rede ist – besser bekannt als die synthetische Droge Crystal Meth. Die Nachrichtenlage gibt Anlass zur Sorge: immer mehr Stoff, immer mehr Dealer und immer mehr Junkies. Doch im journalistischen Eifer geht schnell die Genauigkeit verloren. Unter der Schlagzeile »Crystal Meth erreicht Stuttgart« berichteten die *Stuttgarter Nachrichten* etwa über ein vermeintlich rosa oder blau gefärbtes Pulver[1] – dabei handelt es sich bei Crystal Meth in Reinform um farblose Kristalle. Was hinter ihnen steckt, geht allzu oft unter. Wer sind die Konsumenten? Welche Geschäfte machen Produzenten und Dealer? Welchen Kampf müssen die Ermittler bei Zoll, Polizei und Justiz ausfechten? Dieses Buch soll Antworten geben.

Effektiver Muntermacher mit gefährlichen Nebenwirkungen

Crystal Meth gehört zur Gruppe der Amphetamine – wie Ecstasy und Speed. Der Unterschied zu diesen Partydrogen liegt in dem besonderen Wirkstoff Methamphetamin – oder kurz: Meth. Er versetzt den Körper auf besonders effektive Weise in einen Alarmzustand: Die Nervenzellen im Gehirn schütten verstärkt die Stresshormone Dopamin und Noradrenalin aus, im Körper wird Adrenalin freigesetzt. Die Stimmung hellt sich auf – je nach Dosis bis zu einem Tag, manchmal sogar noch länger. Crystal regt Stoffwechsel und Atmung an. Blutdruck und Körpertemperatur nehmen zu. Es kommt zur Steigerung der Leistungsbereitschaft und der sexuellen Lust. Konsumenten berichten von erhöhter Ausdauer beim Sex und von Spaß an eintönigen Tätigkeiten (»festgehen«). Zugleich lässt die Droge Hunger, Durst, Schmerz und Müdigkeit vergessen. Die Hemmschwelle sinkt, und die Risikobereitschaft steigt.

Crystal ist ein Dopingmittel fürs Gehirn: Kurzfristig mobilisiert der Körper seine Kraftreserven – langfristig droht der Zusammenbruch. Im Vergleich zu anderen Stimulanzien wie Kokain und klassischen Amphetaminen ist die aufputschende Wirkung um ein Vielfaches länger und intensiver. Mögliche kurzfristige Nebenwirkungen sind Zittern, Unruhe und Nervosität. Die anfängliche Aufmerksamkeit kann durch die verstärkte Wahrnehmung jeglicher Umwelteinflüsse in Konzentrationsschwäche umschlagen. Binnen kurzer Zeit entwickelt der Körper eine Toleranz und verlangt nach höheren Dosen. Das Risiko einer psychischen Abhängigkeit ist vergleichsweise hoch. Schon einmaliger Konsum führt mitunter zu Wahnvorstellungen und Halluzinationen.

Bei dauerhafter Einnahme drohen massive Schädigungen wie chronische Unruhe, anhaltende Sinnestäuschungen und Angstzustände sowie der wachsende Missbrauch dämpfender Substanzen wie Alkohol und Cannabis. Die Fähigkeit des Nervensystems, Dopamin, Noradrenalin und Adrenalin zu produzieren, nimmt ab. Statt Freude oder Lust empfinden Risikokonsumenten im äußersten Fall nur noch Gleichgültigkeit (Anhedonie). Das Absterben von Nervenzellen bewirkt eine nachlassende Gedächtnisleistung.

Auch äußerlich macht sich die körperliche Auszehrung bemerkbar. Auffällig sind Gewichtsverlust, Hautentzündungen (Pickel) und das Immunversagen im Zahnbereich: Aufgrund des geschwächten Abwehrsystems, Vitamin- und Mineralstoffmangels und der gedrosselten Speichelproduktion im Mund breiten sich Keime aus, die Folgen sind Karies und Parodontose.

Zum Schniefen, Rauchen und Spritzen

In Salzform erinnert Methamphetamin an Glassplitter oder groben Zucker – daher die Bezeichnung »Crystal«. Die Kristalle sind durchsichtig oder schimmern je nach Reinheitsgrad milchig bis hellbraun. In dieser Form lässt sich Crystal ähnlich wie Crack in einer Pfeife rauchen. Zu Pulver zerkleinert, werden die Kristalle auch geschnupft beziehungsweise geschluckt oder in einer Flüssigkeit aufgelöst und injiziert. Das Schnupfen ist hierzulande am geläufigsten. Dabei wird das aus den zerstoßenen Kristallen entstandene Pulver etwa mithilfe eines gerollten Geldscheins oder eines Schnupfröhrchens durch die Nase gezogen. Eine andere Variante ist das »Blecheln«: Die Kristalle werden auf einer Alufolie erhitzt und die dabei entstehenden Dämpfe inhaliert. Der intravenöse Konsum gilt hingegen als selten und ist allenfalls in bestimmten Subkulturen wie der Homosexuellen-Szene in westlichen Metropolen verbreitet.

So viel Crystal wie niemals zuvor

In Deutschland und Österreich wachsen Handel und Konsum massiv an. Unter Drogeneinsteigern spielt Crystal Meth eine immer größere Rolle. 2013 zählte die Polizei in Deutschland 2736 Crystal-Erstkonsumenten, was einem Zuwachs von 7,4 Prozent im Vergleich zum Vorjahr entspricht. Immer mehr Abhängige suchen Rat bei professionellen Suchthelfern. Drogenberater und Therapeuten warnen vor einer völlig neuen Entwicklung, denn Crystal spricht eine so breite Zielgruppe an wie keine andere gefährliche Droge zuvor. So vielfältig wie die Nutzer sind auch die Konsummuster – ob in der Disco, im Hörsaal oder an der Werkbank. Die Droge hat mittlerweile sogar den Bundestag erreicht: Im Juli 2014 gestand der SPD-Politiker Michael Hartmann, in einer Lebenskrise zu Crystal gegriffen zu haben.

Gleichzeitig gehen Zoll und Polizei immer mehr Schmuggler ins Netz. Auch die beschlagnahmten Mengen nehmen zu. Manchmal müssen die Beamten sogar gegen ihre eigenen Kollegen ermitteln. So sollen drei Bundespolizisten aus dem sächsischen Klingenthal über einen Zeitraum von anderthalb Jahren in 38 Fällen jeweils zwischen 4 und 6 Gramm Crystal über die Grenze geschmuggelt haben.[2]

Tschechien ist mit 34 200 Crystal-Abhängigen Europas Brennpunkt. Die Droge ist dort seit den 70er Jahren unter den Namen »Piko« und »Pervitin« im Umlauf. Die Produktionskapazitäten der tschechischen Labore und Küchen, die den überwiegenden Großteil des mittel- und osteuropäischen Marktes beliefern, liegen schätzungsweise bei mehreren Tonnen pro Jahr. Im Grenzraum bieten Schwarzmarkthändler das Crystal für 25 bis 30 Euro pro Gramm an, wobei je nach Gewöhnung schon 5 bis 25 Milligramm für einen Rausch ausreichen. Der vergleichsweise äußerst günstige Verkaufspreis erklärt die große Popularität von Crystal im Grenzraum. Doch selbst in entfernten Regionen mit drei- bis viermal höheren Straßenpreisen wächst die Nachfrage.

Eine Droge mit Tradition

Crystal Meth ist eine vollsynthetische Droge, die sich einfach, schnell und billig herstellen lässt. Als Grundstoffe für die Methamphetamin-Herstellung dienen Ephedrin und verwandte Verbindungen wie Pseudo- und Chlorephedrin. Das pflanzliche Ephedrin steigert den Blutdruck und hemmt den Appetit. Es ist in Arzneimitteln gegen Bronchitis und Asthma oder niedrigen Blutdruck enthalten. Pseudoephedrin findet sich etwa in rezeptfrei erhältlichen Erkältungsmitteln.

Für die Produzenten ist das Geschäft lukrativ. Crystal-Hersteller gewinnen die Stoffe entweder aus Medikamenten oder zweigen diese im großen Stil aus der chemischen Industrie ab.

2008 offenbarte der Präsident des tschechischen Pharmaverbandes Stanislav Havlíček, dass »mehr als 80 Prozent der verkauften Erkältungsmittel in Tschechien für die illegale »Pervitin«-Produktion verwendet werden«.[3] Methamphetamin war seinerseits jahrzehntelang als Arzneimittel auf dem Markt. Der deutsche Pharmahersteller Temmler hatte die Tabletten in den 1930er Jahren entwickelt und unter dem Markennamen »Pervitin« verkauft. Im Zweiten Weltkrieg setzte die Wehrmacht das Medikament millionenfach ein, um Soldaten aufzuputschen. Die damalige Popularität führte dazu, dass »Pervitin«-Abhängigkeit in der Nachkriegszeit ein weitverbreitetes Phänomen war. Auch der Spitzensport missbrauchte das Medikament. Bis in die 60er und 70er Jahre galt es als effektives Dopingmittel.

Methamphetamin ist keine rein europäische Erscheinung. Weltweit ist die Substanz unter verschiedenen Bezeichnungen als Droge bekannt: als »Meth« und (bei schlechter Qualität) »Crank« in den USA, als »Tik« in Südafrika und »Yaba« oder »Shabu« im asiatisch-pazifischen Raum. Weitere international gängige Namen sind »Tina«, »Perlik«, »Ice«, »Shard« und »Glass«.

Auf den Besitz und Handel stehen in Deutschland die im Betäubungsmittelgesetz des Bundes festgelegten Strafen. Die Höhe ist abhängig von der sichergestellten Menge. Wird der Grenzwert einer »nicht geringen Menge« überschritten, drohen Gefängnisstrafen von einem bis zu 15 Jahren. Nach einem Urteil des 2. Strafsenats des Bundesgerichtshofes in Karlsruhe vom 3. Dezember 2008 gelten als Grenzwerte 5 Gramm für flüssiges und 6,223 Gramm für kristallines Methamphetamin, bei jeweils höchster Reinheitsstufe. In Österreich ist die Rechtspraxis ungleich liberaler. Staatsanwaltschaften und Gerichte prüfen im Einzelfall, bei welchen Mengen Geld- oder Haftstrafen verhängt werden. Der in der Grenzmengenverordnung festgelegte Wert von 10 Gramm reinen Methamphetamins dient lediglich als Orientierung.

Konsumenten in der kriminellen Abwärtsspirale

Das Problem des Crystal-Konsums lässt sich nicht auf eine einfache Formel herunterbrechen. Innerhalb Deutschlands und Österreichs gibt es große Unterschiede: Während ein Großteil der Bundesländer wie Nordrhein-Westfalen, Niedersachsen und Mecklenburg-Vorpommern bislang nur moderat wachsende Fallzahlen verzeichnen, sehen Behörden in der Grenzregion zu Tschechien Crystal als flächendeckendes Problem. Das zeigt der Brennpunkt Sachsen, wo die Droge sowohl ländliche Regionen als auch die Ballungszentren erreicht hat. So vergeht in der 500 000-Einwohner-Stadt Leipzig kaum eine Woche, ohne dass vor dem Amts- oder Landgericht ein Prozess wegen eines Crystal-Deliktes stattfindet. Wie Justizkreise berichten, hat die Droge in der lokalen Szene Heroin den Rang abgelaufen. Außerdem sollen Beschaffungs- und Begleitdelikte wie Gewaltstraftaten spürbar zugenommen haben.

Für die Abhängigen zieht Crystal unweigerlich einen Bruch in der Biographie nach sich. Weder physisch noch psychisch sind sie in der Lage, einer geregelten Arbeit nachzugehen und am sozialen Leben teilzuhaben. Ohne regelmäßiges Einkommen droht die kriminelle Abwärtsspirale. In der Folge stehen die Süchtigen wegen kleinerer Vergehen wie Schwarzfahren oder Diebstahl immer wieder vor Gericht. Letztlich führt dieser Weg für viele Abhängige zwangsläufig ins Gefängnis. Dort beginnt für sie eine neue Tortur – denn Plätze für eine Therapie sind stark begrenzt.

In den zehn sächsischen Gefängnissen zeigten im Sommer 2013 nach Angaben des Justizministeriums 600 Häftlinge Anzeichen eines problematischen Crystal-Konsums. Allein im Jahr 2012 fielen den sächsischen Justizvollzugsbeamten 147 Gramm der Droge in die Hände.

Die Haftanstalten berichten von erheblichen körperlichen und psychischen Auffälligkeiten wie Verwahrlosung, Gereiztheit und erhöhter Neigung zu verbaler Aggression. Als Reaktion wurde im Juni 2014 in der Justizvollzugsanstalt Zeithain eine Therapiestation mit 20 Plätzen speziell für Crystal-Abhängige eingerichtet.

Millionenschäden in den Kommunen

Wie dramatisch die gesellschaftlichen Folgen des wachsenden Konsums sind, wird erst im Detail deutlich. Dietmar Schneider ist einer, der genau hinschaut. Für den Leiter der Abteilung Kinder-, Jugend- und Familienhilfe im Landkreis Sächsische Schweiz-Osterzgebirge ist Crystal ein großes Thema. Auf halber Strecke zwischen Dresden und der tschechischen Grenze gelegen, wirbt die Kreisstadt Pirna als »Tor zur Sächsischen Schweiz« um Touristen. »Wir sind Grenzkreis und auch noch der mit der höchsten Zahl an traditionellen Grenzübergängen, die zu Fuß passierbar sind«, erzählt Dietmar Schneider. Mit Blick auf Crystal ist ihm der rege Grenzverkehr ein Grauen. Die Droge sei ständig verfügbar, »das ist ein Riesenproblem«. Dem Landkreis kommt das teuer zu stehen, seit fünf Jahren steigen die Ausgaben für die Jugendhilfe. Anfangs hatte sich Dietmar Schneider darüber nur gewundert, schließlich veranlasste er eine behördeninterne Studie. Das Ergebnis schockierte ihn. »Bei den Sozialausgaben kostet uns Crystal jedes Jahr mindestens drei Millionen Euro zusätzlich«, berichtet Schneider. Allein im ersten Halbjahr 2014 musste das Jugendamt 26 Kinder in Obhut nehmen, weil ihre Eltern der Droge verfallen waren. Schneider rechnet vor: Ein Heimplatz kostet seinen Landkreis jeden Monat 3750 Euro. Hochgerechnet auf das Jahr sind das 1,17 Millionen Euro. Auch im Bereich der Familienhilfe muss Schneiders Behörde draufzahlen. Ihn treibe das um, Abstriche würde er aber niemals machen wollen. »Wir kümmern uns«, versichert der Behördenchef. Über die Dimensionen des Problems macht er sich keine Illusionen. »Es zieht sich durch alle Schichten, betrifft Männer und Frauen – es gibt hier keine Unterschiede.«

Historische Höhenflüge –
Von Nazis, Sportlern und Oppositionellen

Ohne morgendliche Spritze kam der Diktator nicht in Tritt. Nahezu täglich hing Adolf Hitler an der Nadel. Sein Leibarzt hatte ihm diese sonderliche Kur verordnet. Dr. Theodor Morell genoss beim selbsternannten Führer höchstes Ansehen. »Doktorchen«, sagte Hitler einmal, »ich freue mich ja so, wenn Sie morgens kommen!«[4] Der Cocktail, den Morell in die Venen des Diktators injizierte, hatte seine Wirkung. Schlagartig verflüchtigte sich jede Müdigkeit, kaum dass der hoch geschätzte Leibarzt sein Werk verrichtet hatte.

Geheimnisvolle Mittel vom »Reichsspritzenmeister«

Bis heute ist es ein Rätsel geblieben, welche Mittelchen Morell dem Diktator im Einzelnen verabreichte. In Nazi-Kreisen galt der Hitler-Arzt, der nach der »Machtergreifung« schnell Karriere zu machen wusste, wahlweise als Wunderheiler oder Kurpfuscher. So verspottete Luftwaffen-Chef Hermann Göring, der selbst morphiumsüchtig war, Morell insgeheim als »Reichsspritzenmeister«. In den Ampullen für Hitler, beteuerte Morell später, habe sich »Vitamultin A« befunden, ein vitaminreiches Präparat, das der Leibarzt aus den Hamma-Werken bezog, an denen er beteiligt war.

Doch an der Reinheit der Substanzen, die auch als in Goldpapier gewickelte Tabletten in die Reichskanzlei geliefert wurden, bestehen heute erhebliche Zweifel. Das Vitaminpräparat allein habe kaum zum Weckmittel getaugt, analysierten der amerikanische Psychiater Leonard Heston und dessen Frau, die Krankenschwester Renate Heston, im Jahr 1980 nach eingehendem Studium unveröffentlichter Akten.[5] Die beiden waren überzeugt: Was Hitler wirklich munter machte, war die Mischung aus »Pervitin« und Koffein, womit Morell das Vitamultin eigens für den Diktator versetzt haben soll. Die aufputschende Wirkung des »Pervitins« wurde durch den zusätzlichen Schub von Koffein noch verstärkt. Aus chemischer Sicht war »Pervitin«, das es zu Beginn des Zweiten Weltkriegs in jeder Apotheke zu kaufen gab, nichts anderes als Methamphetamin. Und möglicherweise war Hitler einer der ersten Abhängigen jener Droge, die heute unter dem Namen Crystal Meth Karriere macht.

In der Tat, befanden die Hestons, habe sich Hitler wie ein Junkie benommen. Er misstraute selbst engsten Mitarbeitern, seine Stimmung schwankte zwischen Lethargie, Ungeduld und Wut, immerzu war er nervös. Ein hartnäckiger Juckreiz plagte ihn, weshalb er sich im Nacken regelmäßig blutig kratzte. Leonard und Renate Heston gingen sogar so weit, Hitlers eigensinnige Kriegsführung mit »Pervitin«-Missbrauch zu erklären. In den Jahren 1942/43, als Leibarzt Morell auch tagsüber zur Spritze greifen musste, verrannten sich die Soldaten an der Ostfront auf Hitlers Befehl in die aussichtslose Schlacht von Stalingrad, die schließlich die Kriegswende einleitete. Als sich der Gesundheitszustand seines Patienten zusehends verschlechterte, soll Morell die »Pervitin«-Spritzen abgesetzt haben. Die in Goldpapier eingewickelten Tabletten hingegen hat Hitler laut Augenzeugen auch noch in seinen letzten Stunden im Führerbunker geschluckt – zeitweise bis zu zehn Pillen am Tag.[6]

Die Thesen der Hestons fanden in ihrer Zuspitzung nur geringe Unterstützung. Dass Hitler von »Pervitin« abhängig war, ist in der Forschung umstritten. Unstrittig aber ist, dass Methamphetamin millionenfach bei den Soldaten der deutschen

Wehrmacht zum Einsatz kam. Der Wirkstoff war unter dem Markennamen »Pervitin« seit 1938 auf dem Markt und im ersten Jahr ohne Rezeptzwang in jeder Apotheke frei erhältlich. Die Pillen sollten eigentlich zur Behandlung von Asthma, Kreislaufschwäche und Depressionen Anwendung finden. Zuvor hatten die Temmler-Werke in Berlin-Johannisthal vier Jahre lang an der Herstellung des Aufputschmittels geforscht und 1937 ein entsprechendes Patent angemeldet.

Methamphetamin war erstmals 1893 durch den japanischen Chemiker Nagayoshi Nagai in flüssiger Form synthetisiert worden. Seinem Landsmann, dem Pharmakologen Ogata Akira, gelang es 1919 als Erstem, die Substanz in Reinform zu kristallisieren. Neben Temmler brachte die globale Konkurrenz in der Zwischenkriegszeit ähnliche amphetaminbasierte Arzneimittel auf den Markt. Das in den USA entwickelte Asthmamittel Benzedrin, die Urform heutiger Partydrogen wie Speed oder Ecstasy, konnte mit der Wirkung seines deutschen Wettbewerbers allerdings nicht mithalten. »Pervitin« war nicht nur besser, sondern auch günstiger. Es ließ sich aus den Abfällen der Großchemie herstellen.

»Pervitin« – Der Treibstoff für die Blitzkriege

Dank einer breit angelegten Werbekampagne der Berliner Temmler-Werke wurden die Pillen in den orange-blauen Packungen binnen weniger Monate im ganzen Reich als Wachmacher bekannt. Zeitgleich veröffentlichte der Pharmakologe Friedrich Hauschild im April 1938 in der *Klinischen Wochenschrift* einen Aufsatz, in dem der Temmler-Cheflaborant die »zentral erregende Wirkung des Pervitin« beschrieb, das im Falle von Überdosierungen in Tierversuchen allerdings auch »eigenartige« Erscheinungen hervorriefe. Ratten, berichtete Hauschild, würden »unruhig, laufen aufgeregt hin und her, putzen sich und beschnuppern alles. [...] [D]ie Tiere haben dauernd etwas zu tun, sie drehen sich ›tanzend‹ oft stundenlang im Kreis, teils fressen sie sich vor Erregung die Pfoten und Bauchdecken an, so daß sie heftig bluten. Andere Tiere zeigen eigenartige Leck- und Kaubewegungen, vielfach bluten sie aus der Nase.« Beim Menschen genüge eine Dosis von einem bis fünf Milligramm »zur Erzielung eines viele Stunden anhaltenden instruktiven zentralen Effektes (Beseitigung jeder Müdigkeit, Tätigkeitsdrang usw.)«, notierte Hauschild. Der Wirkstoffgehalt einer Tablette betrug mit drei Milligramm Methamphetamin lediglich einen Bruchteil der durchschnittlichen Dosis heutiger Crystal-Meth-Konsumenten. Für den »Pervitin«-Pionier bestand kein Zweifel: Sein Mittel belebe umgehend, mit zuvor nicht gekannter Effektivität und Dauer die höchsten Regionen des zentralen Nervensystems. »Diese Eigenschaften«, schloss Hauschild, »dürften dem »Pervitin« umfangreiche und neuartige Indikationsgebiete sichern.«[7] Darin sollte er schon bald bestätigt werden.

Die allseits gepriesenen Pillen weckten am Vorabend des Zweiten Weltkriegs schnell die Begehrlichkeiten der Wehrmacht. Leistungssteigernde Mittel waren das Spezialgebiet des Oberarztes Otto F. Ranke, des Leiters des Instituts für Allgemeine und Wehrphysiologie an der Militärärztlichen Akademie in Berlin. Ranke startete in den Jahren 1938/39 mehrere Versuchsreihen mit Studenten, die das »Pervitin« auf seine Kriegstauglichkeit erproben sollten. Doch die Tests liefen teilweise aus dem Ruder. Ranke musste feststellen, dass seine Studenten das »subjektiv angenehm wirkend[e] Arzneimittel« missbrauchten, um auch für die anstehenden Examensvorbereitungen und bei privaten Anlässen hellwach zu sein. Als er im Oktober 1939, kurz nach Kriegsausbruch, zu einem Besuch an der Westfront weilte, musste er irritiert bemerken, dass »wohl jeder Leutnant [...] »Pervitin« in der Tasche« habe, obwohl dessen Wirkung kaum erforscht sei. In der Folge wuchs in Ranke die Überzeugung, die Abgabe des Mittels unter ärztliche Aufsicht stellen zu lassen.

Ohne dass Rankes »Pervitin«-Versuche abgeschlossen waren, hatten die vermeintlichen Wunderpillen längst ihren festen Platz im Feldgepäck erobert. Allein zwischen April und Juli 1940 wurden 35 Millionen Pillen »Pervitin« und Isophan, ein identisches, von der Ingelheimer Knoll AG eigens für die Wehrmacht produziertes Methamphetaminpräparat, an Heer und Luftwaffe geliefert.[8] »Man nehme höchstens 2 Tabletten«, empfahl die Gebrauchsanweisung des als »Wachhaltemittel« ausgewiesenen »Pervitins«, »um Schlaflosigkeit zu erhalten. [...] Benutzung nur von Fall zu Fall!«[9] Derart ausgerüstet brachten die deutschen Soldaten die Überfälle auf Polen und Frankreich zu einem frühen Ende. Was der Volksmund »Panzerschokolade«, »Hermann-Göring-Pille« oder »Stuka-Tablette«[10] nannte, trieb die Infanteristen scheinbar mühelos zu 60 Kilometer langen Gewaltmärschen übers Gelände und nahm den Kampffliegern jeden Skrupel vor dem nächsten Angriff. Soldaten verwandelten sich in aggressive und ausdauernde Kampfmaschinen. Neben taktischen Gesichtspunkten hatte nach Urteil des Militärhistorikers Peter Steinkamp auch der Pervitin-Missbrauch einen nicht unbedeutenden Anteil an den schnellen militärischen Erfolgen der deutschen Wehrmacht. Indem »Pervitin« Leistung, Selbstbewusstsein und Risikobereitschaft der Truppe steigerte, wurde es zum Treibstoff der »Blitzkriege«.

Auf Missbrauch folgt Sucht

Unter den Soldaten blieb das nicht ohne Nebenwirkung. »Pervitin« barg eine hohe Gewöhnungs- und Suchtgefahr, wie auch Heinrich Böll, der spätere Literaturnobelpreisträger, im besetzten Polen zu spüren bekam. Am 9. November 1939 ließ der junge Gefreite seine »lieben Eltern und Geschwister« in Köln per Feldpost wissen: »Der Dienst ist stramm, und Ihr müßt verstehen, wenn ich späterhin Euch nur alle zwei bis

vier Tage schreibe. Heute schreibe ich hauptsächlich um
»Pervitin«.« Am 20. Mai 1940 bat er abermals: »Vielleicht
könntet Ihr mir noch etwas »Pervitin« für meinen Vorrat be-
sorgen«, um am 19. Juli 1940 noch eindringlicher zu werden:
»Schickt mir nach Möglichkeit bald noch etwas Pervitin.«[11]
Böll war 22 Jahre, als er diese Zeilen schrieb.

An der Heimatfront hielt das mit sechs Reichspfennigen
pro Pille[12] äußerst erschwingliche Aufputschmittel ebenfalls
Einzug in den Alltag. Die Schokoladenindustrie brachte mit
»Pervitin« versetzte Pralinen auf den Markt, von denen die
Werbung versprach: »Pervitin macht die Hausfrau fröhlich.«
Dabei war für Drogen eigentlich kein Platz in der national-
sozialistischen Ideologie. Nach einer Verschärfung des Straf-
gesetzes drohte Rauschmittelabhängigen die stationäre
Zwangseinweisung und im äußersten Fall sogar Konzentra-
tionslagerhaft oder der Giftgastod.[13]

Im Interesse der Leistungssteigerung machten die Nazis
allerdings eine Ausnahme.[14] Schließlich waren führende Köpfe
des Systems selbst der Drogensucht verfallen: Am Morgen
des 17. November 1941 schallte ein Schuss durch die Berliner
Dienstvilla von Generaloberst Ernst Udet. Dem hochdeko-
rierten früheren Jagdflieger und Rüstungsbeauftragten der
Luftwaffe war das Scheitern des Bombenkrieges um England
angelastet worden. Seinem Dienstherrn und Duzfreund Hermann Göring hinterließ er an der Stirnseite seines Bettes die
vorwurfsvolle Botschaft: »Eiserner, Du hast mich verlassen!«
Bevor sich Udet die Kugel gab, hatte er sich wie so oft in
seinen letzten Monaten mit einem Cocktail aus Alkohol und
»Pervitin« berauscht.[15]

Von der Front häuften sich mittlerweile die Berichte über
den Missbrauch von »Pervitin«, der mitunter zu Bluthoch-
druck und ernsten Herzproblemen führte. Für manche Soldaten endete das in der Dienstunfähigkeit, schlimmstenfalls
auch mit dem Tod.

Was von den Nazis im Krieg als zweckheiligendes Mittel

in Kauf genommen wurde, bedrohte im zivilen Leben zusehends die allseits propagierte Volksgesundheit. Das missfiel dem Reichsgesundheitsführer Leonardo Conti. Als Anhänger der völkischen Bewegung predigte Conti, der die Reichsärztekammer und den Nationalsozialistischen Deutschen Ärztebund in Personalunion führte und zugleich Staatssekretär des Innenministeriums war, Enthaltsamkeit. »Wer Ermüdung mit »Pervitin« beseitigen will, der kann sicher sein, daß der Zusammenbruch seiner Leistungsfähigkeit eines Tages kommen muß«, sagte Conti im März 1940 vor der versammelten Reichsärzteschaft, die »Pervitin« trotz der wenige Monate zuvor eingeführten Rezeptpflicht weiterhin großzügig verschrieb. Erst ein anstößiger Zwischenfall im Frühjahr 1941 veranlasste das Innenministerium dazu, die populären Pillen unter das Opiumgesetz zu stellen und de facto zur verbotenen Substanz zu erklären: Ein Berliner Medikamentengroßhändler hatte auf illegalem Weg Unmengen von »Pervitin« und anderen Substanzen bezogen, um diese an Apotheken im ganzen Stadtgebiet und an private Abnehmer weiterzuverkaufen. Unter den Kunden befand sich mit dem »Salon Hartmann« auch ein Bordell. Es dauerte nur wenige Wochen, bis »Pervitin« zum 1. Juli 1941 als Opiat eingestuft und der Besitz ohne entsprechendes Rezept unter Strafe gestellt wurde.[16] Dem Konsum tat das allerdings kaum einen Abbruch. Allein für den zivilen Markt produzierten die Temmler-Werke von 1941 bis 1944 jährlich zwischen sieben und neun Millionen Tabletten.[17]

An der Front war das Opiumgesetz ohnehin nur von geringem Wert. Mittlerweile setzten auch die verbündeten Japaner auf Methamphetaminpräparate, die Amerikaner und Briten schworen auf Benzedrin. In den letzten Kriegsmonaten erinnerten sich führende deutsche Militärs der »Blitzkrieg«-Erfolge. Im Angesicht der sich abzeichnenden Niederlage träumten die Nazis von einer neuen Wunderpille, die das »Pervitin« in seiner Wirksamkeit übertreffen müsste. Die Frage nach Zusammensetzung und Dosierung sollten Menschenversuche im Konzentrationslager Sachsenhausen klären. Dort gab es seit 1940 das berüchtigte »Schuhläufer-Kommando«. Häftlinge mussten im Auftrag der Industrie und später auch der Wehrmacht Schuhe auf deren Tauglichkeit erproben – »bis zum völligen Verschleiß«, wie die Direktive nicht nur hinsichtlich des Materials lautete. Das »Schuhläufer-Kommando« war eine Strafkompanie, die unzählige Inhaftierte das Leben kostete.[18] Täglich 40 Kilometer und mehr hatten die Häftlinge mit schwer beladenen Rucksäcken bei Wind und Wetter im Halbkreis zu marschieren, auf einer Piste aus Beton, Sand, Lehm, Schotter und Pflaster.[19] Unter dieser unmenschlichen Belastung wurden den »Schuhläufern« im November 1944 hochdosierte Aufputschmittel verabreicht. Vollgestopft mit Kokain, »Pervitin« oder dem neuen Präparat D-IX, einer Kombination beider Drogen mit dem Schmerzmittel Eukodal[20], sollten sie ohne Schlaf vier Tage am Stück marschieren. Mit der zynischen Versuchsreihe simulierte die Marine Einsätze der »Seehund«-Kampfverbände.[21] In dem Kleinst-U-Boot, das in der Endphase des Krieges zum Einsatz kam, fanden gerade einmal zwei Mann Platz. Auf engstem Raum, in dem auch ohne Feindeinwirkung permanent der Tod durch Kohlenmonoxid-Vergiftung oder Lungenriss drohte, mussten sie bis zu einer Woche lang ausharren. »Pervitin« gehörte hier ebenso zur unverzichtbaren Bordverpflegung wie in den notdürftig umgebauten, bemannten Torpedos, deren Luke für den auf sich allein gestellten Piloten von innen nicht zu öffnen war. Als diese methamphetamingetriebenen Himmelfahrtskommandos in See stachen, war der Krieg längst entschieden.

Was den »Pervitin«-Umlauf betraf, bedeutete die bedingungslose Kapitulation 1945 keine »Stunde null«. Mancher Soldat war als Junkie von der Front heimgekehrt. Auch Heinrich Böll konnte lange nicht von dem Aufputschmittel lassen.[22] Im Nachkriegsdeutschland wurde das verschreibungspflichtige »Pervitin« zur gefragten Schwarzmarktware.

Die Ost-Berliner Produktionsstätten der Temmler-Werke, unter den Nazis ein »wehrwichtiger Betrieb«, wurden durch die sowjetischen Besatzer enteignet, teilweise demontiert und in einen volkseigenen Betrieb (VEB) überführt. Im Westen konnte die Pharmafirma jedoch unter ihrem alten Namen weiterexistieren. Die Geschäftsleitung verlegte ihren Sitz zunächst nach Hamburg und später nach Marburg. Welche Folgen die fortwährende »Pervitin«-Produktion mit sich brachte, zeigen Patientenakten des damaligen Universitäts-Krankenhauses in Hamburg-Eppendorf.[23] Ärzte, Juristen, Pfarrer und Diplomingenieure ließen dort ihre suchtbedingten Psychosen behandeln. In West-Berlin wurden zwischen 1945 und 1952 in den stationären Therapieeinrichtungen 107 »Pervitin«-Abhängige gezählt.[24]

Es war die Zeit, als die junge Bundesrepublik nach Aufschwung und Anerkennung strebte. Auf die entbehrungsreichen Aufbaujahre folgte zusehends wirtschaftlicher Wohlstand. Die Westdeutschen rackerten für ihren Traum von einer kleinbürgerlichen Idylle. Wer ins Taumeln geriet, half mit »Pervitin« nach. Die Droge hatte ihren festen Platz in der Alltagssprache. Das zeigt ein Report des *Spiegel* aus dem Jahr 1950 über die Flut unterbezahlter Jungärzte, die sich mit Nebenjobs als Nachtwächter oder Taxifahrer durchschlagen mussten. Wer das durchstehen wolle, kommentierte das Nachrichtenmagazin süffisant, bräuchte schon harte Nerven – »oder Pervitin«. Tatsächlich war das Aufputschmittel auch im Nachkriegsdeutschland so gefragt wie Kaffee, Tabak oder Alkohol. Aus dem Bewusstsein der Deutschen sollte die Droge erst Ende der 60er Jahre verschwinden, als sich Haschisch, LSD und Heroin etablierten.

Im Land des einstigen Kriegsverbündeten Japan war Methamphetamin in den Aufbaujahren ebenfalls populär. Dort nahm die Verbreitung zeitweise epidemische Ausmaße an. Statt »Pervitin« schluckte die Nation der Crystal-Meth-Erfinder Philopon. Die Pillen waren zu Kriegszeiten tonnenweise für die selbstmörderischen Missionen der Kamikaze-Flieger produziert worden und gelangten nach 1945 in den freien Verkauf. Bis die Droge verboten wurde, schnellte die Zahl der Abhängigen auf zwei Millionen nach oben. Darunter waren überwiegend junge Japaner zwischen 20 und 29 Jahren. Auf dem Höhepunkt, 1954, verhaftete die Polizei 55 664 Fixer.[25]

Ein Doppelmord im Nachkriegsberlin

Die Stadt lag noch in Trümmern, als ein grauenvoller Doppelmord die Öffentlichkeit erschütterte. Am 4. Januar 1950 entdeckten Kinder beim Spielen in einer der Ruinen unweit des Alexanderplatzes im sowjetischen Sektor die Überreste einer weiblichen Leiche. Wie sich herausstellte, war das Opfer erdrosselt und anschließend sachkundig zerstückelt worden. Der Tathergang passte zu einem anderen Fall, in dem ein Mann ermordet worden war. Durch die alsbald identifizierte Frauenleiche kamen die anfangs ratlosen Ermittler der Täterin auf die Spur. Es war die Krankenschwester Elisabeth Kusian. Schulden, Versagensängste und ihre Drogensucht hatten die 37-Jährige zur Mörderin gemacht. Die »Todesschwester«, wie die Zeitungen titelten, war abhängig von Morphium und »Pervitin«. In beiden Fällen hatte sie die Opfer unter einem Vorwand in ihr möbliertes Zimmer in Charlottenburg gelockt. Am Abend des 3. Dezember 1949 traf es einen Berlinbesucher aus Sachsen, der seine spätere Mörderin am Bahnhof Zoo angesprochen hatte, um Geld zu tauschen. »Ost gegen West«, raunte er, folgte Kusian zu deren Wohnung ein paar Straßen weiter und nahm auf ihrem Sofa Platz. Doch es war kein Geld, was Kusian aus der Küche holte, sondern eine Wäscheleine, die sie ihrem Opfer um den Hals warf und zuzog. So kannte sie es aus den Erzählungen der Kriminalpolizisten, deren Vorträgen die Krankenschwester stets wissbegierig gefolgt war. Mit einem Brotmesser schnitt sie die Halsschlagader auf, ließ das Blut in einen Eimer abfließen, zerstückelte die Leiche und beseitigte die Spuren anschließend sorgfältig mit dem Scheuerlappen. In Rucksäcken und Koffern verpackt, verteilte Kusian die Leichenreste quer durch die Stadt. Die Kleidung des Opfers machte sie auf dem Schwarzmarkt zu Geld. Das eiskalte Prozedere wiederholte sich knapp drei Wochen später, am zweiten Weihnachtsfeiertag 1949. Diesmal landete die Schlinge um den Hals einer Angestellten eines Schreibmaschinenhändlers, die sich anfangs noch zu wehren wusste. Ihre Schreie, berichteten Zeugen, seien im ganzen Haus zu hören gewesen. Bei ihrem zweiten Mord hatte es Kusian auf die Schreibmaschine vom Typ »Erika« abgesehen, die das Opfer ausliefern sollte.

Nachdem die Überreste der Toten identifiziert waren, wurde Kusian verhaftet. In ihrem Zimmer fand die Polizei neben dem Schlips des Geldwechslers auch »Pervitin« und Morphium. Nach viertägigem Kreuzverhör brach Kusian zusammen und gestand die beiden Raubmorde. Bei einzelnen Patienten hatte die Krankenschwester mehrere Tausend Mark Schulden. Seit ihrer Scheidung unterhielt die dreifache Mutter einen Geliebten, den sie ständig mit neuen Geschenken überrascht hatte.

Nach einem Jahr wurde ihr der Prozess gemacht, bei dem die Drogenabhängige nicht nur wegen der ihr vorgeworfenen Taten öffentliches Aufsehen erregte. Wie schon in den Polizeiverhören verstrickte sich Kusian auf der Anklagebank immerzu in Widersprüche, die dem Prozess mit jedem Verhandlungstag eine neue Wendung gaben. Während Kusian ihr Geständnis widerrief und ihren geschiedenen Ehemann der Mittäterschaft bezichtigte, ergründete ein Gerichtspsychologe die Seele der augenscheinlich schizophrenen Frau: Da war die erbliche Belastung durch die unausgeglichene Mutter und den leicht erregbaren Vater. Da waren die Lügengeschichten, mit denen sich Kusian die Kriegsjahre schöngeredet hatte. Den Nachbarn hatte sie sich als Malerin und Tochter einer ungarischen Gräfin vorgestellt. Damit rechtfertigte sie auch ihre Angewohnheit, regelmäßig ausgelassen zu feiern. Augenscheinlich war sie der Langeweile erlegen, seit ihr Mann zum Kriegsdienst eingezogen worden war. In seiner damaligen Berichterstattung beschrieb der *Tagesspiegel* Kusian als ebenso »phantasievolle« wie »pathologische Lügnerin«, als »geschickte Strategin in eigener Sache«, die selbst aus widersprüchlichen, aber detailversessenen Aussagen noch ihren Vorteil zu ziehen vermochte. Der Prozess gegen die »Todesschwester« war längst ein gesellschaftliches Ereignis geworden. Auf den Gerichtsfluren feilschte man um die Eintrittskarten, die das Gericht ausgab, um dem Besucheransturm Herr zu werden. Geboten wurden bis zu 100 Mark und aberwitzige Geschichten wie die einer falschen Zeugin, die sich mit einer aus der Luft gegriffenen Verdächtigung offenbar lediglich Zutritt zum Gerichtssaal verschaffen wollte.

Trotz aller Winkelzüge wurde Kusian im Eilverfahren binnen weniger Wochen im Januar 1951 wegen vorsätzlichen Raubmordes in zwei Fällen zu einer lebenslangen Haftstrafe und Ehrverlust auf Lebenszeit verurteilt. Ungeachtet ihrer offenkundigen Drogensucht galt die Angeklagte als uneingeschränkt schuldfähig. »Diese Frau hat diesen schönen Beruf geschändet«, sagte der Vorsitzende Richter in der Urteilsbegründung. Ihre Taten hatte Kusian in Schwesterntracht begangen. Die Frage, ob sie auch für 20 weitere zerstückelte Leichen verantwortlich sei, die in den frühen Nachkriegsjahren in Berlin gefunden worden waren, nahm die Verurteilte mit ins Grab. Die »Todesschwester« starb sechs Jahre nach ihrer Verurteilung auf der Haftkrankenstation infolge einer Krebserkrankung.[26]

Schmierstoff für Heldensagen

1954 gelang der deutschen Fußballnationalmannschaft das scheinbar Unmögliche: Das Team von Bundestrainer Sepp Herberger errang bei der Weltmeisterschaft in der Schweiz den

Titel. Der unverhoffte Finalsieg gegen die damalige Übermannschaft aus Ungarn ging als »Wunder von Bern« in die Geschichte ein. »Wir sind wieder wer«, hieß es auf den Straßen; Politiker wie Historiker deuteten den sportlichen Triumph nachträglich zum Gründungsmythos der Bundesrepublik. Doch die gefeierten Helden kamen schnell zu Fall. Mehrere Spieler zeigten in den Folgemonaten die Symptome einer Gelbsucht, ärztliche Untersuchungen attestierten nahezu der gesamten Mannschaft Leberschädigungen. Die Ursache waren verunreinigte Spritzen, die Mannschaftsarzt Franz Loogen insgeheim im Keller des WM-Quartiers in Spiez gesetzt hatte. An der Erklärung, die Injektionen hätten lediglich Traubenzucker enthalten, haben kritische Sporthistoriker wie Erik Eggers heute große Zweifel. Stattdessen soll es »Pervitin« gewesen sein, das die Herberger-Elf zum Titel peitschte. Loogen war als Schüler der Kriegsmedizin mit leistungssteigernden Mitteln vertraut, Herberger betreute schon unter den Nazis die Nationalmannschaft. Der Trainer habe nach Aussagen Loogens »den Doping-Einsatz« gefordert.

Noch vor Beginn der Weltmeisterschaft hatte ein Leichtathlet an der Hohen Medizinischen Fakultät der Universität Freiburg seine Dissertation fertiggestellt, die zunächst bis 1959 unter Verschluss gehalten wurde und dann für Jahrzehnte in Vergessenheit geriet. Die Arbeit mit dem Titel »Die Wirkung von Doping-Mitteln auf den Kreislauf und die körperliche Leistung« kam zu dem Schluss, »Pervitin« vertreibe »jedes Müdigkeitsgefühl und durch seine euphorische Komponente das Startfieber, da hier der Drang zum Sieg, der Überlegene zu sein, jedes Bedenken überwiegt«. Bei austrainierten Athleten steige die Leistungsfähigkeit um durchschnittlich 23,5 Prozent. Den Spielern um Fritz Walter konnte die Effektivität von »Pervitin« nicht unbekannt sein. Der Kapitän hatte auf Betreiben Herbergers seinen Kriegsdienst bei der Kampfflieger-Fußballmannschaft »Rote Jäger« abgeleistet. Vom Deutschen Fußball-Bund werden die Dopingvorwürfe gegenüber seinen 54er Helden bis heute vehement zurückgewiesen.[27]

Unstrittig ist hingegen, dass »Pervitin« damals zu mancher sportlichen Höchstleistung beflügelte. 1953 bestieg der österreichische Alpinist Hermann Buhl als Erster den Nanga Parbat. Seinen 41-stündigen Alleingang auf den 8125 Meter hohen Gipfel im Himalaya verdankte der Pionier maßgeblich zwei Pillen. In der »Todeszone« oberhalb von 7800 Meter Höhe erinnerte sich Buhl »des Pervitins«, wie er im Expeditionstagebuch unumwunden zugibt. Er nahm zwei Tabletten, »damit ich wieder neue Kraft bekäme und stärkeren Auftrieb«. Der damalige Expeditionsleiter und Münchner Arzt Karl Maria Herrligkoffer meinte später, für Buhl wäre der Achttausender ohne das Aufputschmittel niemals zu bezwingen gewesen.[28] Dem Alpinisten taten es andere Athleten gleich. Der Radsportler Rudi Altig, Straßenweltmeister von 1966 und Sieger zahlreicher Eintagesklassiker, hatte sich bereits zu seiner aktiven Zeit den Spitznamen »die radelnde Apotheke« eingehandelt. Nach seinem Karriereende gestand Altig unter anderem die Einnahme von »Pervitin«. Im Radsport, der bis heute als dopingverseucht gilt, war er damit bei Weitem nicht allein. Die Ära des flächendeckenden Methamphetamin-Missbrauchs im Leistungssport neigte sich schon dem Ende, als der Boxer Joseph »Jupp« Elze am 12. Juni 1968 im Kampf gegen Juan Carlos Duran in der 15. Runde zu Boden ging und im Krankenhaus an einer Gehirnblutung starb. Eine Untersuchung ergab, dass Elze vor dem tödlichen Schlag 150 Kopftreffer weggesteckt hatte. Der mit »Pervitin« vollgepumpte Boxer hatte jegliches Schmerzempfinden verloren.

Während Elze als erster deutscher Dopingtoter in die Geschichte einging, erprobte der Spitzensport im Westen wie im Osten längst effektivere Mittel, um immer neue Höchstleistungen zu erringen. Als besonders erfinderisch galt die sportmedizinische Abteilung des BFC Dynamo, dessen Fußballer von 1979 bis 1988 zehn DDR-Meistertitel in Folge gewannen – mit tatkräftiger Unterstützung aus dem Ministerium für Staatssicherheit. Was den Spielerkader und die Trainingsbedingungen anging, verfügte der Lieblingsklub von Stasi-Chef Erich Mielke über das Beste, was die DDR hergab. Wenn es darauf ankam, pfiffen die Schiedsrichter schon mal zu Gunsten der Ost-Berliner. Auch die Mannschaftsärzte halfen nach, vorzugsweise bei Heimspielen gegen Teams aus dem Westen in den prestigeträchtigen Duellen um den Europapokal. Weil im Ausland Dopingtests drohten, ließen die Funktionäre regelmäßig »Ausreise-Kontrollen« durchführen, wie im Herbst 1983 vor einem Spiel in Belgrad. In der Untersuchung wies das zentrale Dopinglabor im sächsischen Kreischa nahezu der gesamten Mannschaft die Einnahme leistungssteigernder Substanzen nach. Sieben Spieler hatten einen Cocktail aus Amphetamin und Methamphetamin im Urin. »Ich habe damals ständig irgendwelche Vitamintabletten, Eiweiß-Shakes und Infusionen bekommen«, erinnerte sich 2007 der ehemalige Kapitän Frank Rohde,[29] als das lange Jahre in den Archiven der Stasi-Unterlagen-Behörde verschwundene Analyseprotokoll wieder auftauchte. »In englischen Wochen [mehrere Spiele innerhalb einer Woche] mussten wir immer an den Tropf«, bestätigte Rohdes damaliger Mitspieler Dirk Schlegel, der in Kreischa positiv getestet worden war. »Uns wurde gesagt, dass es sich um Vitamine oder kohlenhydratreiche Stoffe handelt.«[30] Tatsächlich waren die Spieler nicht zwangsläufig in die Dopingpraktiken eingeweiht. »Es ist nicht unbedingt erforderlich, daß die einzelnen Sportler konkret über diese verabreichten Mittel Kenntnis haben, da diese teilweise illegal durch die Trainer und Ärzte in Getränken verabreicht werden«, berichtete ein IM im Dezember 1983 an die Stasi. Ihn erstaunten die deutlichen Befunde aus Kreischa: Die Spieler des BFC Dynamo mussten »mit einer ziemlich hohen, [...] nicht zu verantwortenden Dosis versorgt worden sein«. Eigentlich wussten die Ärzte, was sie taten. Der Mannschaft des 1. FC Lokomotive Leipzig, der das Präparat ebenfalls verabreicht worden war, konnten nur vereinzelte Spuren nachgewiesen werden.[31]

Auch unter Westfußballern kursierten in den 80er Jahren Aufputschmittel wie das Amphetamin-Derivat Captagon. Allerdings gilt die zumeist freiwillige und selbstinitiierte Einnahme als nicht einmal ansatzweise so lückenlos dokumentiert wie das von der Stasi überwachte DDR-Staatsdoping.

»Tscheko«

Während das Arzneimittel »Pervitin« und dessen Missbrauch in der Bundesrepublik seit den 60er Jahren an Bedeutung verlor und der Hersteller Temmler das Mittel 1988 schließlich ganz vom Markt nahm, machten sich auf der anderen Seite des Eisernen Vorhangs ein paar junge Studenten daran, Methamphetamin im Heimlabor herzustellen. In der Tschechoslowakei war nach der gewaltsamen Niederschlagung des »Prager Frühlings« eine überschaubare, aber rege Drogenszene entstanden. Der sozialistische Staat, der im Gegensatz zu anderen Bruderländern sogar Suchtkliniken unterhielt, ließ die Cliquen gewähren.

Die Not an Grundstoffen und teurer Technik machte erfinderisch. Die Hobby-Drogenköche, die alte »Pervitin«-Patente ausfindig gemacht hatten, mischten bald ohne großen Aufwand berüchtigte Cocktails zusammen, die dem Original in nichts nachstanden. Den wichtigsten Grundstoff, das Ephedrin, gewannen die kreativen Braumeister aus handelsüblichen Medikamenten.[32] »Perník« nannten sie ihren Stoff, »Lebkuchen«.

Nach dem Zusammenbruch des Ostblocks drängte das Methamphetamin auf den mitteleuropäischen Markt. In den angesagten Techno-Clubs des gerade wiedervereinigten Berlin kam es unter dem Namen »Tscheko« in Umlauf, ohne jedoch die heutige Bedeutung zu erreichen.

Ein Vierteljahrhundert nach dem Mauerfall ist in Deutschland und Österreich nun von einer »neuen, billigen Modedroge« aus Tschechien die Rede. Es scheint eine weitere Episode in der mehr als 75-jährigen Konsumgeschichte von Methamphetamin zu sein – vom gefeierten Arzneimittel über den kriegswichtigen Mutmacher bis zum Treibstoff für Höchstleistungen im Spitzensport wie im Job. Neuerdings sind sich Politiker, Strafverfolger und Szenekenner einig wie selten zuvor: Die explosionsartig wachsende Verbreitung von Crystal Meth droht nicht nur manchem Konsumenten über den Kopf zu wachsen, sondern der ganzen Gesellschaft.

Verbreitung –
Spuren eines globalen Siegeszugs

Die Kanalisation gibt viel über das Leben in den Großstädten preis. Neben Müll und Fäkalien befördert das Schmutzwasser feine Spuren von Substanzen, für die sich vor allem Drogenfahnder interessieren müssten. Nirgendwo in Europa ist die Konzentration von Crystal im Abwasser höher als in der unmittelbaren Nachbarschaft zu Deutschland und Österreich. Nach Stichproben in 42 europäischen Großstädten ist Prag die Methamphetamin-Hochburg des Kontinents. 318 Milligramm pro 1000 Einwohner wurden in der tschechischen Hauptstadt im Jahr 2013 nachgewiesen. Zwei Autostunden weiter südlich, im tschechischen Budweis, wurden 197 Milligramm gemessen, die slowakische Hauptstadt Bratislava kam auf 178, gefolgt vom sächsischen Dresden mit 137 Milligramm Methamphetamin pro 1000 Einwohner. Europas Zentren für Kokain, Ecstasy und Cannabis, Metropolen wie London, Paris und Barcelona, landeten abgeschlagen am Ende der Skala.

Erkenntnisse von Sicherheitsbehörden und sozialen Beratungseinrichtungen erhärten die Befunde: Besonders in den Grenzregionen zwischen Tschechien, Deutschland und Österreich ist Crystal auf dem Vormarsch.

Länderübergreifend stellen Polizei und Zoll immer häufiger Methamphetamin sicher. Die jährliche Gesamtmenge hat sich in Deutschland innerhalb von vier Jahren von 26,8 (2010) auf 77,3 Kilogramm (2013) nahezu verdreifacht. In Österreich stieg der Wert im gleichen Zeitraum um das Fünffache von 1,5 auf 7,6 Kilogramm. Unter den erstmals polizeilich auffälligen Konsumenten harter Drogen sind immer mehr Crystal-Nutzer. In Deutschland ist die Zahl seit 2010 um das Vierfache auf 2746 angewachsen.

Ein Großteil der Ware wird in Tschechien produziert und gelangt über die Grenze auf den deutschen und den österreichischen Markt. Welches Ausmaß Produktion, Handel und Nachfrage einnehmen, ist schwer zu bemessen. Die Sicherstellungen entsprechen offensichtlich lediglich einem Bruchteil der tatsächlich im Umlauf befindlichen Substanzen. Nach offiziellen Schätzungen werden in tschechischen Laboren jährlich bis zu zehn Tonnen Methamphetamin hergestellt. Bei einer durchschnittlichen Dosis von 100 Milligramm wäre das genügend Stoff für 100 Millionen Rauschzustände. Ein Drittel davon soll allein für den deutschen Markt bestimmt sein. Dahinter steckt nicht etwa ein am Reißbrett entworfener Plan der organisierten Kriminalität – die Realität ist banaler. In welche Gebiete Deutschlands und Österreichs Crystal vorrückt, folgt den Mustern der üblichen Binnenmigration. Jugendliche und junge Erwachsene wechseln Wohnorte, aus privaten oder beruflichen Gründen, und mit ihnen ziehen Drogenerfahrungen und Konsumvorlieben.

Wie groß das Gefälle innerhalb Europas ist, zeigen nicht nur die Abwasserproben. In Tschechien, einem Land von 10,5 Millionen Einwohnern, hat Crystal alle übrigen harten Drogen längst an den Rand der Bedeutungslosigkeit gedrängt. Unter den 42 700 sogenannten Hochrisiko-Konsumenten, von denen der nationale Drogenbericht für das Jahr 2013 ausgeht, waren 34 200 abhängig von Methamphetamin. Crystal ist nunmehr für vier von fünf Problemnutzern die Hauptdroge. Und ihr Anteil nimmt weiter zu: Die Szene wächst dreieinhalbmal so schnell wie die Gesamtheit der Hochrisiko-Klientel.

Auch in der benachbarten Slowakei setzt sich die Konsumtradition fort, die zu Zeiten des Kalten Krieges in der damaligen Tschechoslowakei begründet wurde. Die Mehrheit der Patienten, die sich hier wie in Tschechien wegen ihrer Drogensucht erstmals in therapeutische Behandlung begeben, nimmt hauptsächlich Crystal.

Die Produktion konzentriert sich auf kleine Küchenlabore, die überwiegend die Inlandsnachfrage bedienen. Von den 350 Anlagen, die 2011 europaweit ausgehoben wurden, befanden sich 328 in Tschechien. Dahinter stehen neuerdings immer häufiger vietnamesische Gruppen aus dem Umfeld der organisierten Kriminalität. Die international gut vernetzten Banden machten bereits auf den grenznahen Asiamärkten gute Geschäfte, wo nach wie vor das Gros des Crystals für den deutschen und österreichischen Markt vertrieben wird.

Wachsende Funde und enorme Preisspannen

In den einzelnen Bundesländern zeigt sich jeweils ein sehr unterschiedliches Bild. Gemessen an der Einwohnerzahl gab es 2013 die größten Crystal-Funde in Sachsen, danach folgen Bayern, Sachsen-Anhalt und Thüringen. In Teilen Brandenburgs, vornehmlich im Süden, spielt Crystal eine zwar noch geringe, aber stetig wachsende Rolle. Gleiches gilt für Berlin mit seiner vielfältigen Party- und Drogenszene. Auch in Ballungszentren wie Nürnberg sowie um Leipzig und Halle haben sich regionale, mitunter länderübergreifende Schwerpunkte herausgebildet. Nach Alkohol entdeckt beispielsweise die Leipziger Polizei bei Verkehrskontrollen mittlerweile am häufigsten Crystal – noch vor Cannabis. Die Funde beschränken sich nicht auf ein spezifisches Milieu – erwischt werden Auszubildende und Filialleiter, Sozialarbeiter und Rechtsanwaltsgehilfen, Ingenieure und Bundeswehrsoldaten. Entsprechend untypisch ist das Suchtverhalten: Die Crystal-Karriere beginnt häufig erst im Erwachsenenalter und ist getrieben von der Hoffnung, die Leistung im Beruf zu steigern.

In Bayern konzentriert sich die Verbreitung von Crystal auf die nordöstliche Landesgrenze zu Tschechien, Sachsen und Thüringen, wo die Polizei die meisten Funde zählt. Dennoch verteilt sich die Spur der Droge zusehends quer durch das ganze Bundesland, vom unterfränkischen Aschaffenburg über Lindau am Bodensee bis ins oberbayerische Bad Reichenhall. Mit größerer Entfernung zu den Asiamärkten steigt der Verkaufspreis. Während ein Gramm Crystal im tschechischen Cheb 20 bis 35 Euro kostet, werden in Hof und Regensburg schon bis zu 80 Euro fällig, in Nürnberg sogar bis zu 120 Euro.

Trotz der vergleichsweise hohen Preise werden die Fahnder auch in Rheinland-Pfalz, Hamburg oder Schleswig-Holstein fündig. Der Zoll beobachtet, dass Teile der organisierten Kriminalität ihre Handelsrouten, auf denen bislang andere Drogen oder Zigaretten geschmuggelt wurden, verstärkt auch für den Handel mit Crystal nutzen.

Derweil wächst beispielsweise in der Drogenszene des Saarlandes die Angst vor gefährlichen Cocktails. Wie das Gesundheitsministerium in Saarbrücken berichtet, wird etwa Kokain hin und wieder mit Methamphetamin gestreckt. Bei ahnungslosen Konsumenten führt das gepanschte Kokain zu unerwarteten Folgen, da der Körper auf den Streckstoff anders reagiert als auf den reinen Stoff. Methamphetamin wirkt deutlich länger und weist bei kleineren Konsumeinheiten eine intensivere, für Kokain-Konsumenten unbekannte Wirkung auf.

In Österreich konzentriert sich das Problem auf die Bundesländer an der Grenze zu Deutschland beziehungsweise Tschechien. Die Situation sei mittlerweile vergleichbar mit der in Bayern, heißt es im Landeskriminalamt von Oberösterreich. Die Zahl der Crystal-Delikte übertrifft in dem Bundesland den österreichweiten Durchschnitt um das Vierfache. Die Droge hält dort Polizei, Justiz und Therapieeinrichtungen in Atem. Im östlich angrenzenden Niederösterreich ist die Lage weniger angespannt. Allerdings sind Straßenhandel und Beschaffungsfahrten über die tschechische Grenze auch hier an der Tagesordnung. Im weiter westlich gelegenen Salzburg werden hingegen eher vereinzelt Schmuggler aufgegriffen, die meist den Weg über das Bundesland als Ausweichroute von Tschechien nach Bayern nutzen.

Kokain des kleinen Mannes

Nach Tschechien liegt das wichtigste Zentrum der europäischen Crystal-Produktion in Litauen. Die Abnehmermärkte sind Skandinavien und Großbritannien. Entlang der Schmuggelroute durch Nordeuropa konzentrieren sich auch die Fälle besonders hoher beschlagnahmter Mengen. In den vergangenen Jahren entfielen die größten Funde auf Norwegen und Schweden, allein im Jahr 2012 summierten sie sich hier auf 180 Kilogramm.

Für den Crystal-Schmuggel in den asiatisch-pazifischen Raum stellt die Türkei ein wichtiges Transitland dar. Mit 500 Kilogramm wurden hier im selben Zeitraum die Hälfte aller in Europa beschlagnahmten Mengen aufgespürt. Der Großteil des an der europäischen Kontinentalgrenze sichergestellten Stoffs kommt aus dem Iran, wo in jüngster Vergangenheit verstärkt Methamphetamin produziert und auch konsumiert wird.

Das grenzüberschreitende Wachstum von Angebot und Nachfrage betrachtet man in der Europäischen Union mit Sorge. »Die Droge hat das Potenzial, erheblichen Schaden anzurichten«, warnt die Europäische Beobachtungsstelle für Drogen und Drogensucht (European Monitoring Centre for Drugs and Drug Addiction, EMCDDA) in Lissabon. Als besonders bedenklich gelten gewisse Trends, die einige Länder erfasst haben: In Griechenland etwa ist im Zuge der Schulden- und Wirtschaftskrise der Konsum von Methamphetamin massiv angestiegen. Weil mittlerweile nicht nur Kokain und

Heroin, sondern selbst Crystal kaum noch zu bezahlen sind, findet vor allem auf den Straßen Athens das billige Derivat »Sisa« verstärkten Zuspruch. Um die Kosten gering zu halten, werden Streckstoffe wie Salzsäure, Ethanol oder Batterieflüssigkeit beigemischt. Oft wird dieser Cocktail in der Glaspfeife geraucht oder injiziert, was »Sisa« umso gefährlicher macht. Massive Nebenwirkungen und eine erhöhte Ansteckungsgefahr mit Infektionskrankheiten riskieren auch immer mehr männliche Homosexuelle in den Metropolen London, Paris und Berlin: In der dortigen Schwulenszene geht der Trend zum »Slamming«, dem intravenösen Konsum chemischer Drogen, vorzugsweise Crystal, zum Zweck ausschweifender Sexpartys. Bei den mitunter mehrtägigen, zumeist ungeschützten Exzessen werden die Sexualpartner ebenso durchgereicht wie das Spritzbesteck mit den Drogencocktails.

Im weltweiten Maßstab erscheint Europa angesichts des rasanten Tempos, mit dem sich Crystal auf dem gesamten Globus verbreitet, als eher kleiner regionaler Brennpunkt unter vielen. Wurden im Jahr 2008 weltweit noch 24 Tonnen Methamphetamin beschlagnahmt, hat sich der Wert bis zum Jahr 2012 nahezu verfünffacht. Von den 114 Tonnen entfielen die Hälfte allein auf die USA und Mexiko und ein Viertel auf den asiatisch-pazifischen Raum.

In den Vereinigten Staaten hoben die Fahnder im selben Jahr rund 13 000 Labore aus, das sind etwa so viele wie in den Jahren zuvor. Crystal gilt dort als »Kokain des kleinen Mannes«. Als sich die Droge Mitte der 2000er Jahre zusehends unter dem sogenannten White Trash, der weißen armen Landbevölkerung, ausbreitete, warnte der republikanische Kongressabgeordnete Tom Osborne vor der »größten Bedrohung der Vereinigten Staaten, einschließlich Al-Qaida«[33]. Zwischen 2006 und 2008 schätzten die US-Behörden die Zahl der Abhängigen auf durchschnittlich 1,5 Millionen.

In seiner kristallinen Form ist Methamphetamin ein vergleichsweise neues Phänomen, das 1989 von asiatischen Dealerringen über Hawaii in die USA eingeschleppt wurde und seither von Westen aus das Land erobert hat. Der Wirkstoff hingegen kursiert schon seit den 70er Jahren in der Szene um friedensbewegte Hippies und kriminelle Motorradgangs. Rocker wie die Hells Angels erschlossen sich neue Märkte, indem sie Amphetamine zu Crystal verfeinerten. Mittlerweile mischen verstärkt mexikanische Drogenkartelle in dem einträglichen Geschäft mit.

Am anderen Ende des Pazifiks hat sich die Droge von Japan aus in Ostasien ausgebreitet. Das Land der Crystal-Pioniere, in dem der Leistungsgedanke die Gesellschaft nachhaltig durchdrungen hat, war und ist immer wieder episodenhaften Epidemien ausgesetzt, mit zeitweise bis zu siebenstelligen Konsumentenzahlen. »Shabu« oder »Yaba«, wie das überwiegend in kristalliner Form gehandelte Methamphetamin im asiatisch-pazifischen Raum genannt wird, gehört auch in Thailand und auf den Philippinen zu den am stärksten nachgefragten Drogen. Produktion und Handel auf den angrenzenden Märkten, zu denen besonders China, Indonesien und Malaysia zählen, liegen überwiegend in den Händen der japanischen Mafia, der »Yakuza«, sowie koreanischer Triaden.

Produzenten und Dealer –
Die Profiteure der Sucht

Die wachsende Nachfrage nach Crystal auf dem mitteleuropäischen Markt führt zunehmend zu einer Professionalisierung von Herstellung und Handel. Die Produzenten sind äußerst flexibel, mobil und innovativ. Sie suchen ständig nach neuen Methoden und Grundstoffen, um den begehrten Stoff herzustellen.

Das Verfahren zur Synthese von Methamphetamin ist unkompliziert. Benötigt werden lediglich eine einfache Laborausstattung und rudimentäre chemische Kenntnisse. Egal ob deutsche, russische, polnische oder türkische Großdealer, fast alle greifen auf das Know-how vietnamesischstämmiger Drogenköche zurück, die ihre Methoden in den vergangenen Jahren zu perfektionieren wussten.

Die Europäische Beobachtungsstelle für Drogen und Drogensucht EMCDDA unterscheidet fünf dominierende Produktionsmethoden.[34] Drei davon sind einfache, einstufige chemische Reaktionen, bei denen Ephedrin oder Pseudoephedrin als Ausgangsstoff zum Einsatz kommen. Diese Methoden gelten in Tschechien, Deutschland, Polen und der Slowakei als am stärksten verbreitet. Ermittler und leitende Beamte in Deutschland, Österreich und Tschechien fordern seit Jahren einheitliche EU-Regelungen für den Verkauf von Medikamenten, die als Ausgangsstoff für die Produktion dienen können. Während etwa in Tschechien die Abgabemenge pseudoephedrinhaltiger Medikamente in den Apotheken begrenzt ist, sind in Deutschland beispielsweise das Erkältungsmittel

»Wick MediNait«, das Allergiemittel »Reactine Duo« und das Schnupfenmittel »Rhinopront Kombi« bis heute rezeptfrei erhältlich.

In den zwei übrigen von der EMCDDA beschriebenen, in der Praxis eher selten angewandten Methoden kommt Phenylaceton als Ausgangsstoff zum Einsatz. Eine davon ist die nach den deutschen Chemikern Rudolf Leuckart und Otto Wallach benannte Leuckart-Wallach-Reaktion, in der sich Phenylaceton zunächst mit N-Methylformamid oder N-Methylammoniumformiat verbindet. Unter Beigabe von Salzsäure entsteht daraus Methamphetamin. Phenylaceton wird in der chemischen Industrie zur Herstellung von Pestiziden und pharmazeutischen Produkten benötigt. War die Methode bisher vornehmlich in China und Russland beliebt und in Europa lange Zeit unüblich, kommt sie neuerdings in Litauen zur Anwendung. Ein junges Phänomen ist zudem die Umwandlung der Chemikalie Apaan in Phenylaceton, wie ausgehobene Labore in Deutschland, Belgien, den Niederlanden und Polen ans Licht brachten. Seit 2013 ist in Deutschland die Einfuhr von Apaan genehmigungspflichtig.

Experten der EMCDDA zufolge gibt es trotz steigender Nachfrage keine Anzeichen für eine verstärkte Crystal-Produktion in Deutschland.[35] Auch das Zollkriminalamt in Köln sieht aktuell keine Tendenzen hierfür. Seit 2010 bewegt sich die Zahl der deutschlandweit ausgehobenen Labore laut Bundeskriminalamt zwischen 9 (2013) und 13 (2010). Mit einem Anteil von 59 Prozent lagen die Fundorte größtenteils in Bayern. Die Küchen konzentrieren sich hier im Raum Nürnberg sowie in grenznahen Kleinstädten wie im oberpfälzischen Kemnath und im niederbayerischen Regen. Österreich meldete 2012 sieben und 2013 fünf aufgedeckte Labore.

Tschechien – Europas führende Exportnation

Ganz andere Größenordnungen erreicht die Crystal-Herstellung in Tschechien, wo nicht nur für den einheimischen Markt, sondern auch für den Export in die Nachbarländer bedeutsame Mengen produziert werden. Die jährlichen Kapazitäten sollen nach Expertenangaben zwischen sechs und zehn Tonnen betragen. Allein für den deutschen Markt werden demnach jährlich drei Tonnen hergestellt.

Das Spektrum der Abnehmerschaft ist breit. Es reicht vom kleinen Konsumenten, der vornehmlich für den Eigenbedarf einkauft, über Gelegenheitsdealer bis zu den Großverdienern der organisierten Kriminalität. Auch die Gruppe der Zwischenhändler in Tschechien, Deutschland und Österreich gestaltet sich vielfältig und umfasst sowohl den unbedarften Einzelschmuggler als auch den ausgemachten Logistikprofi.

Ein hochrangiger Ermittler aus Bayern, der seit mehr als 15 Jahren für den Bereich der organisierten Kriminalität zuständig ist, kennt die Routen der internationalen Banden. Oftmals werden die für die Produktion benötigten Stoffe über mehrere Ländergrenzen verschoben. Der Beamte erinnert sich an das Beispiel einer Bande aus Russland, die sich nach der Jahrtausendwende darauf spezialisiert hatte, in Osteuropa Heroin in Gebrauchtwagen zu verbauen, um die Droge unter dem Deckmantel des Autohandels nach Deutschland einzuführen. Nachdem die illegalen Geschäfte aufgeflogen waren, stellte sich im Zuge der Ermittlungen eher beiläufig heraus, dass die Bande auch Ephedrin im großen Stil aus einer litauischen Pharmafabrik nach Tschechien zur Produktion von Methamphetamin geschmuggelt hatte.

Die Zunahme der illegalen Einfuhr von Grundstoffen bestätigt auch die Nationale Beobachtungsstelle für Drogen und Drogensucht in Prag in ihrem Jahresbericht für das Jahr 2012. Seit in Tschechien der Verkauf von pseudoephedrinhaltigen Medikamenten 2009 unter strenge Aufsicht gestellt wurde, ist der Import solcher Arzneien stetig angewachsen. So kam im Berichtszeitraum der Großteil der Antigrippemittel, die zur Extraktion von Pseudoephedrin benötigt werden, aus Polen und Ungarn, in nennenswertem Umfang aber auch aus Deutschland.[36] Für die von tschechischen Produzenten am häufigsten angewandte Methode, bei der Pseudoephedrin unter Einsatz von Jod und rotem Phosphor zu Methamphetamin synthetisiert wird, müssen viereinhalb Kilogramm Medikamente eingesetzt werden, um ein Kilogramm fertiges Crystal meth zu erhalten. Allein im Jahr 2012 beschlagnahmten die tschechischen Sicherheitsbehörden 32 Kilogramm Crystal und hoben 235 Labore aus. Die Ermittlungserfolge konzentrierten sich dabei auf die Grenzregion zu Deutschland.

Illegale Labore und Küchen zur Herstellung von Crystal Meth werden in Tschechien im Rahmen von Ermittlungsverfahren regelmäßig aufgedeckt. Bei den meisten handelt es sich um überschaubare Anlagen mit geringen Produktionskapazitäten. Doch Polizei und Zoll stoßen zunehmend auch auf größere Einrichtungen. Die Sicherheitsbehörden sehen dies als Indiz dafür, dass es bei der Herstellung von Crystal immer stärker um eine effiziente Massenproduktion geht. Polizei und Zoll haben deshalb den Druck erhöht – auch auf die Lieferanten, die Chemikalien oder Medikamente illegal und in großen Mengen über die Grenzen verschieben. Einen Apotheker, der mehr als sechs Millionen Tabletten eines Antigrippemittels mit dem Wirkstoff Pseudoephedrin an Crystal-Produzenten verkauft hatte, verurteilte ein Prager Gericht im Mai 2010 zu acht Jahren Gefängnis, einer Geldstrafe über umgerechnet etwa 118 000 Euro und einem Berufsverbot über zehn Jahre.[37] Der Fall ist keine Ausnahme, wie ein Justiziar der Tschechischen Apothekerkammer im Interview mit *Radio Prag* sagte: »In Tschechien gibt es insgesamt 2500 Apotheken. Die Straftat des übermäßigen Verkaufs von Medikamenten mit dem Drogenwirkstoff wurde den Ermittlungen zufolge bei rund 20 Apotheken festgestellt.«[38]

Die Nationale Antidrogenzentrale der tschechischen Polizei NPC sieht Crystal als größte Gefahr unter allen illegal im Umlauf befindlichen harten Drogen.[39] Mittlerweile liegt die Produktion nach Ermessen der Polizei fest in der Hand der organisierten Kriminalität aus dem Umfeld vietnamesischer Banden. Vietnamesen stellen in Tschechien die drittgrößte Minderheit und sind meist schlecht integriert. Ihre Einwanderung hat Tradition: Die ersten, hauptsächlich Studenten, kamen in den Jahren nach 1949, als der Rat für Gegenseitige Wirtschaftshilfe gegründet wurde. Die sozialistischen Staaten hatten sich darauf verständigt, auf Grundlage bilateraler Verträge Arbeitskräfte auszutauschen. Ende der 70er und während der 80er Jahren holte die Tschechoslowakei auf diesem Weg Tausende sogenannte Vertragsarbeiter aus Vietnam ins Land – ähnlich wie die DDR und die Volksrepublik Polen. Der Aufenthalt war befristet, Kontakt zur Mehrheitsgesellschaft nicht vorgesehen. Dennoch blieben nach dem Fall des Eisernen Vorhangs viele in Europa.

Der Migrationsstrom, besonders nach Tschechien, riss auch in den folgenden Jahren nicht ab. Bis zum Ausbruch der Banken- und Wirtschaftskrise 2007 warb Tschechien offensiv um Gastarbeiter aus Vietnam. Im Vergleich zu 1981 soll sich die abgeschottete Community auf mittlerweile 60 000 Vietnamesen verdoppelt haben, jeder Dritte ist Schätzungen zufolge illegal im Land. Die meisten verdienen ihr Geld als selbständige Gewerbetreibende – einige als illegale Produzenten und Händler im Drogengeschäft.[40]

Die streng hierarchischen und komplexen Bandenstrukturen der vietnamesischen organisierten Kriminalität stellen die Fahnder in Tschechien vielfach vor Probleme. Nur selten dringen sensible Informationen aus den inneren Zirkeln nach außen. Deshalb setzen die Sicherheitsbehörden nun auf Hilfe aus Vietnam. Der tschechische Innenminister Milan Chovanec und sein vietnamesischer Amtskollege Tran Dai Quang einigten sich im Sommer 2014 auf eine Zusammenarbeit der Drogenfahnder beider Länder. Fortan sollen vietnamesische Experten die tschechischen Kollegen dabei unterstützen, die gut geschützten Bandenstrukturen zu durchdringen.[41]

Die Clans sind manchmal auch Protagonisten im Bereich des Menschenhandels zur Arbeitsausbeutung. So beobachtet die Europäische Polizeibehörde Europol in Den Haag, dass Vietnamesen, die über Schlepper und Schleuser ohne Papiere nach Europa gelangen, auch als Kuriere für den Schmuggel von Crystal zum Einsatz kommen.

Weil die Hauptabsatzmärkte in Deutschland und Österreich liegen, konzentrierten sich Produktion und Handel bisher vorwiegend auf den Grenzraum. Das belegen die sich in der Region häufenden Zahlen größerer beschlagnahmter Mengen und ausgehobener Labore. Doch angesichts des steigenden Fahndungsdrucks wandert die Produktion zunehmend ins Hinterland ab. »Wir beobachten eine Verschiebung der Labore ins Landesinnere«, sagt Pavel Hoffman, Chef der Zolldrogenfahndung in Tschechien. Auch die Umschlagplätze verlagerten sich mehr und mehr weg von den grenznahen Asiamärkten hin zu unscheinbaren Spielhallen und Kneipen fernab der Grenze.

Das professionelle Niveau, mit dem die organisierte Kriminalität ihr Crystal-Geschäft inzwischen betreibt, verdeutlicht ein Fahndungserfolg aus dem Jahr 2013: Im Oktober gelang Polizei und Zoll mit der Operation »TAT« einer der größten Schläge gegen die Meth-Mafia in Tschechien. Bei zeitgleichen Razzien in Prag, Pilsen, Karlsbad und in Südböhmen wurden mehrere moderne Labore mit einer jeweiligen Produktionskapazität von zehn Kilogramm pro Tag aufgedeckt. Dazu beschlagnahmten die Fahnder bei mehreren Hausdurchsuchungen insgesamt 14 Kilogramm Methamphetamin, 100 Kilogramm des Ausgangsstoffes Chlorephedrin sowie sieben Tonnen Giftmüllabfälle, die bei der Produktion angefallen waren. Der Arm der Mafiosi reichte auch nach Deutschland, wie die anschließenden Ermittlungen ergaben, bei denen tschechische Behörden mit Zoll und Polizei auf deutscher Seite kooperierten. Die Spur der illegalen Substanz führte bis nach Sachsen und Bayern, wo zwei Kilogramm flüssiges und viereinhalb Kilogramm kristallines Methamphetamin beschlagnahmt wurden. Der Schmuggel nach Deutschland war scheinbar perfekt organisiert: Die Täter befüllten leere Bierdosen bekannter Marken mit Meth, um diese professionell wieder zu verschließen und nach Deutschland zu schleusen.

Naturgemäß sind die gut organisierten Drogenbanden Zoll und Polizei einen Schritt voraus. Manchmal verhilft allein der Zufall zu Ermittlungserfolgen, wie im Spätherbst 2012 bei einer Routinekontrolle im beschaulichen Karlsbad. Der Kurort mit 50 000 Einwohnern im Westen Tschechiens, bekannt für seine Heilquellen, Oblaten und den Kräuterlikör Becherovka, ist ein beliebtes Ausflugsziel für Touristen aus aller Welt. Als Beamte der tschechischen Zollverwaltung im November 2012 zu einer Kontrolle ausrückten, ahnten sie noch nicht, welch spektakulärer Fund im örtlichen Eishockeystadion auf sie wartete. Bis Ende 2010 trug der Eishockeyverein HC Energie Karlovy Vary im Zimní-Stadion seine Heimspiele aus. Seither führten zwielichtige Betreiber die einstige Stadionkneipe. Beim Zoll war die Gastwirtschaft schon einmal aktenkundig geworden, weil sie nichtversteuerten Alkohol verkauft hatte. Das Thema trieb damals das gesamte Land um, überall in Tschechien kursierte mit Methanol gepanschter Schnaps. An dem giftigen Sprit waren Dutzende Menschen gestorben, viele weitere hatten gesundheitliche Schäden erlitten. Der Zoll verschärfte landesweit die Kontrollen – so auch in Karlsbad.

In dem Eishockeystadion durchsuchten die Beamten das Lokal und die angrenzenden Lagerräume. Sie hatten sich bis zur früheren VIP-Lounge vorgearbeitet, die von außen noch mit den Vereinsfarben Blau, Gelb und Grün gestrichen war und die Werbetafel des Sponsors Becherovka trug, als die Spezialisten auf Dutzende Plastiktonnen und Kanister mit milchigen Flüssigkeiten stießen. Die Behälter waren bis zum Rand gefüllt mit Chemikalien. Wo sich einst die Ehrengäste des Vereins vergnügten, wollten die neuen Lokalbetreiber demnächst Crystal zusammenbrauen. Kistenweise schleppten die Zollbeamten Chemikalien, Herdplatten, Laborgeräte, Werkzeuge und andere produktionswichtige Utensilien aus dem Gebäude. Die Zöllner erinnern sich gerne an diesen unverhofften Fund erheblichen Ausmaßes. »Bis zu 10 Kilogramm hätten dort pro Tag produziert werden können«, sagt der tschechische Zollfahnder Pavel Hoffman. Es war ein Zufallstreffer zur rechten Zeit. Als die Sicherheitsbehörde zuschlug, war aus dem gerade startbereiten Labor noch kein einziges Gramm Crystal auf den Markt gelangt.

Wie der Stoff über die Grenze kommt

So mancher Gelegenheitskriminelle und Konsument träumt vom schnellen Geld mit dem Stoff aus den tschechischen Laboren. Der Einstieg in das Geschäft als Kleindealer ist denkbar einfach. Eine Fahrt über die Grenze zu einem der vielen Crystal-Händler auf den Asiamärkten, in den Clubs oder den Casinos genügt. Viele der deutschen Dealer versorgen durch ihre regelmäßigen Fahrten die Gemeinden im Grenzraum, konsumieren oft nicht selbst oder nur selten. Andere sammeln im Freundeskreis Geld und betätigen sich als Kurier für ihre Clique. Bei ihren Einkaufsfahrten bekommen die Kleindealer niemals die Hintermänner oder Produzenten zu Gesicht.

Der kleine Grenzverkehr

Einer dieser Kleindealer war Stefan Bauer.[42] Seine Geschichte erzählt ein Fahnder aus Südthüringen, der viele Jahre im Bereich der Drogenbekämpfung tätig war. Bauer, ein junger Thüringer, sprang schon auf den Crystal-Zug auf, als dieser gerade erst ins Rollen kam, erinnert sich der Beamte. Auf seinen

Spritztouren nach Tschechien wollte Bauer anfangs nur günstig einkaufen, für wenig Geld viel Alkohol trinken, Party im Club und Sex im Bordell. Er genoss die Ausflüge. Mit illegalen Drogen hatte er nie etwas zu tun. Arbeitslos und ohne Führerschein, bezahlte ihm ein Freund die regelmäßigen Touren ins Nachbarland.

Irgendwann war es Stefan Bauer leid, anderen auf der Tasche zu liegen. Er hatte mitbekommen, wie gefragt die in Tschechien zusammengebrauten Aufputschmittel waren, die damals in seiner Heimat noch kaum jemand unter dem Namen Crystal kannte. Bauer wollte mitverdienen am Handel über die tschechisch-deutsche Grenze. Nur Ahnung hatte er keine, weder von Drogen noch davon, wie man den Stoff gewinnbringend auf der Straße loswird. Also suchte er Rat bei einem Bekannten, den er zuvor in Tschechien auf einer Party kennengelernt hatte. Bald schon, im Winter 2003, war der erste Deal perfekt. Für gut 700 Euro erstand Stefan Bauer 15 Gramm. Dass er statt Crystal nur Speed in den Händen hielt, bemerkte er erst, als er mit dem hoffnungslos überteuerten Stoff wieder in Deutschland war. Freunde machten ihn darauf aufmerksam, dass die 45 Euro, die er pro Gramm bezahlt hatte, den üblichen Straßenverkaufspreis in Deutschland um mehr als das Doppelte übertrafen.

Beim zweiten Anlauf sollte nichts mehr schiefgehen. Stefan Bauer hatte sich genau informiert, wie echtes Crystal auszusehen hat. Doch damit nicht genug. Für den nächsten Deal nahm er eigens einen Vorkoster mit. Das machte sich bezahlt. Stefan Bauer war endlich im Geschäft. Dann ging alles ganz schnell. In fünf Monaten brachte er es auf rund 20 Schmuggeltouren. Von seinem Heimatort in Thüringen waren es gerade einmal 100 Kilometer bis ins tschechische Asch. Insgesamt, so schätzte er, muss er in dieser Zeit ein bis zwei Kilogramm Crystal über die Grenze gebracht haben. Dabei bediente er sich einer ausgeklügelten Taktik, zu der ihm einer seiner damaligen Freunde geraten hatte, der ebenfalls mit

Drogen dealte: Das eine Mal ließ sich Stefan Bauer im Taxi kutschieren, das andere Mal saß er auf dem Beifahrersitz im Wagen seiner nichtsahnenden Mutter. Ihr hatte er erzählt, nur mal billig einkaufen zu wollen. Im März 2004 schnappte ihn die Polizei in Grenznähe, als er mit seiner Freundin unterwegs war. Nach seiner Festnahme diktierte er den Beamten detailreiche Einblicke in die Kleindealerszene ins Vernehmungsprotokoll. Bauer packte über die Schmuggelrouten aus und führte die Fahnder zu seinen Abnehmern und ihren einschlägigen Treffpunkten in Deutschland. »Dealer wie er sind für uns Fluch und Segen zugleich«, sagt der Thüringer Ermittler. Zwar liefern solche Geständnisse neue Ermittlungsansätze, aber die Spuren führen meist nur zu den Konsumenten – das bindet Personal und kostet wertvolle Zeit. Dass die Fahnder den Hintermännern auf die Schliche kommen, ist eher die Ausnahme.

Ein gutes Geschäft für kriminelle Banden

Auf welche Strukturen die Beamten im Idealfall stoßen, veranschaulichen die Akten der Ermittlungsgruppe »Bossa Nova«. Sie dokumentieren die Geschäfte der organisierten Kriminalität, in der die Aufgaben klar verteilt sind. Die Schmuggelfahrten der Bande, die in das Visier der Fahnder geraten war, erledigte der Taxifahrer Frieder Sch. aus Plauen im sächsischen Vogtland.

Es ist ein kalter Tag im Januar 2010, als sich Frieder Sch. in Plauen mit seinem Taxi auf den Weg macht. Die Tour ist für den unauffälligen Endfünfziger mit der aus der Mode gekommenen Brille Routine. Doch der Taxiunternehmer ahnt nicht, dass seine Fahrt schon bald unfreiwillig enden wird. Er steuert sein Taxi über die winterlichen Straßen südwärts Richtung Nürnberg. Einen Fahrgast hat er nicht an Bord. Seine Fracht ist ein Päckchen Crystal Meth.

Frieder Sch. arbeitet als Drogenkurier. Sein Auftraggeber ist eine international operierende Bande, die unter den Ermittlern als besonders brutal und kompromisslos gilt. Die Drogenhändler ziehen ihr Geschäft professionell auf und haben sich strengen Hierarchien verschrieben. Jeder Deal ist bis ins Detail geplant, selbst vor Waffengewalt schreckt die Bande nicht zurück. Ihr verzweigtes Netzwerk aus Produzenten, Zwischenhändlern, Dealern und Geldeintreibern reicht von Tschechien über Sachsen, Sachsen-Anhalt und Bayern bis in die Niederlande.

Der Kopf der Bande ist Sedat B. Der 1980 in der Türkei geborene Mann hatte zunächst im Baubetrieb seines Vaters gejobbt. Sein anschließender Versuch, sich mit einer eigenen Firma selbständig zu machen, misslang, und auch als Cafébetreiber hatte er keinen Erfolg. Daraufhin verlegte sich der Wahlleipziger aufs Drogengeschäft. Seit 2007 bestritt er mit dem Handel von Crystal, Kokain, Marihuana und Haschisch seinen Lebensunterhalt, wie die Staatsanwaltschaft später feststellen wird. Schon vorher war er als Kleinkrimineller aufgefallen – wegen Diebstahls und Fahrens ohne Führerschein.

Für das Drogengeschäft hat er sich ein Netzwerk aus mehr als einem Dutzend Untergebenen aufgebaut, die an den erträglichen Gewinnen nicht nennenswert beteiligt werden. Sedat B. koordiniert die Beschaffung und den Weiterverkauf der Drogen, auch die gehandelten Mengen und Preise unterliegen seiner Direktive. Eine ausgeklügelte Logistik sorgt dafür, dass sämtliche Lieferungen ihren Bestimmungsort erreichen. Die Transporte aus Tschechien und den Niederlanden sichert Sedat B. höchstselbst in einem das Kurierfahrzeug begleitenden zweiten Wagen ab. Die Ware wird in Plauen zwischengelagert und von dort aus an die Abnehmer weitergeleitet.

Sein Landsmann Serkan B. weicht ihm selten von der Seite. Der 1976 geborene Türke lebt seit 1995 in Deutschland und kennt den Strippenzieher noch aus gemeinsamen Jugendtagen in der Heimat. Vor seiner kriminellen Karriere verdingte er sich als Straßen- und Landschaftsbauer. Dank seines Führerscheins ist er zum wichtigsten Gehilfen des Bandenführers geworden. Als Chauffeur ist Serkan B. bei allen großen Deals dabei, ohne tiefe Einblicke in die kriminellen Machenschaften zu erhalten, denn die illegale Ware bekommt er niemals selbst zwischen die Finger. Seine Aufgabe ist es, den Boss auf dessen Kontrolltouren durch die Gegend zu kutschieren. Für diese Dienste lässt sich Serkan B. ausschließlich mit Crystal und Kokain für den Eigenbedarf bezahlen. Was und wie viel in dem anderen Wagen transportiert wird und für wen es bestimmt ist, darüber bleibt er stets im Unklaren.

Die Ware in Empfang nimmt Ali C. Der Türke, Jahrgang 1972, ist der Herr über die »Drogenbunker«, so nennt die Bande ihre geheimen Depots in Plauen. Der frühere Dönerladenbesitzer verwaltet die Bestände und protokolliert den Warenumschlag. Die Lagerstätten sind, neben seiner eigenen Wohnung, die eines Nachbarn sowie ein eigens zu diesem Zweck angemieteter Kleingarten. Je nach Geschäftslage kassiert Ali C. monatlich zwischen 700 und 1000 Euro. Zeitweise muss er auch ohne Bezahlung auskommen. Dafür werden die Taxifahrten seiner kranken Frau aus den Drogengewinnen finanziert. Einmal erhält Frieder Sch., der Taxifahrer, den Auftrag, sie in ein Leipziger Krankenhaus zu fahren.

Von den komplexen Hintergründen weiß Frieder Sch. kaum etwas, als er mit Crystal Meth im Kofferraum von Plauen nach Nürnberg unterwegs ist. Der Kurier hat gerade die bayerische Landesgrenze hinter sich gelassen, als er auf der A 9 aus dem Verkehr gewunken wird. Es sieht aus wie eine Routinekontrolle. Im Kofferraum entdecken die Polizisten 300 Gramm Crystal, verpackt in einem kleinen Karton. Es ist kein Zufallsfund. Frieder Sch. und die anderen Bandenmitglieder sind über Monate von der Polizei abgehört worden. Die Ermittlungsgruppe »Bossa Nova« der Polizeidirektion Südwestsachsen und das Zollfahndungsamt Dresden waren dem Drogenring auf die Spur gekommen. Erste Hinweise gab es schon ein Jahr zuvor. Die Verhaftung mehrerer

Kunden und Zwischenhändler hatte zu der Plauener Bande geführt. Bald gingen die Fahnder davon aus, dass sie es mit kriminellen Schwergewichten zu tun haben, die unter anderem in Plauen, Leipzig und Nürnberg im Geschäft waren.

Die Festnahme des Kuriers Frieder Sch. ist der Anfang vom Ende der gewinnträchtigen Drogengeschäfte von Sedat B. Der Taxifahrer, der von den anderen »Chef« genannt wird und trotzdem nichts zu sagen hat, spricht im Verhör Klartext. Er nennt Namen, Orte und Telefonnummern und gesteht weitere Kurierfahrten. Für die Bande war Frieder Sch. nicht mehr als ein Handlanger, der sich bereitwillig ausnutzen ließ. Sein umfassendes Geständnis löst einen Großeinsatz aus. Die Fahnder verhaften zahlreiche Verdächtige und beschlagnahmen kiloweise Drogen, schwere Waffen und teure Autos. In Lengenfeld, eine halbe Autostunde von Plauen entfernt, wird das letzte Depot der Bande ausgehoben. Im ersten Geschoss eines Wohnhauses stoßen die Ermittler auf Crystal und Marihuana, eine vollautomatische Uzi-Maschinenpistole und rund 250 Patronen unterschiedlicher Kaliber. Waffe und Munition gehören Bandenboss Sedat B. Seine Geschäfte liefen bestens, die Gewinne versickerten zum Teil im Ausland. Die Ermittler hielten fest, dass die Familie in der Türkei »eine Straßenbaufirma sowie mehrere Tankstellen betreibt, wofür [...] finanzielle Mittel bereitgestellt wurden«. Das Geld investierte sie in Lkws, hochpreisige Baumaschinen und Arbeitsmaterialen. Zudem transferierte Sedat B. über Western Union Bargeld in Höhe von 241 000 Euro in sein Geburtsland.

Dem Taxifahrer Frieder Sch. brachten seine riskanten Kurierdienste hingegen kaum mehr als ein Taschengeld ein. Oftmals waren es gerade mal fünf Euro pro Tour. Auch an den Schmuggelfahrten über die deutsch-tschechische Grenze verdiente er nicht viel. Neben der vereitelten Fahrt nach Nürnberg wies ihm die Staatsanwaltschaft in fünf Fällen die illegale Einfuhr von Betäubungsmitteln nach. Der Transport von 300 Gramm Crystal und 15 Kilogramm Cannabis kostete ihn trotzdem nicht die Freiheit. In letzter Instanz erhielt Frieder Sch. eine zweijährige Freiheitsstrafe auf Bewährung.

Das milde Strafmaß stieß nicht nur in Justizkreisen auf Kritik. »Ich hatte mir ein abschreckendes Signal für andere Kuriere erhofft«, beschwert sich ein Ermittler, der mit der Akte »Bossa Nova« vertraut ist. Für einige weitere Beschuldigte, die wegen »bandenmäßigen Handeltreibens mit Betäubungsmitteln« angeklagt wurden, endete das Verfahren mit langjährigen Freiheitsstrafen. Bandenführer Sedat B. wurde zu neun Jahren und drei Monaten verurteilt. Durch Aussagen eines anderen Beschuldigten konnten in Zusammenarbeit mit der tschechischen Nationalen Antidrogenzentrale der Polizei mehrere Umschlagplätze und einer der mutmaßlichen Drogenlieferanten identifiziert werden. Die in hierarchischen Netzwerken agierenden Drogenköche haben inzwischen mit Sicherheit neue Abnehmer gefunden. »Wenn der Hydra der Kopf abgeschlagen wird, wachsen neue nach«, sagte Lutz Rodig im September 2014 auf dem Bundeskongress der Kriminalbeamten in Leipzig. Der langjährige Polizist leitet das Referat Verbrechensbekämpfung im sächsischen Innenministerium.

Die Gewinne der Bande schätzten die Ermittler im Fall »Bossa Nova« im Millionenbereich. Der Einkaufspreis für Crystal lag in den tschechischen Bezugsorten Asch, Kraslice und Cheb im Durchschnitt bei 35 Euro pro Gramm. Bei einem nahezu doppelt so hohen mittleren Verkaufspreis von 65 Euro pro Gramm erzielte das Netzwerk demnach einen Gewinn von 1,8 Millionen Euro. Mit Marihuana wurde vermutlich zusätzlich eine Million Euro umgesetzt.

Die Ermittlungsakten offenbaren zum Teil skurrile Anekdoten. Weil die Bande einmal mit der Qualität einer Lieferung von 1,1 Kilogramm Crystal nicht zufrieden war, wurde die Ware bei den tschechischen Produzenten reklamiert. Zur Umschreibung der Droge nutzten die Täter Sprachcodes wie »Christina«, »Käse« und »Mädchen aus Schlampenland«.

»Scharfes Lahmacun« bedeutete etwa »ungestrecktes Crystal«, vermerkten die Ermittler. Sprachen die Bandenmitglieder am Telefon von einer bestimmten Anzahl an Zementsäcken, meinten sie damit die Menge der zu liefernden Drogen.

Für die 300 Gramm im Taxi des Plauener Kuriers hätte der Zwischenhändler in Bayern 20000 Euro gezahlt. Der Reinheitsgehalt betrug laut sächsischem Landeskriminalamt 41 Prozent, was pro Gramm 55 Euro eingebracht hätte. Auf der Straße lässt sich deutlich mehr verdienen. Je nach Region, Marktlage und Qualität variieren die Preise. Reiner Stoff ist manchem Konsumenten bis zu 100 Euro pro Gramm wert. Je hochwertiger das Crystal, desto eher wird es von den Dealern gestreckt, um es gewinnbringend weiterzuverkaufen.

Für Banden wie die um Sedat B. ist Crystal ein millionenschweres Geschäft. Aber auch Dealer, die ihre Geschäfte auf geringere Mengen beschränken, setzen enorme Summen um. Im thüringischen Kölleda finanzierte sich eine Gruppe junger Erwachsener einen kostspieligen Fuhrpark und ein ausschweifendes Partyleben. Beteiligt war auch eine junge Frau, der man diese Verstrickung kaum zugetraut hätte. Auf den ersten Blick wirkt die 24-Jährige wie eine unter vielen. Auf den Fotos ihres Facebook-Profils ist eine zierliche Frau zu sehen, mit fein säuberlich gezupften Augenbrauen und Piercings an den Ohren. Sie geht gern auf Partys und mit Freunden feiern, hört die Musik von Cro und liebt Fernsehserien. Was sie auf Facebook teilt – Sinnsprüche, Tiervideos und skurrile Medienmeldungen –, erreicht einen großen Freundeskreis. Ende Oktober 2014 macht die junge Frau selbst Schlagzeilen. Als sie verhaftet wird, findet die Kriminalpolizei in ihrer Wohnung 280 Gramm Crystal, 43 Gramm Marihuana und 5200 Euro in bar. Das Geld stamme »vermutlich aus Drogengeschäften«,[43] erklärten die Ermittler.

Die 24-Jährige soll Teil einer Bande mutmaßlicher Drogendealer gewesen sein. Nur wenige Tage nach ihrer Verhaftung durchsuchten die Ermittler neun Wohnungen, 15 Garagen und einen Garten. Dabei fielen ihnen 1,5 Kilogramm Crystal, 4,1 Kilogramm Marihuana, zwei Feinwaagen, Elektroschocker und 28 000 Euro Bargeld in die Hände. Außerdem wurden zwei BMW im Gesamtwert von 50 000 Euro und vier Motorräder beschlagnahmt. Eines der Autos war zuvor in einer Erfurter Tuning-Werkstatt für 32 000 Euro aufgemotzt worden. Die übrigen Tatverdächtigen – sechs Männer und eine Frau – waren mit 20 bis 33 Jahren ebenfalls jung. Als Kopf der Gruppe gilt den Ermittlern ein 33 Jahre alter Arbeitsloser aus dem mittelthüringischen Kölleda. Ihm wird zudem vorgeworfen, im Jahr 2013 innerhalb weniger Monate über einen Kurier 4,5 Kilogramm Crystal aus Tschechien über die Grenze geschmuggelt und in Thüringen weiterverkauft zu haben.[44]

Das in Tschechien produzierte Crystal kommt auf verschiedenen Wegen über die Grenze nach Deutschland und Österreich. Einerseits sind es unzählige sogenannte Ameisenhändler wie Stefan Bauer, die unermüdlich immer wieder kleine Mengen über die Grenze schmuggeln. Andererseits sind es kleinere Banden wie die aus Kölleda, die als Dealer hohe Gewinne machen, und kriminelle Netzwerke wie die Gruppe um Sedat B., die dank einer komplexen Logistik ganze Regionen mit Nachschub versorgen. Ein weniger ins Gewicht fallender, aber umso bemerkenswerterer Vertriebsweg ist das »Darknet«. Dieser anonyme Teil des Internets ist nur über digitale Hintertüren erreichbar und entzieht sich weitgehend jeder staatlichen Kontrolle und Zensur.

Kristalle aus dem Netz

Nie war es so einfach und noch dazu ohne großes Risiko, an harte Drogen zu kommen. Wer illegale Substanzen kaufen will, muss dafür nicht einmal mehr das Haus verlassen. Eine

Bestellung kann man bequem vom heimischen Sofa aus abgeben. Möglich machen das neue Vertriebswege, die sich der Markt über das Internet erschlossen hat. Für das Geschäft braucht man lediglich einen Computer mit Internetanschluss und die richtigen Suchbegriffe – wer die einfache Anleitung befolgt und das Geld überweist, hat den Stoff bald darauf im Briefkasten.

Die Schwarzmarkthändler im Internet bedienen sich der kostenfreien und plattformübergreifenden Sicherheitssoftware »Tor«. Über das Netzwerk lassen sich Verbindungsdaten weitgehend anonymisieren. Unter politischen Aktivisten, die im Untergrund operieren, ist Tor deshalb besonders weit verbreitet. Auch in autoritären Regimen greifen Dissidenten auf die Software zurück, um die staatliche Zensur zu umgehen und nicht ins Visier der Strafverfolgungsbehörden zu geraten. Welche Bedeutung Tor mittlerweile hat, machte das soziale Netzwerk Facebook im Oktober 2014 deutlich: Als erstes großes Internetunternehmen ging die US-Firma mit einer eigenen Seite im Tor-Netz an den Start, um auch für Menschen in Ländern mit strenger Internetzensur verfügbar zu sein.[45]

Die einfachste Möglichkeit für anonymes Surfen ist die Installation des Tor-Browser-Pakets. Das vorkonfigurierte Programm ermöglicht es dem Nutzer, ohne weitere Einstellungen über die dezentralen Knotenpunkte des Tor-Netzwerks online zu gehen. Potenzielle Drogenkäufer stoßen mit wenigen einschlägigen Suchbegriffen schnell auf den Dienst »Grams«, eine Suchmaschine speziell für das Darknet. Bei der Suchmaschine handelt es sich rein optisch um einen Klon des Marktführers Google. Inhaltlich ist Grams jedoch das Einfallstor in die bunte und scheinbar grenzenlose Welt digitaler Schwarzmärkte für kleine und große Gangster. Ähnlich wie eine Preissuchmaschine listet Grams die gewünschten Waren samt Produktbeschreibung, Preis und Namen des Verkäufers auf und zeigt an, über welchen Online-Marktplatz der Deal abgewickelt wird. Nach Eingabe von »Methamphetamin« oder

»Crystal Meth« in die Suchmaske erscheinen diverse Händler mit Pseudonymen, die ihre illegalen Waren auf Plattformen wie »Agora Market« und »Evolution Market« feilbieten.

Voraussetzung für ein erfolgreiches Geschäft ist eine anonyme Registrierung. Private Daten wie die E-Mail-Adresse sind dafür nicht erforderlich. Das Portal »Evolution Market« etwa verlangt einen Benutzernamen, ein Passwort sowie eine vier- bis achtstellige persönliche Identifikationsnummer (PIN), die jeweils frei wählbar sind. Nach dem authentifizierten Log-in bietet sich ein gut sortiertes Angebot, das für Kriminelle kaum etwas zu wünschen übrig lässt: Zur Auswahl stehen die Bereiche »Waffen«, »Schmuck«, »Laborzubehör« und »Drogen«. Letztere unterteilen sich in Unterkategorien wie »Cannabis«, »Ecstasy«, »Steroide«, »Stimulanzien« und »Benzodiazepine«. Unter Stimulanzien wird Crystal Meth von mehreren Verkäufern angeboten, die nach eigenen Angaben von Deutschland aus liefern. Ein Händler verkauft den angeblich aus einem tschechischen Labor stammenden Stoff für 0,1914 Bitcoins pro Gramm. Der Wert der digitalen Währung, die auf einer dezentralen Wertschöpfung beruht, entspricht etwa 49 Euro. Bitcoins lassen sich mit ein paar Klicks per Online-Überweisung gegen reale Währungen tauschen. Das virtuelle Geld kann aber auch nahezu anonym über Prepaid-Kreditkarten von der Tankstelle oder Paysafe-Cards aus der Drogerie erstanden werden.

Ein Foto auf der Handelsplattform zeigt ein Häufchen Crystal von der Breite einer Zigarette, die zum Vergleich danebenliegt. Darunter preist der Verkäufer sein Produkt auf Englisch an: »BUYING THIS YOU WILL GET 1.0 Gramm OF REALLY FUCKING THE BEST QUALITY METH FROM CZECH REPUBLIC :) VERY CLEAN LARGE SHARDS.« Produkt und Service scheinen die Kunden zu überzeugen, binnen acht Monaten hat der Anbieter es auf mehr als 1000 positive Bewertungen gebracht. Gelobt werden die Qualität und der schnelle, sichere Versand.

Wer die Droge selbst herstellen will, wird bei anderen Händlern fündig. Angeboten wird etwa das Drogenkochbuch »Secrets of Methamphetamine Manufacture«, das in den USA Kultstatus hat. Autor ist der Chemiker Steve Preisler, der in der Szene unter dem Pseudonym »Uncle Fester« bekannt ist. Sein legendäres Buch erscheint mittlerweile in der achten Auflage und ist nach mehreren Überarbeitungen auf mehr als 200 Seiten angewachsen. Bezahlt wird wiederum in Bitcoins.

Online-Besteller müssen jedoch nicht zwangsläufig den Umweg über das Darknet gehen, um an frischen Stoff zu kommen. Unter den einschlägigen Suchwörtern, eingegeben etwa bei Google, erscheint schnell die Seite eines Online-Händlers unter den Suchergebnissen, dessen Homepage die weißen, pulvrigen Brocken in bildschirmfüllender Nahaufnahme zeigt. Gegen Bitcoins liefert der Shop Meth, Kokain, LSD und andere Stimmungsaufheller. Dazu kommen verschreibungspflichtige Medikamente wie Tramadol, ein Schmerzmittel aus der Gruppe der Opioide. Beworben werden die Arzneimittel mit dem Hinweis, dass es sich um »EU-Ware« handele. Im Drogenbereich der Seite gibt es »hochwertiges Kokain« aus Kolumbien oder Bolivien – je nach Kundenwunsch. Zur Weihnachtszeit 2014 lockte der Shop mit einem Sonderangebot: »Hartz-IV-Kokain« gab es für 57 Euro das Gramm, bei einem versprochenen Reinheitsgehalt von 40 bis 50 Prozent. In der Produktbeschreibung hieß es: »Wenn man Drogengeld für Weihnachtsgeschenke opfern muss und nicht mehr viel übrig bleibt ...«

Das Gramm Crystal kostet 70 Euro. Die Preise sind gestaffelt, für große Mengen gibt es Rabatt. Für 90 000 Euro werden 2,5 Kilogramm geliefert, was einem Grammpreis von 36 Euro entspricht. Die Betreiber werben mit der guten Qualität ihres Produkts: »Es handelt sich hierbei um unglaublich gutes Crystal Meth! Sehr, sehr gut zum Wiederverkauf auf der Straße geeignet – geht dort je nach Region für 100–150 €

weg. Wir haben von Zeit zu Zeit neue Meth batches – es ist jedoch immer auf einem Top Niveau!«

Wie in Online-Shops üblich, können Käufer die bestellte Ware bewerten. Die Kunden schwärmen: »Sehr schöne Kristalle. Viel zu schade zum Wegschnauben. Komme aus dem Staunen nicht mehr raus. Meine Verehrung an den Chefkoch.« Ein anderer stimmt zu: »Knallt gut, besser als Straßenzeug. Lässt sich wunderbar verarbeiten und es sind schöne große Kristalle.«

Die Betreiber, die ihre Ware auf Deutsch und Englisch anbieten und nach eigenen Angaben aus Deutschland verschicken, scheinen gute Geschäfte zu machen. Sie liefern in unzählige Länder und sind nicht nur über ihre frei zugängliche Internetseite, sondern auch im Darknet auf verschiedenen Plattformen erreichbar. Dort kommen sie auf Tausende Verkäufe, wobei es sich bei einem nicht unwesentlichen Teil um wiederholte Käufe von Stammkunden handeln dürfte.

Für eine erfolgreiche Kaufabwicklung bieten die Shop-Inhaber verschiedene Hilfestellungen. Tipps für den Kauf von Bitcoins gehören ebenso dazu wie Antworten auf die Frage nach vermeintlich sicheren Möglichkeiten, die brisante Ware in Empfang zu nehmen. »Bei Bestellungen auf eine normale Hausadresse reicht uns zudem der Nachname, zum Beispiel: ›Meier‹ – du kannst dir die Sendung also auch ganz bequem nach Hause bestellen und änderst ganz einfach dein Briefkastenschild von ›Zimmermann‹ zu ›Zimmermann/Meier‹, bis deine Bestellung eintrifft – danach kannst du wieder dein reguläres Briefkastenschild anbringen.«

Die illegalen Online-Shops sind weltweit im Visier der Sicherheitsbehörden. Deutsche Ermittler, unter anderem von der Zollfahndung, verfolgen die Entwicklung auf den illegalen Seiten und forschen nach Hinweisen, wie den Händlern auf die Spur zu kommen ist. Im November 2014 gingen infolge der großangelegten Operation »Onymous«, an der Behörden aus 16 europäischen Ländern sowie den USA mitwirkten,[46] vier Darknet-Shops vom Netz. Bei den Ermittlungen in Deutschland kooperierten knapp 40 Spezialisten des Landeskriminalamtes Hessen mit Kollegen des Bundeskriminalamtes, des Zollfahndungsamtes in Frankfurt am Main und der zuständigen Generalstaatsanwaltschaft.[47] Einen mutmaßlichen Shop-Betreiber in Hessen konnten die Fahnder verhaften. Außerdem wurden zwei Rechenzentren sowie Wohnungen im Ausland durchsucht. Weltweit wurden im Rahmen der konzertierten Aktion 17 Personen festgenommen. Die Behörden beschlagnahmten Bitcoins im Wert von einer Million US-Dollar sowie 180 000 Euro Bargeld. Neben Gold und Silber wurden auch Drogen sichergestellt.

Der Betäubungsmittelmarkt im Internet ist unübersichtlich: Welche Mengen gehandelt werden, woher die Ware kommt und wie viele Abnehmer es gibt, ist für Ermittler kaum zu überschauen. Punktuelle Fahndungserfolge können die verzweigten Vertriebsstrukturen kaum nachhaltig schwächen. Um die steigende Nachfrage zu befriedigen, treten ständig neue Händler an die Stelle der ausgeschalteten Akteure. Internationale Experten gehen davon aus, dass mit illegalen Waren wie Drogen und Waffen Milliardenumsätze erwirtschaftet und Hunderttausende Kunden beliefert werden.

Neonazis im Drogengeschäft

Rechtsextremisten sehen sich gerne als Saubermänner. Vom Parteikader bis zum Kameradschaftsaktivisten werden sie nicht müde, zu propagieren, wie sehr Drogen dem sogenannten deutschen Volkskörper schadeten. Offiziell passen der Handel und der Missbrauch von Rauschmitteln nicht in das völkisch-nationalistische Weltbild – genauso wenig wie politische Gegner und gesellschaftliche Minderheiten. Dumpfe Parolen beherrschen das auf schärfste Repression ausgelegte drogenpolitische Programm: Die Dealer seien Ausländer, die

Junkies die Linken. Die in der Neonazi-Szene populäre Forderung »Todesstrafe für Drogendealer« prangt auf Aufklebern und Plakaten. Der Slogan wird immer wieder in Rechtsrock-Songs und auf Demonstrationen zitiert.

Die sächsische NPD versuchte im Dresdner Landtag politisches Kapital aus dem zunehmenden Drogenhandel im Grenzraum zu Tschechien zu schlagen. Im April 2014 brachte die Fraktion den Antrag »Weg mit dem Crystal-Dreck – Verbreitung und Schmuggel der Todesdroge Crystal Meth wirksam verhindern!«[48] in das Parlament ein. Darin forderte die rechtsextreme Partei mehr Polizisten und Drogenfahnder im Grenzgebiet, das der Fraktionsvorsitzende Holger Szymanski als »Eldorado für Junkies, Dealer und Drogenköche« bezeichnete. Sein Nachredner und Parteigänger Arne Schimmer mutmaßte in verschwörerischem Unterton, dass der Einfluss der tschechischen Crystal-Händler »womöglich […] bis in die politischen Zirkel« reiche.

Was die NPD-Kader verschweigen, ist der große Anklang, den die Droge in der rechtsextremen Szene findet. Der Crystal-Rausch lässt sich umstandslos in den Dienst der von Gewaltvisionen nur so strotzenden Ideologie stellen. Dass Methamphetamin aggressiv machen kann und jedes Schmerzempfinden raubt, wussten schon die Nationalsozialisten zu Kriegszeiten an dem Medikament »Pervitin« zu schätzen. »Nazis und Drogen sind kein Widerspruch«, entgegnete Freya-Maria Klinger für Die Linke im Dresdner Landtag auf den NPD-Antrag. »Crystal passt als Droge ganz hervorragend zur gewaltbereiten Nazi-Szene, stärkt es doch das Ego und setzt Hemmschwellen herab, auch […] für Gewaltausübung.«[49]

Wie stark Rechtsextremisten in das Crystal-Geschäft verstrickt sind, war im Frühjahr 2014 längst bekannt. Zwei Jahre zuvor hatten Dresdner Zollfahnder einen im westsächsischen Delitzsch operierenden Drogenring ausgehoben: Ein 54-Jähriger war in der Nähe von Pirna mit 300 Gramm Crystal, das drei junge Männer aus der gewalttätigen rechtsextremen Szene erwarteten, geschnappt worden. Ein Spezialeinsatzkommando nahm die drei Neonazis fest. Anführer der Bande war ein 30 Jahre alter früherer Stadtratskandidat der NPD, der beste Kontakte zu der Kameradschaft »Freies Netz« unterhielt. Deren Internetportal »Aktionsbüro Nordsachsen« hatte sich erst wenige Monate zuvor darüber beschwert, dass »unsere Rosenstadt immer mehr zu Umschlaglagern der Leipziger Drogen- und Waffenmafia« verkomme. »Zum Schutz unserer Stadt und vor allem der Kinder« müsse gegen angeblich »heroin- und crystalsüchtige [...] Chaoten« aus der linken Szene Gesicht gezeigt werden, hieß es weiter.[50] Wer tatsächlich hinter den Drogengeschäften steckte, stellte das sächsische Innenministerium nach der Verhaftung der drei Neonazis klar: »Nach Erkenntnissen des Verfassungsschutzes sind Rechtsextremisten vereinzelt in Drogengeschäfte involviert.«[51]

Im Herbst 2014 erregte abermals ein mutmaßlicher Dealer aus der sächsischen Neonazi-Szene öffentliches Aufsehen. Uwe N. war augenscheinlich im Rausch, als Streifenpolizisten wegen seiner weißen Mercedes S-Klasse auf ihn aufmerksam wurden, denn mit dem Luxusauto hatte es die Polizei immer wieder zu tun bekommen – der 26-Jährige war wiederholt ohne Führerschein unterwegs gewesen. Daran lag es allerdings nicht, dass der in Nordsachsen bekannte Neonazi beim Anblick der Beamten nervös wurde. Als sein Auto durchsucht werden sollte, riss er sich los und schlug während seiner Flucht einem Polizisten mit der Faust ins Gesicht. Uwe N. war zugedröhnt mit Amphetaminen. In seiner S-Klasse wurden 1,8 Kilogramm Crystal gefunden.[52] Nach Informationen des MDR-Magazins *Exakt*, das den Fall im Oktober öffentlich machte, war es der bis dahin drittgrößte Einzelfund in Sachsen.[53]

Die bisher weitreichendsten Überschneidungen zwischen Neonazis und organisierter Kriminalität offenbarte das Umfeld des rechtsextremen Vereins »Objekt 21« in Österreich.

Wie Aussteiger berichteten, stützten Drogen wie Crystal die strenge Hierarchie und boten zudem eine lukrative Finanzierungsquelle. Die Vereinsräume im grenznahen Bundesland Oberösterreich wurden ab 2010 zum Treffpunkt internationaler Rechtsextremisten. Der Name des angeblichen »Freizeit- und Kulturvereins« leitete sich von der Adresse des Anwesens – Windern 21 – ab. Szeneinterne Fotos bieten Einblick in eine abgeschottete Subkultur: Immer wieder fanden konspirative Konzerte rechter Szenebands statt. Das Publikum trug mehrheitlich einschlägige Kleidung mit Symbolen und Parolen, die an die nationalsozialistische Ideologie anknüpfen.

Im »Objekt 21« entstand aus einer Kerntruppe von etwa 30 Aktivisten und Hunderten Mitstreitern eine mafiöse Struktur von zuvor ungeahntem Ausmaß. Auf das Konto der Bande sollen nach Erkenntnissen der Sicherheitsbehörden bewaffnete Raubüberfälle, Körperverletzung, Erpressung, Entführung, Rauschgift- und Waffenhandel gehen. Außerdem wird das Netzwerk für Anschläge mit Molotowcocktails und Buttersäure im Rotlichtmilieu verantwortlich gemacht. Die Ermittlungen zu den Tatvorwürfen füllen mehr als 20 000 Aktenseiten. Daraus geht hervor, dass die braune Kameradschaft tatkräftige Unterstützung auch aus Deutschland erhielt. Die Kader unterhielten intensive Kontakte und einen ständigen Austausch mit Thüringer Szenegrößen. Die ostdeutschen Verbindungsleute waren zum Teil selbst massiv in Straftaten involviert und bewegten sich im Umfeld des 2011 enttarnten rechtsextremen Terrornetzwerks »Nationalsozialistischer Untergrund« um Beate Zschäpe, Uwe Mundlos und Uwe Böhnhardt, das für zehn Morde, drei Sprengstoffanschläge und 15 Raubüberfälle verantwortlich gemacht wird.

Den kriminellen Machenschaften im »Objekt 21« bereiteten die Sicherheitsbehörden im Januar 2013 ein Ende. 24 Aktivisten wurden auf einen Schlag verhaftet, weitere 80 Verdächtige zur Vernehmung geladen. Die Durchsuchung der Räumlichkeiten zeigte, welche Bedrohung von dem Netzwerk ausging: Beschlagnahmt wurden zehn Kilogramm Sprengstoff, mehrere Maschinenpistolen, Schlagstöcke, Schrotflinten und Munition.

Die Aufarbeitung des Falls vor Gericht dauerte anderthalb Jahre. Ein Großteil des Aktivistenkerns wurde wegen Mitgliedschaft in einer kriminellen Vereinigung angeklagt und verurteilt. Die beiden Drahtzieher erhielten Freiheitsstrafen über sechs Jahre und neun Monate beziehungsweise über vier Jahre und acht Monate. In einem abgetrennten Verfahren wegen Verstoßes gegen das österreichische NS-Verbotsgesetz entschieden die Richter auf weitere mehrjährige Haftstrafen, die allerdings noch nicht rechtskräftig sind.

Im »Objekt 21« spielten auch immer wieder Drogen eine Rolle. Neben Marihuana und Speed war Crystal im Umlauf – sowohl für den Eigenbedarf der Szeneprotagonisten als auch für den Verkauf. Pro Woche setzten die Dealer aus dem Umfeld der Bande zeitweise bis zu 100 Gramm Crystal sowie 500 bis 1000 Gramm Marihuana aus tschechischer Produktion ab. In einem anderen Fall handelte es sich sogar um 500 Gramm Crystal, die einmal nach Österreich eingeführt worden sein sollen.

Ein deutsches Kameradschaftsmitglied beschrieb während des Gerichtsverfahrens das interne Herrschaftsgefüge im »Objekt 21«, für das Drogen offenbar eine maßgebliche Rolle spielten: So sei der Kronzeuge anfangs völlig umsonst mit Crystal und Speed versorgt worden – was ihn schnell zum Junkie werden ließ. Um neuen Stoff zu erhalten, hatte sich der 28-Jährige noch intensiver in den Dienst der Bande stellen müssen. Auf diese Weise sicherten sich die braunen Strippenzieher die Loyalität ihrer Helfer. Die Führungsriege selbst soll hingegen abstinent gelebt haben.

Ein aktuelles Beispiel zeigt, dass Crystal in der rechtsextremen Szene weiterhin ein aktuelles Thema ist: So wurde im Jahr 2014 in Thüringen ein Anhänger der sogenannten »Reichsbürger«-Bewegung, einer als sektiererisch geltenden

Gemeinschaft, die an den Fortbestand der Grenzen von 1937 glaubt, mit einer großen Menge aufgegriffen.

Dass Neonazis Crystal konsumieren oder damit dealen, erscheint auf den ersten Blick ebenso abwegig wie die Verbindungen der rechtsextremen Szene zu den oftmals transnationalen Strukturen der organisierten Kriminalität. Bei genauer Betrachtung verdeutlichen sich jedoch die Analogien der hier wie da konspirativ agierenden Milieus. Kriminelle Bandenstrukturen, die von strengen Hierarchien, körperlicher Stärke und Waffengewalt bestimmt sind, fügen sich nahtlos in das völkisch-nationalistische Weltbild. Seine historische Entsprechung findet das in der Diktatur des »Dritten Reichs«: Die Nazi-Elite um Adolf Hitler, Hermann Göring und Joseph Goebbels ging zur Absicherung ihrer Macht nach innen und außen über Leichen, bereicherte sich persönlich an den Opfern von Krieg und Terror und missbrauchte beziehungsweise duldete im Widerspruch zur propagierten Ideologie Drogen wie Methamphetamin und Morphium.

Hoch gehandelte Rohstoffe

Die vielschichtigen Händlerstrukturen, deren Bandbreite von Kleindealern über kriminelle Banden bis zu idelogisierten Zirkeln reicht, gründen ihr Geschäft auf die stetig wachsenden Kapazitäten der Crystal-Produzenten. Während sich die Labore in Tschechien konzentrieren, lässt sich der Kreis der Zulieferer und Mitverdiener nicht auf ein Land eingrenzen. Der Handel mit den benötigten Grundstoffen ist international organisiert. Die Produzenten synthetischer Drogen sind ständig auf der Suche nach Mitteln und Wegen, um sich der staatlichen Kontrolle zu entziehen. Aus Experimenten mit bislang nicht verbotenen Grundstoffen resultieren immer neue Verfahren zur Crystal-Herstellung, wie ein spektakulärer Fall im sächsischen Leipzig beweist. Von dort aus belieferte der Chemie- und Pharmahändler Klaus T. (Name geändert) die Crystal-Mafia offenbar im großen Stil mit Chlorephedrin. Die Chemikalie fällt im Gegensatz zu Ephedrin nicht unter das Grundstoffüberwachungsgesetz.

Im Juli 2013 gab der 31-Jährige bei einem Schweizer Chemieunternehmen seine Order auf. Er bestellte 4,4 Tonnen Chlorephedrin zu einem Preis von 1,3 Millionen Euro. Mit dem Handel von Chemikalien verdiente Klaus T. sein Geld. Über seinen Online-Discounter konnten Privat- und Geschäftskunden jeden erdenklichen Laborbedarf beziehen, von vielerlei Substanzen über Bakterienstämme bis zu technischen Gerätschaften. Seinen Shop pries er für ein Sortiment aus 160 000 Artikeln von mehr als 200 Herstellern. Was er nicht offenbarte, waren seine mutmaßlichen Geschäfte mit der Drogenmafia. In der Hoffnung auf das große Geld stellte Klaus T. seine offenbar stark ausgeprägte kriminelle Energie unter Beweis. Nach dem Millioneneinkauf in der Schweiz soll er Anfang 2014 gegenüber dem Zoll die Vernichtung des Chlorephedrins vorgetäuscht haben: Statt der Chemikalie landete vermutlich tonnenweise Streusalz in der Müllverbrennungsanlage. Den kostbaren Crystal-Grundstoff hatte Klaus T. bis dahin in seiner Betriebsstätte im sachsen-anhaltischen Chemiestandort Leuna gelagert. Das schien ihm irgendwann zu unsicher. Also mietete er eigens ein weiteres Lager im Norden Leipzigs an. Von dort aus soll er das Chlorephedrin an zwei verschiedene Abnehmerkreise in Leipzig und Tschechien verteilt haben. Den Kontakt stellte er jeweils über denselben Mittelsmann her. Bei den Abnehmern soll es sich um eine Gruppe gehandelt haben, die »hoch konspirativ« agierte, von überwiegend jungen Armeniern dominiert gewesen sei und mutmaßlich »große Teile der Leipziger Szene mit Methamphetamin« versorgt habe, heißt es in einem internen Bericht des Bundeskriminalamts (BKA).

Die Bande soll das Chlorephedrin an einen vietnamesischen Clan im tschechischen Karlsbad weitergereicht haben, um dafür im Gegenzug mit Crystal versorgt zu werden. Für beide Seiten war das ein Gewinn. Den Produzenten bot sich nunmehr eine völlig neue Geschäftsgrundlage. Das frei zugängliche Chlorephedrin ermöglichte es ihnen, Crystal von besonders hoher Qualität herzustellen. Denn der Ausgangsstoff lag in Reinform vor und musste nicht mehr mittels aufwändiger Verfahren aus importierten Medikamenten extrahiert werden. Davon wussten auch die Leipziger Grundstoffhändler zu profitieren. Sie waren fortan in der Lage, ihren Abnehmermarkt mit besonders reinem Crystal zu versorgen.

Neben den Vietnamesen gehörte offenbar auch der in Prag lebende Senol Z. zu den Abnehmern des Leipziger Chlorephedrins, um daraus Methamphetamin zu produzieren. Die komplexen Verstrickungen deckten tschechische Drogenfahnder von Zoll und Polizei auf, die gegen Z. wegen eines anderen Vergehens ermittelten. Der Tscheche soll Drahtzieher eines vereitelten Heroinschmuggels gewesen sein. Im Februar 2014 fanden Zollbeamte bei der Kontrolle eines Lkw in Prag 182 Kilogramm des Opioids. Der Stoff mit einem Reinheitsgehalt von 60 Prozent war in Hohlräumen handelsüblicher Europaletten versteckt. Der rumänische Fahrer wusste nichts von der teuren Ware, die sich inmitten der legalen Importprodukte in seinem Anhänger verbarg. Das Heroin gelangte offenbar über die Balkanroute nach Tschechien, auf der Drogen aus Afghanistan über den Iran und die Türkei nach Europa geschmuggelt werden. Die in der Türkei aufgegebene Fracht war für ein Prager Handelsunternehmen bestimmt. Während der Ermittlungen im Umfeld von Senol Z. stießen die Fahnder auf dessen Kontaktpersonen in Deutschland. Die Spur führte zu dem Leipziger Chemikalienhändler Klaus T.

Die Fahnder des BKA hatten Klaus T. zu dieser Zeit wohl schon im Visier. Gegen ihn bestand der Verdacht der Geldwäsche. Im Laufe der Ermittlungen verdichteten sich die Hinweise, dass der Leipziger Chemikalienhändler womöglich Beihilfe zur Herstellung von Methamphetamin in nicht geringer Menge leistete. Um Klaus T. spann sich ein verzweigtes Netz aus Mittelsmännern, Kurieren und Drogenköchen, das bis in die Tschechische Republik reichte.

Am 5. November 2014 holten das BKA und die Gemeinsame Ermittlungsgruppe Rauschgift von Landespolizei und Zoll zu einem großen Schlag gegen die Drogenmafia aus. Bei Razzien in 17 Wohnungen und Geschäften wurden insgesamt 2,9 Tonnen Chlorephedrin beschlagnahmt. Diese Menge hätte genügt, um 2,3 Tonnen Crystal herzustellen – mit einem Straßenverkaufswert von 184 Millionen Euro. Ob der Rest der einstmals von Klaus T. georderten 4,4 Tonnen Chlorephedrin zu dem Zeitpunkt bereits vollständig in Methamphetamin umgesetzt worden war, wird wohl erst der ausstehende Gerichtsprozess beantworten. Gegen Klaus T. sowie fünf Personen aus seinem Umfeld erließ die Staatsanwaltschaft Leipzig Haftbefehl. Außerdem wurden Munition, gestohlene Ausweise und Dutzende Mobiltelefone beschlagnahmt. Nach einer weiteren Verhaftung am Flughafen Frankfurt am Main folgten abermals Durchsuchungen in Sachsen. Schließlich entdeckten BKA-Beamte in einem Leipziger Postschließfach 550 000 Euro in bar. Es war das spektakuläre Ende der Operation »Discount«, die die Abteilung »Schwere und Organisierte Kriminalität« monatelang in Atem gehalten hatte.

Drei Tage nach den Razzien in Deutschland, am 8. November 2014, gingen auch die tschechischen Sicherheitsbehörden gegen den verbliebenen Teil des Drogenrings vor. Im Zuge der Durchsuchung von acht Objekten wurden 400 Gramm Crystal und 500 Gramm Chlorephedrin beschlagnahmt, dazu kamen 16 000 Euro Bargeld, Autos, Waffen, Munition und gefälschte Papiere. Senol Z. wurde ebenso verhaftet wie sechs weitere Drogenköche und -kuriere. Dass es sich ausnahmslos um tschechische Staatsbürger handelte, verwunderte die Fahnder. Bislang lag das Crystal-Geschäft in Tschechien fest in der Hand vietnamesischstämmiger Gruppen.

Chlorephedrin war als Crystal-Grundstoff bis dahin weitgehend unbekannt. Einer der Ersten, der den Stoff nachwies, war der Leipziger Chemiker Heiner Trauer. Der Abteilungsleiter der Forensischen Toxikologie am Universitätsklinikum Leipzig untersuchte im März 2013 mutmaßliches Crystal, als er auf Spuren des Chlorephedrins stieß. Seine Analyse ließ er den bis dato ahnungslosen Behörden zukommen. »Ich habe mein Gutachten an Kripo und Staatsanwaltschaft übergeben«, sagte Trauer der *Leipziger Volkszeitung*. »Auch beim Bundeskriminalamt habe ich nachgefragt, auch dort war die Substanz völlig unbekannt.«[54] Solche Expertenurteile helfen den Ermittlungsbehörden dabei, den Grundstoffmarkt schärfer zu kontrollieren und neue Produktionsverfahren ausfindig zu machen.

Kiloweise Stoff aus dem Heimlabor

In dem beschaulichen Hirschenwies stank es zeitweise wie in einer Chemiefabrik. Schuld daran waren zwei Fremde, die sich 2011 in dem 100-Seelen-Ort in Niederösterreich angesiedelt hatten. Das Dorf unweit der grünen Grenze zu Tschechien ist nur über eine einzige Straße zu erreichen, bis zur nächsten größeren Stadt sind es mehrere Autostunden. Jedes dritte Haus ist nur ein Zweitwohnsitz für das Wochenende oder die Sommermonate. Die wenigen, die dauerhaft hier wohnen, sind vor allem Rentner. Hirschenwies hat weder einen Supermarkt noch eine Kirche. Wer jung ist, zieht weg.

Die beiden Fremden aber sahen in der Abgeschiedenheit offenbar das ideale Umfeld, um vermutlich kiloweise Crystal herzustellen. Ihr Treiben gelangte erst im September 2014 ans Licht der Öffentlichkeit. Als aus der örtlichen Kanalisation eine braune Brühe auf die Straße quoll, stand die Polizei mit einem Durchsuchungsbeschluss vor der Tür des winzigen, hinter Gestrüpp versteckten Häuschens der beiden Crystal-Köche. Wie sich herausstellte, hatten sie jahrelang Chemikalien und Kohlefilter in der Toilette entsorgt und so die Kanalrohre verstopft.

In dem kleinen Ort galten die beiden Männer als kontaktscheu. Meist reisten sie nachts an, tauchten tagelang in dem zum Labor umfunktionierten Haus ab und verschwanden dann genauso unauffällig wieder. Im Dorf machte sich das Gerücht breit, die beiden seien freischaffende Künstler – das erklärte ihr seltsames Verhalten nicht nur, sondern schien es auch zu entschuldigen.

Es war eine eigenwillige Kunst, auf die sich der 52 Jahre alte Frührentner aus Amstetten und der 47-jährige arbeitslose Fleischer aus Melk verstanden. Das Häuschen hatten sie bis unters Dach mit professionellem Equipment ausgestattet. Innerhalb eines halben Tages kochte das Duo durchschnittlich 120 Gramm Crystal. Jede dieser Chargen hatte einen Marktwert von bis zu 10 000 Euro. Beim niederösterreichischen Landeskriminalamt war man überrascht: Die Köche brachten es auf einen Reinheitsgehalt von 80 Prozent – in der Region hatte man es zuvor lediglich mit einem Reinheitsgehalt von 30 bis 40 Prozent zu tun.

Bei der Hausdurchsuchung im September 2014 entdeckten die Fahnder 400 Gramm Crystal und weitere Chemikalien. Dazu beschlagnahmten sie mehrere Waffen und 15 000 ephedrinhaltige Tabletten. Die Medikamente, aus denen der Wirkstoff für die Produktion gewonnen wurde, soll das Duo aus Bulgarien bezogen haben. Von dort stammt die Lebensgefährtin des arbeitslosen Fleischers, die offenbar in die Machenschaften verwickelt war.

Der sorglose Umgang mit den Chemieabfällen wurde dem umtriebigen Team zum Verhängnis. Zweimal binnen kurzer Zeit verstopften Chemikalien und Kohlefilter die Kanalisation. Beißender Geruch stieg überall im Ort aus den Abflüssen. Als Maler, so versuchte es einer der beiden Männer anfangs noch mit einer kühnen Ausrede, müsse er viel mit

Terpentin arbeiten. Damit aber ließ sich die Polizei nicht abspeisen und bestand auf einer Hausdurchsuchung, die das Duo entlarvte.

Die eifrigen Köche sollen insgesamt rund drei Kilogramm Crystal hergestellt haben. Das kleine Haus in Hirschenwies ist das Labor mit der größten Produktionskapazität, die bislang in Österreich aufgeflogen ist.[55] Diese scheint jedoch nichts im Vergleich zu den zehn im Jahr 2013 ausgehobenen tschechischen Großlaboren mit einer Produktion von bis zu zehn Kilogramm Crystal pro Tag.[56]

Unter tschechischen und österreichischen Polizisten gelten kleine Labore wie in Hirschenwies, die auch in Tschechien noch immer für das Gros der Produktion verantwortlich sind, als »böhmische Küchen«. Das Bundeskriminalamt in Wien geht davon aus, dass es davon mittlerweile einige in Österreich gibt. Im Durchschnitt fliegen jedes Jahr sechs Crystal-Küchen auf. Allein in der oberösterreichischen Landeshauptstadt Linz hatten die Ermittler in jüngster Vergangenheit eine Handvoll der geheimen Labore im Visier. Für eine »böhmische Küche« braucht es nicht viel: etwa 15 Quadratmeter Platz, einen Abzug und Kohlefilter, um die Gerüche einzudämmen.

Tatorte für die Crystal-Produktion sind nicht nur abgelegene Regionen, sondern zunehmend auch Ballungsräume wie Linz. Neuerdings ist zudem ein weiterer und extrem gefährlicher Trend zu beobachten: mobile Labore – in der Szene auch »Shake and Bake« genannt.

»Shake and Bake« – Das mobile Labor für jedermann

Eine Plastikflasche, ein paar Chemikalien und etwas Geduld – das genügt schon, um sich schnell und flexibel mit neuem Stoff zu versorgen. Die Anleitung ist denkbar einfach: die Flasche mit Chemikalien füllen und fortwährend schwenken und schütteln, bis es zur Gasentwicklung kommt. Alle fünf bis zehn Minuten muss der Druck abgelassen werden. Mit der nötigen Ausdauer soll die Crystal-Synthese nach ein bis zwei

Stunden vollzogen sein.[57] Aus Sicht des Produzenten sind die Vorteile augenscheinlich. Das Instrumentarium ist unverfänglich und leicht erhältlich – abgesehen von den inzwischen nur noch schwer zugänglichen Medikamenten.

Zudem ist das Kleinstlabor unauffällig und äußerst mobil. Selbst für Laien ist »Shake and Bake« keine große Herausforderung. Crystal lässt sich so in jeder Tiefgarage oder Gartenlaube herstellen. Noch dazu behält der potenzielle Selbstversorger die volle Kontrolle über die Inhaltsstoffe und den Reinheitsgehalt. Dem stehen allerdings äußerst geringe Produktionskapazitäten und beträchtliche Risiken gegenüber. Keiner anderen Produktionsmethode von Methamphetamin wird eine derart hohe Brand- und Explosionsgefahr zugeschrieben. Im Zuge des erforderlichen Druckablassens werden giftige Gase freigesetzt. Wenn die Reaktion einmal in Gang gekommen ist, lässt sich der Prozess nicht mehr abbrechen. Das Gemisch ist hochexplosiv und kann zu schweren Verbrennungen führen.[58]

Unfälle im Zusammenhang mit solchen Miniküchen sind bisher in Deutschland und Österreich nicht bekannt geworden. Entsprechend wenig wissen Drogenfahnder über die Verbreitung des Shake-and-Bake-Verfahrens. Infolge des gestiegenen Verfolgungsdrucks auf Dealer besonders in den Grenzgebieten ist davon auszugehen, dass Konsumenten immer häufiger selbst als Produzenten aktiv werden und auf mobile Labore zurückgreifen.

Unbeachtete Umweltschäden

Ein in der deutschsprachigen Öffentlichkeit kaum beachtetes Problem ist die mit der Drogenherstellung einhergehende nicht fachgerechte Entsorgung toxischer Abfälle. Mit der steigenden Produktion von Crystal wächst auch die Menge giftiger Laugen und anderer Chemikalien, die illegal verklappt werden. Tonnenweise gelangt so in Europa Giftmüll in die Kanalisation und verpestet Gewässer, Wälder und Ackerland. Die gefährlichen Substanzen sickern ins Grundwasser und verunreinigen die Luft.

Nach Schätzungen der US-Umweltschutzbehörde Environmental Protection Agency (EPA) fallen je 500 Gramm hergestellten Methamphetamins zweieinhalb bis drei Kilogramm chemische Abfälle an.[59] Auf Grundlage dieser Rechnung entstehen allein in Tschechien bei der Crystal-Produktion jedes Jahr etwa 50 bis 60 Tonnen Giftmüll.

Das Institute for Security and Development Policy (ISDP) in Schweden hat eine Initiative gestartet, um junge Erwachsene für das Problem zu sensibilisieren. Das Blog »No Green Drugs« bietet Hintergrundinformationen über Umweltschäden, die durch die Herstellung von Drogen verursacht werden. Auf einer durch das ISDP mitorganisierten Konferenz im schwedischen Göteborg präsentierten im November 2014 internationale Experten ihre Recherchen zu diesem Themenkomplex. Werner Verbruggen, Experte für chemische Drogen bei der europäischen Polizeibehörde Europol, warnte vor den langfristigen Konsequenzen einer nach seinen Worten »unterschätzten Problematik«[60]. Die illegale Verklappung von Drogenmüll verursache große Schäden und Risiken für Umwelt und Gesundheit. »Das ist ein sehr dreckiges Geschäft«[61], sagte der belgische Fachmann von der Abteilung für schwere und organisierte Kriminalität.

Die Menge und Zusammensetzung des Giftmülls, der bei der Herstellung synthetischer Drogen entsteht, hängen von verschiedenen Faktoren ab. Neben der Produktionstechnik sind die chemischen Kenntnisse der Drogenköche ebenso entscheidend wie das genutzte Equipment und die Qualität der eingesetzten Grundstoffe. Laut dem Europol-Experten Verbruggen fällt bei der Leuckart-Wallach-Synthese zur Herstellung von Methamphetamin pro Kilogramm das 20- bis 30-fache an Abfällen an.

In seinem Vortrag beschreibt Verbruggen, der vormals die belgische Polizei-Spezialeinheit für synthetische Drogen leitete, auch die Entsorgungsmethoden der kriminellen Netzwerke. Fotos dokumentieren die illegalen Deponien der Drogenindustrie: Der giftige Müll landet tonnenweise in Fässern und Kanistern in abgelegenen Gebieten in der freien Natur, direkt in der Innenstadt oder im Industriegebiet. Wie ausgeklügelt die Täter mitunter vorgehen, beweist ein eigens zur Verklappung präparierter Transporter. Bis an die Decke des Laderaums reicht der Tank, aus dem die toxische Brühe über einen Schlauch abgeleitet wird. Möglich macht das eine Klappe, die im Fahrzeugboden eingebaut ist. Auf diesem Weg gelangen die Giftstoffe nach draußen, ohne dass die Täter großes Aufsehen erregen. Andere Fotos zeigen die verbrannten Überreste von randvoll mit Müll beladenen Transportern – die Drogenmafia hatte sie kurzerhand angesteckt, um sich der Giftfuhren zu entledigen. Der dadurch entstehende Schaden ist immens. Allein in den Niederlanden geben die Behörden pro Jahr mehrere Millionen Euro aus, um Drogenabfälle fachgerecht zu entsorgen und kontaminierte Böden und Gewässer zu säubern.

Aktuelle Entwicklungen deuten auf eine Professionalisierung der Drogenbanden hin. »Kriminelle Organisationen lassen ihre Drogenabfälle von ›Spezialisten‹ entsorgen«, sagte Verbruggen in Göteborg. Mitunter werde durch diese der Müll Hunderte Kilometer von den Produktionsstandorten entfernt verklappt. Die Analyse dieser Abfälle bietet den Ermittlern Aufschluss über die Strukturen hinter den Drogenbanden, die ihre Spuren ansonsten gut zu verwischen wissen. Insbesondere die verklappten Mengen, die Beschriftungen der Behälter oder ihre Oberflächen bergen mitunter wertvolle Informationen. Dabei sammeln die Fahnder nicht nur genetische Daten und Fingerabdrücke. Auch das Puzzle aus Etiketten, Chargennummern und Strichcodes kann zu den Verkäufern der Chemikalien oder den Produzenten selbst führen.

Konsumenten –
Die bunte Welt von Akademikern, Angestellten und Arbeitslosen

Die soziale Zusammensetzung der Crystal-Nutzer, ihre Konsummuster und Beweggründe gelten als gut erforscht – das trifft allerdings hauptsächlich auf den englischsprachigen Raum zu. In Deutschland und Österreich ist die Datenlage hingegen überschaubar. Bislang liegt lediglich eine Untersuchung mit Fokus auf Amphetaminderivate (Amphetamin-Typ-Stimulanzien, ATS) vor.[62] Im Auftrag des Bundesgesundheitsministeriums befragte das Zentrum für Interdisziplinäre Suchtforschung der Universität Hamburg (ZIS) 392 Konsumenten, die unter anderem auf Freizeitveranstaltungen sowie in Beratungs- und Therapieeinrichtungen als Probanden gewonnen wurden. Außerdem sind für die Studie Internetforen und Berichte ehemaliger Konsumenten ausgewertet worden.

Einen repräsentativen Anspruch hat die Untersuchung angesichts der begrenzten Stichprobe nicht. Dennoch bestätigt sie die Erkenntnisse der internationalen Forschung, die spezifische Konsumentengruppen definiert hat. Die Hamburger Wissenschaftler unterscheiden ebenfalls zwischen Nutzern, die in der Freizeit, im beruflichen Kontext oder aufgrund psychischer Erkrankungen zu Crystal greifen. Nachweisen lassen sich auch Nutzer mit riskanten Gewohnheiten. Dazu gehören der tägliche und der intravenöse Konsum von Crystal.[63] Der ZIS-Geschäftsführer und Leiter der Studie Ingo Schäfer warnt vor dem großen Suchtpotenzial. Der Großteil der regelmäßigen Konsumenten sei abhängig, erklärt der Oberarzt an der Klinik für Psychiatrie und Psychotherapie des Universitätsklinikums Hamburg-Eppendorf.[64]

Die im Ergebnis der Hamburger Studie beschriebenen Konsumententypen stimmen in etwa mit denen überein, die bereits die Psychologin Hilary Klee 1997 mit Blick auf Stimulanzien für Großbritannien formuliert hat.[65] Als ebenso günstige wie effektive Droge hat Crystal eine äußerst vielfältige Klientel erschlossen, was Prävention und Therapie vor große Herausforderungen stellt. Die Forschung nennt vielschichtige Motive für den Konsum. So stehen auf der einen Seite Freizeitkonsumenten, die mit Crystal auf Partys länger durchhalten und enthemmt feiern wollen. Klee bezeichnet sie als »Recreational Users« beziehungsweise »Ravers«. Auf der anderen Seite reihen sich etwa Studenten, Schichtarbeiter und Chefs in die Gruppe der Gestressten ein, die in der Leistungsgesellschaft bestehen wollen – die vermeintlich vernünftigen »Prudent Users«.

Partygänger und Arbeiter, Führungskräfte und Arbeitslose, Jung und Alt – eine Droge für alle und für jede Lebenslage also? Tatsächlich sind die Zeiten vorbei, als Methamphetamin überwiegend der Technobewegung vorbehalten war. Die neuen Herausforderungen, mit denen sich das Suchthilfesystem auseinandersetzen muss, sind nach der Typologie von Klee nun beispielsweise die »Young Mums« – junge Mütter, die mithilfe von Crystal den Erziehungsstress zu bewältigen versuchen.[66] Nach außen ist ihnen oft nichts anzumerken, die Frauen umsorgen ihr Kind und erfüllen beruflich wie privat alle Erwartungen. Der perfekte Schein bringt die Gefahr mit sich, dass Mitarbeiter von Jugendämtern und Familienhilfe die Anzeichen einer Sucht verkennen. Das angestammte Warnsystem der Behörden versagt in diesem Fall. Dabei drohen dem Kind einer Crystal-Konsumentin bereits vor seiner Geburt erhebliche gesundheitliche Risiken. Eva Robel-Tillig, Chefärztin der Neonatologie im Leipziger Klinikum St. Georg, warnt regelmäßig vor den langfristigen Gefahren, die besonders während der Schwangerschaft, aber auch in der Stillzeit von Crystal ausgehen. Die Kinder hätten »oft große Aufmerksamkeitsdefizite, Lernbehinderungen, und sie entwickeln sich motorisch verzögert. Viele leiden später an Verlustängsten und Wutanfällen. So gesehen sind diese Mädchen und Jungen ein Leben lang geschädigt.«[67] In Sachsen kommen immer mehr Kinder von Crystal-Nutzerinnen zur Welt: War im Dresdner Universitätsklinikum 2009 nur ein Baby betroffen, sind es im Jahr 2013 bereits 33 Säuglinge. In Leipzig und Chemnitz wird von einer vergleichbaren Situation berichtet.

Eine weitere Problemgruppe sind die »Self-Medicators«: Dazu zählen junge Mädchen, die sich meist dem öffentlichen Diktat vermeintlicher Schlankheitsideale unterworfen haben und mithilfe von Stimulanzien ihr Gewicht reduzieren wollen. Vielfach gehen damit auch Essstörungen einher. Traumatisierte und depressionserkrankte Patienten fallen ebenfalls in diese Gruppe.

Die Bandbreite der Konsumenten reicht jedoch noch weiter: von den drogenerfahrenen »Older Hippie Ravers« und neugierigen »Experimenters« über rauschfixierte »Speeding Drinkers« bis zu »Grafters«, jugendliche Kleinkriminelle, und »Criminal Users«, die ihre Hemmschwelle zielgerichtet herabsetzen wollen. Die Typologie umfasst zudem die »Isolated Users«, etwa exzessive Computer- oder Konsolenspieler, die indifferenten »Polydrug/Phasic Users« sowie die »Modified Users«, die nach einer längeren Drogenkarriere auf Stimulanzien umsteigen. Nicht jeder Konsument lässt sich eindeutig und dauerhaft einem dieser Typen zuordnen. Mit starrem Schubladendenken ist kaum zu erklären, warum Crystal in immer neue Kreise vordringt – die individuellen Motive reichen vom Wunsch nach völliger Enthemmung bis zu der Überzeugung, mit Crystal den beruflichen oder privaten Alltag besser in den Griff zu bekommen.

In Tschechien ist die Entwicklung um einige Jahre voraus. Die traditionsbedingt starke Verbreitung von Methamphetamin wurzelt hier ebenfalls in der Partyszene. »Vor Jahren galt noch für den typischen User, dass er am Donnerstag nervös wird, weil am Wochenende eine Party ansteht«, sagt ein tschechischer Drogenfahnder. Doch die einstmals homogene Szene hat sich gewandelt. Nach 15 Dienstjahren beobachtet der erfahrene Beamte, wie zunehmend auch Kleinunternehmer und Schichtarbeiter bei den Dealern einkaufen. Es sind Menschen, die mit Termingeschäften ihr Geld verdienen oder aus anderen Gründen einer hohen Stressbelastung ausgesetzt sind. Sie nehmen Crystal nicht zum Feiern, sondern weil ein neuer Kunde und zu Hause die Familie wartet. »Die Leute denken, sie müssen alles schaffen«, sagt er. Seine Erfahrung habe gezeigt, dass dazu vor allem auch Frauen gehören, die Arbeit, Familie und Kindererziehung schultern.

Zu einer ähnlichen Einschätzung kommt die Drogenbeauftragte der deutschen Bundesregierung: »Ein wichtiger Grund für den Missbrauch von Crystal ist, dass man eine geforderte Leistung erbringen will und glaubt, dies ohne die Droge nicht zu schaffen«,[68] schreibt Marlene Mortler (CSU) in einer Broschüre des Gesamtverbands für Suchthilfe. Laut Drogen- und Suchtbericht der Bundesregierung wuchs die Zahl erstauffälliger Crystal-Konsumenten 2013 um 7,4 Prozent auf 2746. Für Erstkonsumenten ist Methamphetamin damit sogar attraktiver als Heroin und Ecstasy. Der CSU-Politikerin, die ihren Wahlkreis im fränkischen Grenzgebiet zu Tschechien hat, machen zwei wachsende, durch die Studie identifizierte Zielgruppen besondere Sorgen: überforderte Mütter und jugendliche Drogeneinsteiger. Mortler gibt zu bedenken: »Wenn ein wichtiger Grund für den Missbrauch von Crystal auch ist, dass man eine geforderte Leistung erbringen will und glaubt, dies ohne die Droge nicht zu schaffen, müssen wir uns fragen, wie man junge Menschen stärken kann, damit sie die Anforderungen der Gesellschaft nicht als Überforderung erleben.«

Zwar scheint die gefühlte und tatsächliche Leistungssteigerung verlockend, aber die Nebenwirkungen, die sich mit der Sucht einstellen, können verheerend sein. »Jeder früher noch so schön empfundene Lebensmoment wird ohne Crystal traurig und leer, antriebsarm und überflüssig«, beschreibt Oberarzt Ralf Rasch vom Erzgebirgsklinikum im sächsischen Annaberg den Teufelskreis, in den Crystal-Konsumenten geraten. Dem Suchtmediziner gibt zudem das soziale Umfeld zu denken, das die Verbreitung der Droge nach seiner Sicht maßgeblich befördert. Denn neun von zehn Klienten erleiden nach Abschluss einer stationären Therapie Rückfälle. Rasch sieht Crystal als gefährlichen »(Brand-)Beschleuniger der Gesellschaft« und als Dopingmittel für das Gehirn. Dem Patienten werde selbst dann noch suggeriert, etwas leisten zu können, wenn er längst ausgebrannt (»burn-out«) sei.[69]

Im grenznahen sächsischen Vogtland haben die Suchtberater Susan Rödel aus Plauen und Joachim Barth aus Oelsnitz zwei wesentliche Typen von Klienten ausgemacht, die unterschiedlicher kaum sein könnten. Da seien zum einen jene, die dem bekannten Bild von Crystal-Abhängigen entsprächen: »junge Menschen Anfang 20, ohne Schulabschluss, ohne Ausbildung, ohne feste Strukturen«. Sie kämen meist erst auf Drängen anderer, um sich professionelle Hilfe zu holen. Überraschender scheinen hingegen die Mittdreißiger, die immer öfter aus eigenem Antrieb heraus die Beratung aufsuchten. »Sie haben Angst, dass der Konsum auffällt, sie in eine Schublade gesteckt werden und alles verlieren, was sie sich über Jahre hinweg aufgebaut haben«, berichten die Suchtberater.[70]

Was die Crystal-Konsumenten bei allen Unterschieden zu einen scheint, ist der Verlust des Bezugs zur Wirklichkeit – sei es als beabsichtigtes Ziel oder als ungewollte Nebenwirkung. Aus dieser Welt erzählen zehn Schicksale,[71] die das bunte Bild der Konsumentengruppen schärfer konturieren.

Die leitende Angestellte: »Drogen sind zum Feiern da«

Im Sommer wuseln Touristen durch die schmalen Gassen der Innenstadt. 15 Gehminuten weiter ist davon nichts zu ahnen. Das Bahnhofsviertel der mittelgroßen Stadt im Südosten Bayerns wirkt mit seinen grauen Straßenzügen wenig einladend. In einem der Häuserblöcke lebt Nadine Schneider zur Miete in einer Zweizimmerwohnung. Die Räume sind schlecht isoliert, wer sich längere Zeit im Flur aufhält, holt sich eine Unterkühlung. Im Wohnzimmer staut sich hingegen die Hitze. Dafür sind die ehemaligen Eisenbahnerwohnungen besonders günstig. Vor allem Studenten mieten sich deshalb seit einigen Jahren gerne im Viertel ein. Sie wohnen Wand an Wand mit sozialen Problemfällen. Einige der Familien in der Nachbarschaft sind bereits über zwei Generationen hinweg bei der Polizei aktenkundig. Gewaltdelikte, Einbrüche, Drogenhandel – in dem Stadtviertel ist das an der Tagesordnung. »Ich bin hier aufgewachsen«, sagt Nadine. »Die meisten, die in meinem Alter sind, kenne ich noch aus dem Sandkasten.«

Seit neun Jahren ist Nadine auf Crystal. Die 28-Jährige liebt es, mit ihren Freunden auszugehen, sie malt und macht Sport. Die junge Frau mit den großen dunklen Augen und dem Pagenschnitt wirkt wie ein wahres Energiebündel. Die gelernte Kauffrau brachte es schnell in eine leitende Funktion. Inzwischen ist sie für mehrere Mitarbeiter verantwortlich. Die Kunden schätzen sie für ihre Kontaktfreude, Witze gehen ihr leicht über die Lippen. Sie macht sich keine Illusionen darüber, dass Crystal auch für schlechte Tage verantwortlich ist. »Natürlich kenne ich die Durchhänger, in denen man niemanden sehen will, sich verkriecht und alles zu viel scheint. Aber das geht nach ein paar Tagen vorbei.«

Ihren Konsum begründet sie pragmatisch. Schon als Kind plagten sie immer wieder unvorhersehbare Müdigkeitseinbrüche. Ihre Schilddrüse produziert zu wenige Hormone, der Stoffwechsel will einfach nicht in Gang kommen. Obwohl es gegen diese Unterfunktion Medikamente gibt, behandelt sich Nadine lieber mit Crystal. Das hat noch eine zweite angenehme Nebenwirkung – das Abnehmen. »In zwei Wochen kann man drei, vier Kilo loswerden.« Aber das ist es nicht, weshalb sie seit ihrer Lehrzeit an Crystal hängt.

Wenn sie damals berauscht zur Arbeit kam, merkte ihr das niemand an, im Gegenteil: »Ich bin ständig gelobt worden.« Die Pausen arbeitete sie schon mal durch. Abends blieb sie oft länger. Die Lehrjahre erschienen ihr nicht als große Prüfung, sondern wie ein Spiel. Konzentrationsschwächen kannte sie nicht. »Man kann sich leicht auf eine Sache einlassen und fokussieren.«

Aber schnell geht das auch zu weit. Einmal geriet eine anfangs harmlose Putzaktion vollends aus dem Ruder. Das war, als sie mit ihrem Freund gemeinsam für eine längere Zeit auf die Wohnung eines Verwandten aufpassen sollte. Nach Ordnunghalten stand ihnen nicht der Sinn. Dafür drehte sich alles um den nächsten Rausch. »Anstatt jeden Tag etwas zu erledigen, haben wir gewartet, bis die nächste Lieferung kam.« Kurz bevor die Wohnung übergeben werden sollte, stand zwangsläufig Großreinemachen an. Die beiden putzten einen ganzen Tag lang bis tief in die Nacht – und verloren sich in jeder Kleinigkeit. »Wenn du anfängst, eine Vitrine mit der Zahnbürste zu reinigen, dann weißt du, dass es irre wird«, erinnert sich Nadine.

Von sich selbst behauptet sie, sie könne ihren Konsum kontrollieren. Die einzige Voraussetzung sei, dass der kristalline Stoff einen hohen Reinheitsgehalt habe. Die Szene hat ihre Mittel und Wege, den Reinheitsgehalt auf die Probe zu stellen. Nadine führt es an einem Kristall vor. Sie legt die Substanz auf Alufolie und erwärmt sie mit einem Feuerzeug. Kurz darauf bilden sich wasserähnliche Tropfen, die langsam wieder zu einem Kristall trocknen. Ist das Methamphetamin gestreckt, fällt das unter Zufuhr von Hitze sofort auf. Nadine erklärt: Salze und ähnliche Stoffe bilden kleine Brocken,

Magnesium verfärbt sich schwarz, und Zucker brennt zu Karamell. »Da darf kein Scheiß zum Strecken drin sein. Dann nehme ich ein, zwei Nasen am Tag.« Eine Portion liege bei ihr nicht lange herum, aber wenn das Crystal aufgebraucht sei, könne sie warten, bis eine neue Lieferung kommt. Nadine kennt es auch von anderen, dass feste Regeln den Konsum in gewissen Grenzen halten.

Nadines Bekannte lungern nicht auf der Straße herum, sondern »stehen mitten im bürgerlichen Leben«, wie sie sagt. Mit 14 ging sie das erste Mal zur Disco. Heute glaubt sie, dass sie damals die Einzige war, die sich nicht irgendwie berauschte. Schnell fanden Drogen Platz in ihrem Alltag. In der Nachbarschaft, im Leichtathletikverein, bei den Sportschützen – überall kannte sie jemanden, der Drogen nahm. Also war Nadine auch mit dabei. »Es gehörte einfach irgendwie dazu. Beim Basketballspielen war die Bong zum Kiffen mit dabei, am Lagerfeuer am Badesee waren Pillen angesagt.« Damals sei es noch darum gegangen, die Grenzen auszutesten. Mittlerweile habe Nadine das nicht mehr nötig. Auf Crystal wolle sie trotzdem nicht verzichten.

Schließlich habe sie so Bekanntschaften gemacht, die sie anders nie kennengelernt hätte. »Man trifft die interessantesten Typen«, meint sie, »das sind Menschen, die über das Alltägliche hinausblicken.« Der Einschätzung, dass Drogen allein dazu gut seien, vor Problemen zu flüchten, kann Nadine nichts abgewinnen. Immerhin durchlebe jeder einmal Höhen und Tiefen. »Aber da muss man durch. Drogen sind zum Feiern da«, sagt sie. »Bist du schlecht drauf, ziehen sie dich doch bloß weiter runter.« Unter ihren Freunden gilt das fast schon als unverrückbare Weisheit. Es herrscht der feste Glaube, dass mündiger Konsum möglich sei. Manches verbiete sich von selbst. Ecstasy und Cannabis, das mache in kürzester Zeit blöd, meint Nadine. Zu kiffen sei grundsätzlich harmlos. Erst in Kombination mit chemischen Drogen könne die eine oder andere Psychose drohen.

Das war nicht immer alles klar. In Nadines Erinnerungen gibt es auch die Momente, die sich selbst im Nachhinein schwer verklären lassen. Manchen Wegbegleiter hat sie in all den Jahren verloren. Es gab Fälle, da wurden die Drogen wichtiger als die Freunde. Da wurde gestohlen und gelogen. »Vor allem bei Heroin ist mit dem Vertrauen Schluss.« Jeder Rausch, auch in der Gemeinschaft, hat seine Schattenseiten.

Selbst der liebste Mensch offenbart dann seine Abgründe. Kürzlich wurde sie um 130 Gramm betrogen. Den Stoff hatte sie mit einem Freund geholt, den sie seit gemeinsamen Kindergartentagen kennt. Nadine sagt, sie habe ihm blind vertraut. Dann war er verschwunden und mit ihm das Crystal im Wert von 3600 Euro. Mit einer ähnlichen Geschichte kann nahezu jeder ihrer Freunde aufwarten.

Für Nachschub ist mancher bereit, Grenzen zu überschreiten. Nadine hat junge Mädchen kennengelernt, die noch nicht lange in der Szene sind – und dafür gleich mit Crystal eingestiegen sind. Um an neuen Stoff zu kommen, bieten einige sexuelle Gefälligkeiten. Im Gegensatz zu den Heroinjunkies, die anschaffen gehen, sehe man ihnen das nicht an. »Crystal-User«, sagt Nadine, »können ihre bürgerliche Fassade jahrelang aufrechterhalten.«

Die Studentin: »Es hilft mir, das alles durchzustehen«

»Hat jemand was zu verkaufen?« Alexandra steht in der Tür, aber keiner scheint sie zu beachten. Um den Wohnzimmertisch der Zweizimmerwohnung in einer südbayerischen Stadt sitzen fünf Mittzwanziger und vertreiben sich die Zeit mit einer Spielekonsole oder dem Smartphone. Man wartet auf eine neue Lieferung Crystal, die längst hätte eintreffen sollen. Die Stimmung ist angespannt. Alexandra flüstert einem der Jungen etwas ins Ohr, mit einem Mal wirkt sie gefasst. Die beiden verschwinden im Nebenzimmer. Zehn Minuten später ist Alexandra zurück, mit geröteten Wangen und fester Stimme. »Ihr sagt mir sofort Bescheid, wenn was da ist.« Ohne die Antwort abzuwarten, schlägt sie die Tür hinter sich zu. Jeder im Raum weiß, was sich abgespielt hat. Alexandra hat einen Blowjob für eine Nase Crystal verkauft.

Von den Kommilitonen, die ihr anderntags in der Uni-Mensa hinterherblicken, würde diese Geschichte kaum einer glauben. Alexandra Richter ist eine zierliche und adrette junge Frau. Sie trägt ein schlichtes, elegantes Kostüm. Die blonde junge Frau studiert Betriebswirtschaft und kommt aus gutem Haus. Ihre Familie lebt Hunderte Kilometer entfernt, den Lebensstandard ihres Elternhauses beschreibt sie als »gehoben«. Mutter und Vater sind erfolgreiche Unternehmer, die es in der Heimat zu Geld und Einfluss gebracht haben. Alexandra soll den Erfolg fortführen. An diesem Anspruch, das weiß sie, lassen ihre Eltern keinen Zweifel. Alexandra steht kurz vor dem Abschluss an einer Universität in Bayern. Ihre Leistungen sind gut – sehr gut sogar. Alles andere würde den Familienfrieden gefährden. Der Druck der Eltern ist immens. »Ständig halten sie mir vor, was ich sie mit dem Studium und meinem Leben koste.« Ein Scheitern ist für ihren Lebenslauf nicht vorgesehen.

Sie lernte gemeinsam mit einem Kommilitonen für eine Klausur, als plötzlich Speed auf dem Tisch lag. Die Aussicht auf eine Dosis zusätzlicher Konzentration war verlockend. Und die Wirkung enttäuschte nicht. Später probierte sie das erste Mal Crystal. »Ich war innerhalb weniger Minuten hellwach und klar im Kopf – und ich konnte schnell eine Menge Lernstoff bewältigen.« Plötzlich, so erzählt sie, wurde das Studium zum Selbstläufer. Alexandra genügte es jetzt, erst einen Tag vor der Prüfung mit dem Lernen anzufangen. Die ganze Nacht durchweg über Büchern zu hocken, das klappte auf Crystal plötzlich wunderbar. Einmal schrieb sie fünf Klausuren binnen einer Woche, ohne zwischendurch eine Nacht richtig zu schlafen.

Anfangs schien es, als wäre das kein Problem. »Aber danach kam der Hangover«, sagt sie. »Es war wie Leerlauf, ich war auf 180 und konnte die Energie nirgends hinstecken.« Nur ein paar Stunden später brach Alexandra zusammen. Sie fühlte sich antriebslos, innerlich leer, verzweifelt – und todmüde. »Ich schlief tagelang und wollte mit niemandem reden. Ich war unfähig, auch nur eine Entscheidung zu treffen.« Trotzdem kann sie seither nicht von der Droge lassen. Schon gar nicht, wenn die nächste Prüfungssituation ansteht.

Als Alexandra an der Uni ein Seminarprojekt vor einem größeren Publikum vorstellen sollte, erfüllte sie alle Erwartungen. »Mit Crystal lief das glatt, absolut perfekt«, sagt sie. »Es ist, als wäre man auf einer Welle, die einen wie von selbst davonträgt.« Dabei mangelt es der jungen Frau nicht an Selbstbewusstsein. Sie weiß um die Blicke, die sie auf sich zieht. In der Schule habe sie oft in der ersten Reihe gestanden, erzählt sie, ob beim Vorlesewettbewerb oder im Debattierklub, mit stringenten Argumenten und scharfer Zunge. Probleme, vor vielen Menschen zu sprechen, sich zu präsentieren und zu verkaufen, hatte sie eigentlich nie.

Darauf waren ihre Eltern stets bedacht. Von klein auf hat Alexandra gelernt, zu funktionieren. Auf Abendempfängen gab sie die vorbildliche Tochter erfolgreicher Mittelständler, die einem kompromisslosen Karriereplan folgt – schließlich wird sie von den Geschäftspartnern ihres Vaters und der Lokalpresse als designierte Nachfolgerin an der Spitze des Familienunternehmens gehandelt. Doch seit den vergangenen Semesterferien absolviert sie solche Termine nur nach außen hin noch mit der gewohnten Gelassenheit – dank Crystal. »Es hilft mir, das alles durchzustehen.«

Alexandra zählt zu jenen, denen ihr Crystal-Konsum kaum anzumerken ist. Nur wer genau hinsieht, entdeckt ihre Nervosität, die sie nie richtig abstellen kann. Allen anderen muss sie eher positiv auffallen. Alexandra kennt keine Auszeit, sie leistet viel in kurzer Zeit – weil andere es so wollen, weil sie selbst keine Alternative sieht. Mit der Zeit hat Alexandra die anfangs überschaubaren Dosen immer weiter gesteigert. Gelingt ihr der Ausstieg nicht, droht sie sich zusehends in ein körperliches und seelisches Wrack zu verwandeln.

Davon scheint sie weit entfernt. Vorerst. Nach dem bisher letzten Abendempfang in der Heimat hat sie versucht, für eine Weile ohne Crystal auszukommen. Doch das ging schief. »Ich wollte nicht mehr unter Menschen«, sagt sie. Jedes Gespräch, schon jeder Blickkontakt, schien zu viel. »Ich fühlte mich total unwohl in meiner Haut.« Auf ihrem dezent geschminkten Gesicht macht sich ein Lächeln breit. Trotz Crystal den Schein zu wahren – noch beherrscht sie das perfekt.

Der Schulabbrecher: »Irgendwann bin ich erwachsen«

Es ist Hochsommer und Christian Seyfarth fuchtelt mit den Armen, während aus den Boxen seiner Anlage in der kleinen Einraumwohnung harte Technobässe wummern. Zigarette? Christian hat schon wieder eine im Mund. Er rutscht auf seinem kleinen schwarzen Ledersofa hin und her, redet und gestikuliert. Wenn er einmal innehält, dann für »einen Kopf Gras aus der Bong«, wie der 19-Jährige mit den kurzen, braunen Haaren es nennt: Er raucht Cannabis aus der Wasserpfeife. Die Zigarette qualmt derweil im überfüllten Aschenbecher. In der Ecke liegen schmutzige Klamotten, alte und neue Sneaker türmen sich zu einem Berg, der im düsteren Licht kaum auszumachen ist. Die Vorhänge sind zugezogen.

Die Joints sind nicht sein Problem. Christian ist seit vier Jahren auf Crystal. Für ihn heißt das: jeden Tag mindestens zwei Nasen – »je nach Qualität und Länge der Bahnen«. Er gibt sich alle Mühe, dass man ihm diesen Verbrauch nicht ansieht. Solarium, Fitnessstudio, sein Aussehen ist ihm wichtig. Die schmalen Oberarme sind gebräunt und durchtrainiert. Dennoch sind die vielen aufgekratzten Pickel nicht zu übersehen. »Akne, in der Pubertät«, sagt Christian knapp und lacht über sich selbst. Wären da nicht das ständige Zappeln und seine dauernde Hektik, man würde ihm diese Erklärung glatt durchgehen lassen. So aber erzählen die vielen Narben und sein hageres Äußeres von einer mehrjährigen Drogen-karriere.

Schon als Jugendlicher hat Christian eine Menge auspro-biert. »Was willst du hier in Südthüringen als Jugendlicher sonst machen? Wandern gehen?« Stattdessen fing er an zu trinken. Früh, oft, viel. Schon mit zwölf Jahren, erzählt er, habe Alkohol einen festen Platz in seiner Freizeit gehabt. »Aber nur am Wochenende«, beeilt er sich hinzuzufügen. Der Alkohol verlor schnell seinen Reiz. Zwei Jahre später, mit 14, stieg Christian auf Cannabis um. Hin und wieder zog er Speed oder warf sich Ecstasy-Pillen ein. Alles im Griff, so hört sich das an. Bis sich Crystal in sein Leben drängte. Es war der Ein-stieg in den Dauerkonsum. »Zack, erste Nase gerotzt, und es ging gut rein.« Wie er überhaupt darauf kam, ist aus seiner Erinnerung verschwunden. Christian hatte seinen Spaß. Er feierte die Nächte durch, die Dosen wurden immer höher, bis er irgendwann sonntags nicht mehr einschlafen konnte. Mit der Zeit bekam er seine wachsende Aggressivität gegenüber den Eltern und Freunden, Lehrern und Mitschülern kaum mehr in den Griff, er schmiss die Hauptschule und später eine Ausbildung. Das Arbeitsamt brummte ihm immer neue Maß-nahmen auf, denen er schnell fernblieb. In seinem Lebenslauf reiht sich ein Aushilfsjob an den anderen. Nichts war von langer Dauer – außer Crystal.

Dabei steckt hinter dem wilden Typen ein wacher junger Mann. Im Fernsehen schaut er regelmäßig Nachrichten, Zei-tung liest er, wenn es sich ergibt und nichts kostet. Den Com-puter hat er ausrangiert, surfen könne er bei Freunden oder seinen Eltern. Christian schmiedet oft Pläne, nimmt sich vor, etwas zu schaffen. Doch seine Gedanken schweifen immer wieder ab. Ein Rausch kann einen ganzen Tag ausfüllen. In den ruhigen Momenten, so selten sie auch sind, spricht er nachdenkliche Sätze: »Ich liebe meine Eltern. Ich bin froh, dass ich sie noch habe.«

Ruft seine Mutter an, klingt es plötzlich ganz anders. Schnell schlägt die Stimmung um. Genervt und gelangweilt, mit dem Gefühl, bevormundet und unter Druck gesetzt zu werden, bricht er das Gespräch ab. Doch er glaubt, dass ihn der Rückhalt der Eltern bisher vor einem Absturz bewahrt hat. »Ohne die beiden? Keine Ahnung, was dann wäre.«

Bis zur Wohnung der Eltern ist es nur ein paar Straßen weiter. Auf halber Strecke, im Vorgarten einer Bäckerei, sitzt eine zierliche Frau, modisch gekleidet, die Haare lang und dunkel, dezentes Make-up. »Ich spüre, dass er das nicht so meint«, sagt Christians Mutter. Sie trägt die ständigen Beleidigungen mit Fassung. Dem Vater fällt der Umgang mit seinem Sohn hingegen schwerer. Der Kontakt ist abgebrochen, aber Christian will es nicht wahrhaben. Und die Mutter will nicht einfach so aufgeben. Fast schon entschuldigend spricht sie über die Situationen, in denen Christian mal wieder ausrastet. Ihre lackierten Fingernägel trommeln beim Erzählen unaufhörlich auf der Tischplatte.

In ihren Gedanken fügen sich die Erinnerungen an Christians Jugend zu einem einheitlichen Bild zusammen. »Vielleicht hätten wir früher einschreiten müssen.« Die Zweifel machen ihr zu schaffen. Den richtigen Zeitpunkt verpasst zu haben, als die Drogenkarriere womöglich noch zu verhindern gewesen wäre, diese Vorstellung erfüllt sie mit Scham. Was hätte sie anders machen sollen? Diese Frage bekommt sie einfach nicht aus ihrem Kopf. Als Christian das erste Mal betrunken nach Hause kam, versuchte sie es mit einem klärenden Gespräch. Als sie das erste Mal eine Wasserpfeife und Graskrümel bei ihrem Sohn fand, redete sie ihm wieder ins Gewissen. Kurzzeitig schien das tatsächlich zu helfen, aber die Wirkung war nicht von langer Dauer. »Christian wurde immer unzuverlässiger und hagerer.« Als er 17 Jahre alt war, beschlossen die Eltern, ihm eine eigene Wohnung zu mieten. »Natürlich«, meint die besorgte Mutter, »war das für uns alle erleichternd. Die Spannungen waren nicht mehr jeden Tag da.« Bis heute ruft sie mehrmals pro Woche bei ihm an. Regelmäßig lädt sie ihn zum Essen ein. Hin und wieder bringt sie kleine Einkäufe vorbei oder hilft beim Putzen und Wäschewaschen. Ohne diese Hilfe wäre Christian womöglich längst am Ende.

Er bekommt Hartz IV, davon und von dem Geld, das seine Mutter und seine Oma ihm gelegentlich zustecken, kann er die wichtigsten Rechnungen bezahlen. Um seinen Crystal-Konsum zu finanzieren, hat er andere Wege gefunden. Die Sucht macht erfinderisch. Christian verdient sich als Zwischenhändler etwas dazu. Von den Jüngeren sammelt er gelegentlich Geld ein und besorgt ihnen Gras oder Crystal. »Die haben alle selbst Ticker, aber manchmal ist Ebbe, und ich kenne immer noch irgendwen, der was hat.« Christian hat seine Stammdealer, bei denen er weniger bezahlen muss als üblich. Von der Lieferung zweigt er etwas für den eigenen Bedarf ab, den Rest gibt er gestreckt weiter. Für Christian ist es ein perfekter Kreislauf, der ihn immer wieder mit frischem Geld und neuer Ware versorgt. Manchmal gibt es allerdings auch Ärger, weil er seine Kunden zu lange warten lässt. »Wenn du irgendwo festgehst, einfach mal 20 Stunden auf einem Sofa hockst, Mucke hörst, rotzt und Konsole zockst, vergisst du die anderen, für die du das Zeug in der Tasche hast, und dann kann's auch mal knallen.«

Die kleinen Kristalle in den Plastiktütchen haben Christians Alltag weitgehend eingenommen. Reflexartig stampft er den Stoff zusammen, bis weißes Pulver entsteht, um es sich linienweise durch die Nase zu ziehen. Oft denkt er ans Aufhören: »Der Crystal-Schweiß und die Pickel nerven ganz schön.« Doch diese Gedanken kreisen ihm allenfalls so lange durch den Kopf, bis die nächste Party oder der nächste Sex anstehen – und damit auch die nächste Nase. Zu einer Therapie konnte er sich bislang nicht durchringen. »Das muss ich selber schaffen. Und wenn ich will, kann ich auch mal zwei Wochen nichts ziehen, das geht schon klar.« Christian lächelt. Zum Abschied sagt er: »Irgendwann bin ich erwachsen.«

Der Unternehmer:
»Manchmal will ich einfach nicht funktionieren«

Fußläufig von Weimars Hauptbahnhof, auf der Terrasse eines kleinen Restaurants, nippt Gregor Malinkowski an einem Espresso. Zur Begrüßung redet er ausführlich über die Historie der thüringischen Stadt, die 1999 Kulturhauptstadt Europas war: Bauhaus, Goethe, Nationaltheater. Drogenkonsum ist das Letzte, was man dem Thüringer unterstellen würde. Kurz geschnittene Haare, modische Brille, das weiße Hemd sorgsam bis zu den Ellenbogen hochgekrempelt, graue Bundfaltenhose und polierte braune Business-Schuhe: Der smarte Enddreißiger ist der Prototyp eines Geschäftsmannes.

Malinkowski ist der Chef einer kleinen Firma für Softwareentwicklung. »Eine Handvoll feste Mitarbeiter, je nach Lage auch studentische Hilfskräfte. Ich kann mich nicht beklagen.« Zu seinen Kunden zählen überwiegend mittelständische Unternehmer. Die Auftragsbücher sind voll. Malinkowski arbeitet viel und hart. Als Ausgleich, erzählt er, gehe er am Wochenende feiern, »ein- oder zweimal im Monat – eher weniger«. Mehr könne er sich bei der Firma und seiner Freundin nicht erlauben. Im Alltag fügt er sich in seine Rolle.

Aber da gibt es noch einen anderen Gregor Malinkowski. Einen, der seit seiner Jugend Clubs und Festivals besucht, der es bis heute genießt, Partyatmosphäre in sich aufzusaugen. Der Informatiker hat eine Leidenschaft für elektronische Musik, am liebsten lässt er sich mit dröhnendem Drum 'n' Bass beschallen. Oder, wenn es entspannter zugehen soll, mit Minimal House. So – und mit gutem Stoff – könne er abschalten, dem Alltag entfliehen. Wenn Malinkowski mal nicht nur funktionieren will, zieht er eine Nase Crystal und raucht einen Joint.

Das war früher anders. Es gab eine Zeit, in der sich die Dosis nicht so einfach programmieren ließ wie eine Datenbank. Vor zehn Jahren, Malinkowski stand vor dem Abschluss seines Informatikstudiums, waren Drogen bei ihm an der Tagesordnung, morgens nach dem Aufstehen, abends vor dem Schlafengehen. Sich zu berauschen war so selbstverständlich wie das Zähneputzen. Malinkowski hat damals vieles ausprobiert – alles, was das Partyleben in den Clubs hergab: Cannabis, Kokain, Ephedrin und die ganze chemische Palette, von Speed über LSD bis Ecstasy, natürlich auch Crystal.

Was andere geradewegs in die Sucht geführt hätte, löste in Malinkowski eher ein leises Zweifeln aus. Irgendwann kiffte er nur noch abends. Dann beschränkte er sich bei den Partydrogen auf die Wochenenden. Mit Ende zwanzig schaffte er den Absprung, bevor er richtig eingestiegen war. Doch wie ist er von der täglichen Dosis Pulver und Kraut weggekommen? »Plötzlich, von einem Tag auf den anderen, hatte ich darauf keine Lust mehr«, sagt er, als wäre das so zwingend wie ein Businessplan. Sein Diplom schaffte er problemlos, ohne einen Suchtberater oder Therapeuten aufsuchen zu müssen. Seitdem raucht er abends hin und wieder eine Zigarette, und gelegentlich trinkt er ein Gläschen. Überhaupt, der Alkohol. Damit sei er nie richtig warm geworden, betrunken zu sein, das bringe ihm nichts. »Die Wirkung ist nur am Anfang gut«, meint er, »wenn du grinst, dich aber noch unter Kontrolle hast.«

Wenn er heute in alte Gewohnheiten verfällt, an einem Samstagabend im Club oder während einer Sommernacht auf irgendeinem Provinzfestival, ist es immer nur für einen Moment. »Zum Durchtanzen nehme ich Crystal, gegen die Hektik zwischen den DJ-Sets, und am Abend dann ein paar Joints.« Seine Grenzen kenne er sehr genau, das ist ihm wichtig zu betonen. Niemals würde er an einem Sonntagmorgen Crystal nehmen. Am Montag müsse er wieder fit sein, Kontrollverlust könne er sich nicht leisten. Auch sonst meide er jedes Risiko. Nie sitze er nach einer Party selbst am Steuer, es müsse immer einer dabei sein, der nüchtern bleibt. Zu groß sei seine Angst vor einem Unfall und der Polizei. »Mit körperlichen Schäden oder ohne Führerschein kann ich nicht arbeiten. Das wäre mein Ende.«

Der Geschäftsmann ist auf Diskretion angewiesen. Die Frage, woher der Nachschub komme, bringt ihn zum Lachen. »Einen guten Dealer findet man in meinem Alter nicht mehr so leicht.« Es habe eine gewisse Zeit gedauert, bis er über Freunde seine heutigen Kontakte auftun konnte. Seit Jahren kaufe er nun schon dort ein. Keine Stunde, sagt er, brauche es, um alles zu bekommen, was das Herz eines Drogenkonsumenten höher und – je nach Stoff – schneller schlagen lasse. Doch Dealer sei nicht gleich Dealer. Wo es Cannabis gibt, sei gelegentlich auch Kokain oder das opiumähnliche Ketamin im Angebot, nicht aber Crystal. »Nein, mein C hole ich woanders.« Sowieso laufe es bei ihm anders als bei den jungen Konsumenten. Darüber redet Malinkowski gern und ausführlich: über das Vergangene, über Attitüden, die er hinter sich gelassen hat. »Ich kaufe nicht mehr bei Leuten, wo irgendwelche versifften Dauerkiffer oder Junkies auf dem Sofa rumgammeln.« Er will vermeiden, einem Studenten über den Weg zu laufen, der in seiner Firma jobbt. Im Chefsessel sei Crystal tabu. Dort, sagt Malinkowski, belasse er es bei Espresso, sei er höchstens ein »Koffein-Junkie«.

Junkie ist das Stichwort, bei dem das entspannte Lächeln aus Malinkowskis Gesicht weicht. In seiner Jugendzeit, sagt er nachdenklich, habe er einen großen Bekanntenkreis gehabt, eine Art »freundschaftliche Zweckgemeinschaft«. Nur noch zu den wenigsten habe er heute Kontakt. Geblieben seien diejenigen, die es geschafft haben, ihren Alltag neu zu ordnen. Manchen Freund habe er an die Drogen verloren. Einige müssten immer wieder stationär in psychische Behandlung. Für andere sei jede Hilfe zu spät gekommen. »Selbstmord«, Malinkowski schluckt. Er habe sich oft gefragt, ob sie sich auch ohne Drogen das Leben genommen hätten. Nach der Antwort sucht er bis heute vergebens. Trotzdem sei der Gedanke, auf Drogen zu verzichten, für ihn unvorstellbar. »Manchmal will ich einfach nicht funktionieren, sondern frei sein – wenigstens für paar Stunden.«

Der Pionier: »Jetzt kaufe ich halt überteuert im Knast«

Neben den Matratzen stapeln sich Zeitungen und leere Pizzaschachteln auf dem Boden. Die kleine Kochecke quillt über von dreckigem Geschirr. Die Wohnung ist übersät mit leeren Eimern und Flaschen: Haushaltsreiniger, Essigsäure, hochtoxische Autopflegemittel. Auf vielen Etiketten prangt ein schwarzer Totenkopf auf orangefarbenem Grund – die Warnung vor chemischen Gefahrenstoffen. Kurz nachdem Werner Kubat in eine Mietskaserne in einer Stadt in Oberösterreich eingezogen ist, begann er, in Heimarbeit Crystal zu produzieren. Für den 46 Jahre alten Arbeitslosen, der mit einer 19-Jährigen zusammenlebte, drehte sich in der notdürftig eingerichteten Wohnung alles darum, die eigene Sucht zu befriedigen und sich nebenbei etwas dazuzuverdienen. Über das Internet bezog Kubat die nötigen Chemikalien und Medikamente. Gemeinsam mit einem Helfer soll er binnen eines Dreivierteljahres dreieinhalb Kilogramm Crystal hergestellt haben. Das Landeskriminalamt attestierte dem Stoff bei einer Reinheit von 90 Prozent einen Wert von gut 350 000 Euro.

Im Dezember 2013 stürmte die Kriminalpolizei die Wohnung von Kubat und seiner Freundin, die seit dem Frühjahr in den zugemüllten Räumen gehaust hatten. Wie sich herausstellte, hatten Kubat und sein Helfer die Produktion vom Keller auf die Terrasse verlegt – wegen der giftigen Dämpfe und der Explosionsgefahr. Vor fremden Blicken durch hohe Thujenhecken geschützt, kochten sie von früh bis spät. Die Lebensgefahr nahmen sie für sich wie für die anderen Bewohner des Hauses billigend in Kauf.

Im Laufe der Ermittlungen setzte sich für die Fahnder ein erschreckendes Bild des ungleichen Trios zusammen: Während die zwei Männer in ihrem Notlabor werken, sitzt das junge Mädchen im Wohnzimmer und zieht sich eine Nase nach der anderen. Ihr kommt die Aufgabe zu, das Erzeugnis auf seine Wirksamkeit zu testen. Manchmal ist sie drei Tage am Stück wach. Dann sitzt sie in dem zwölf Quadratmeter engen Raum, starrt die Wand an und widmet sich nahezu zwanghaft einer einzigen Beschäftigung: Origami. Abertausende Papiervögel faltet die junge Frau in diesen Wochen und Monaten. Dabei bringt sie es auf eine kunstvolle Qualität. Säckeweise schleppen später die Fahnder diese Kreationen eines augenscheinlich verstörten Geistes aus der Wohnung. Mit einer schweren psychotischen Störung kommt die 19-Jährige in die geschlossene Abteilung der Landesnervenklink. Auf sie wartet ein langer und beschwerlicher Weg aus der Abhängigkeit.

Für Werner Kubat scheint der Kampf hingegen längst verloren. Als die Polizisten ihm nach unzähligen Observationen auf die Schliche kommen, sind sie nicht überrascht. Bei der Behörde ist Kubat seit Jahrzehnten für seine schwere Crystal-Abhängigkeit bekannt. Erst ein Jahr vor seiner Festnahme war er aus dem Gefängnis entlassen worden. Schon damals saß er wegen der Herstellung von Methamphetamin eine Haftstrafe über anderthalb Jahre ab. Offenbar produzierte Kubat hauptsächlich für den Eigenbedarf und sein näheres Umfeld. Drogenhandel stand nach Einschätzung der Ermittler nicht im Vordergrund.

Werner Kubat gilt als einer der Crystal-Pioniere schlechthin. Bereits Ende der 80er Jahre versuchte er sich erstmals an einem Heimlabor. »Er ist einer, der von Anfang an dabei war, als Crystal noch unter der Bezeichnung Badesalz lief und nicht wirklich bekannt war«, sagt sein Strafverteidiger. Damals ergründete der praktisch veranlagte Handwerker die Herstellung im Selbstversuch.

Kubat wuchs auf dem Land nahe der tschechischen Grenze auf. Seine Leistungen in der Schule waren mehr als passabel. Nach einer Schlosserlehre machte er früh seinen Meister bei einem der größten Arbeitgeber in der Region. Nebenbei setzte er sein handwerkliches Können kreativ ein. In der Freizeit gestaltete er mit dem Schweißgerät Skulpturen, für Freunde baute er kunstvolle Einrichtungsgegenstände.

Doch zugleich startete er schon als 18-Jähriger seine Drogenkarriere. Innerhalb kürzester Zeit blieb er bei den Stimulanzien hängen und sollte davon bis auf Weiteres nicht mehr loskommen. Mehrmals verhaftete ihn die Polizei, vier Mal wurde er vor Gericht verurteilt. Kubat ist Mitte 20, als er das erste Mal wegen eines illegalen Labors in Haft muss. Anfang 2014, kurz nachdem die Crystal-Küche in dem Wohnblock ausgehoben wurde, schickte ihn das Gericht abermals ins Gefängnis. Diesmal muss er sieben Jahre sitzen.

Die wenige freie Zeit, die ihm in der Justizvollzugsanstalt bleibt, verbringt er in der Gefängniswerkstatt – beim Schweißen. Mittlerweile hat er sich eine Stammkundschaft unter den Wärtern erarbeitet. Für Kubat ist es eine Möglichkeit, sich ein kleines Taschengeld zu verdienen. Wofür er es einsetzt, daran lässt er keinen Zweifel. Nach seiner Verhaftung soll er schulterzuckend gesagt haben: »Statt Meth für mich herzustellen, kaufe ich es halt jetzt überteuert im Knast.«

Der Akademiker: »Ich war der Droge verfallen«

Eine dünne Schneeschicht überzieht die Straßen Wiens. Die Uhr zeigt kurz nach Mittag an diesem winterlichen Februartag 2013. Es ist bitterkalt. Nur wenige Passanten sind auf der

Straße unterwegs, als ein weißer Mercedes um die Ecke biegt. Das gepflegte Fahrzeug passt ebenso gut in diese Gegend wie sein Fahrer. Gerald Kranzler zeigt gerne, was er sich leisten kann. Braungebrannt steigt er aus dem Wagen, unter der Lederjacke trägt er ein teures Seidenhemd, am Handgelenk glitzert eine Rado. Der 48-Jährige lächelt. Die gut zweistündige Fahrt in die nahe Slowakei und zurück blieb ohne Zwischenfälle. Mit der Hand fährt er über seine Jackentasche – das Päckchen ist noch da: 25 Gramm Crystal für 450 Euro.

So könnten sich Kranzlers letzte Minuten in Freiheit abgespielt haben. Seine Verhaftung lässt sich anhand des Gerichtsprozesses und der Aussagen von Ermittlern rekonstruieren. Die fünf Männer, die nach Kranzlers Ankunft aus den in der Nähe parkenden Wagen stiegen, waren ihm nicht aufgefallen. Eiligen Schrittes lief er die Treppen hinauf zu seinem Büro neben dem Tanzstudio seiner Lebensgefährtin. Kurz darauf standen die Drogenfahnder der Kriminalpolizei mit einem Durchsuchungsbeschluss in seiner Tür. Sie brauchten nicht lange, um fündig zu werden. Gerald Kranzler wurde an Ort und Stelle festgenommen. Der Vater von drei Kindern, ehemaliger Leistungssportler und Autor eines Fitnessbuches, ist zu diesem Zeitpunkt seit 15 Jahren Deutsch- und Philosophielehrer an einem Gymnasium. Bei seinen Schülern ist er beliebt. Nach dem Karriereende als Profisportler hatte er seinen Doktor in Philosophie und Germanistik gemacht und zur Religion gefunden. Auch wenn seine aktive Laufbahn schon einige Zeit zurücklag, strahlte der großgewachsene und drahtige Mann mit den nach hinten gegelten Haaren noch immer jugendliche Tatkraft aus. Keiner an der Schule ahnte, dass sich der 48-Jährige mit Crystal aufputschte.

Bei den Vernehmungen gesteht Gerald Kranzler, seit drei Jahren regelmäßig in die Slowakei zu fahren, um sich mit frischem Stoff zu versorgen. Es habe einfach leistungssteigernd gewirkt, er habe es wie Kaffee konsumiert. Von den Horrorszenarien, die vor allem in den USA mit der Droge verbunden werden, habe er in seinem persönlichen Umfeld nichts beobachten können. Öffentlich bestreitet Kranzler sogar, überhaupt davon gewusst zu haben, dass es sich bei der Substanz um Crystal gehandelt habe. Er habe den Stoff, den er sich regelmäßig jenseits der Grenze besorgte, bloß als »Pervitin« gekannt.

Neben seiner Lehrertätigkeit machte sich Kranzler zu der Zeit in der Öffentlichkeit als Fitnesspapst einen Namen. Der ehemalige Olympiateilnehmer wusste seinen Ruf aus Profisport-Zeiten zu nutzen, sein Buch verkaufte sich gut. »Ich habe einen großen Fehler gemacht«, beteuerte er nach seiner Verhaftung. Eine Zeit lang kämpfte er darum, seinen Job als Lehrer zu behalten. Schließlich schied er noch während der Ermittlungen freiwillig aus dem Schuldienst aus – man habe ihm dies nahegelegt.

Ein halbes Jahr später steht Gerald Kranzler vor dem Richter. Wie immer ist er gut gekleidet. Die drei obersten Knöpfe seines Seidenhemdes sind geöffnet. Während der Verhandlung erklärt der 48-Jährige, die Droge habe ihm geholfen, den »überzogenen Ansprüche[n] an mich selbst« gerecht zu werden. »Ich war der Droge verfallen«, sagt er leise. »Ich habe 20 bis 30 Schmuggelfahrten in die Slowakei unternommen, um meinen Eigenbedarf zu stillen.« Einfuhr und Besitz von insgesamt 110 Gramm werden ihm zur Last gelegt. Einer Haftstrafe entgeht Gerald Kranzler dennoch. Die Staatsanwaltschaft gibt sich mit einer Diversion zufrieden. Er kann sich also noch einmal bewähren, wenn er die Auflagen erfüllt. Der 48-Jährige muss sich einer Entzugstherapie und regelmäßigen Harnkontrollen unterziehen. Sollte er sich in den nächsten zwei Jahren nichts mehr zuschulden kommen lassen, wird das Verfahren eingestellt.

Die Aussichten, wieder in den Lehrerberuf zurückzukehren, sind dennoch schlecht. »Die Folgen der ganzen Sache sind nicht nur im wirtschaftlichen Bereich dramatischer als gedacht. Aber dazu muss ich stehen.« Bis zu seiner Therapie verdient der Akademiker und frühere Sportler seinen Lebensunterhalt wieder mithilfe seiner körperlichen Fitness: Er hat einen Job als Fahrradbote angenommen.

Der Schichtarbeiter:
»Entweder du bringst Leistung, oder du bist arbeitslos«

Nach der Lehre blieb Marco Böttcher keine andere Wahl, als seine Heimat, eine mittelgroße Stadt in Thüringen, zu verlassen. Als Jugendlicher machte der 30 Jahre alte gelernte Schlosser die gleichen Erfahrungen wie viele andere in dieser Gegend: »Es gibt keine Arbeit. Um einen Job zu kriegen, musst du bereit sein, 400 Kilometer wegzuziehen.« In Bayern fand er eine Stelle in der Industrie. Doch die war nicht von langer Dauer. Nach zwei Jahren musste er sich erneut auf die Suche machen. Wieder kam er in einem metallverarbeitenden Unternehmen unter, wieder musste er in eine andere Stadt ziehen – und wieder stand er kurz darauf vor der Arbeitslosigkeit. Zwei Mal ging das noch so, bis es ihm gelang, bei einem großen Automobilhersteller zu bleiben.

Seit zehn Jahren arbeitet er hier nun im Schichtdienst – und hat eine ebenso lange Drogenkarriere hinter sich. Zu Spitzenzeiten habe er seine Tagesration auf zwei Gramm Crystal steigern müssen, »um die Arbeit durchzustehen«, sagt Marco Böttcher. Im Job frage jeder nur nach Leistung, nicht aber, wie die zustande komme. Von dieser Erfahrung ist es nicht mehr weit bis zur ersten Dosis. »Entweder du bringst Leistung, oder du bist arbeitslos.« Vier seiner Freunde, die meisten kommen wie er aus dem Osten, konsumieren regelmäßig Crystal. Wer über eine Zeitarbeitsfirma beschäftigt werde, stehe unter besonders hohem Druck: Da sei die stete Hoffnung, endlich fest in einen Betrieb reinzurutschen, erzählt Böttcher. Doch übernommen werde nur, wer am Band voll und ganz überzeugt. Die Erwartungen halten die Kollegen für übermenschlich. »Im normalen Zustand«, so heißt es, seien sie nicht zu erfüllen.

Immer wieder begegnen Polizei und Zoll Leute, die ihre anstrengende körperliche Arbeit als Grund für den Konsum angeben. Ein Montagearbeiter, der auf der Rückfahrt nach Berlin in Bayern auf der A 9 mit Crystal gestoppt wurde, erklärte den Beamten: »Das ist meine Wochenration. Die brauche ich, um meine Arbeitsnorm erfüllen zu können.« Das Päckchen mit acht Gramm Crystal transportierte er unverhohlen in der Mittelkonsole. Einer Schuld war er sich nicht bewusst. »Das machen bei uns alle in der Firma«, diktierte er den Beamten ins Protokoll. Sein Betrieb zählt mehr als 100 Mitarbeiter.

Marco Böttcher ist ein drahtiger, sportlicher Typ. Dem Arbeitsstress setzt er einen trainierten Körper entgegen. Lange Zeit verkraftete er so den Stress von wechselnden Schichtzeiten und kraftraubendem Crystal-Konsum. Doch eines Abends, nach Schichtende, horchte er im Auto tief in sich hinein – und steuerte vom Firmenparkplatz direkt das nächste Krankenhaus an. Länger hätte er kaum warten dürfen. Die Ärzte diagnostizierten ein akutes Magengeschwür, das kurz davor stand, die Darmwand zu durchbrechen. Zudem drohte ein Leber- und Nierenversagen. Marco Böttcher musste für sechs Wochen ins Krankenhaus. Anfangs lag er sogar auf der Intensivstation. Nur langsam erholte er sich von dem Zusammenbruch. »Dann begann der alte Trott.« Eine Woche nach der Reha war er wieder voll auf Crystal. Die Verlockung war einfach zu groß.

Inmitten dieser Lebenskrise lernte er die Einzelhandelskauffrau Karin aus der niederbayerischen Provinz kennen. »Die Kleine«, wie Marco Böttcher sie nennt, hatte bis dahin keinen Kontakt zu Drogen. Anfangs nutzte der Freund das ungeniert aus. Zig Mal saß die 19-Jährige für Beschaffungsfahrten nach Tschechien, die er ihr anfangs noch als Wochenendausflüge verkaufte, hinterm Steuer.

Inzwischen bedauert er es, sie belogen zu haben. Marco Böttcher kann es sich nur so erklären, dass er auf diese Weise sein Rauschbedürfnis befriedigen und gleichzeitig mit Karin zusammen sein konnte. »Das war für mich ein idealer Zustand.« Als sie jedoch überraschenderweise schwanger wurde, kam er ins Grübeln. Er entschloss sich, reinen Tisch zu machen. Auf seine Drogenbeichte folgte der ernsthafte Versuch, die Dosis zu verringern. Aber das war nicht lange durchzuhalten. Marco Böttcher verspürte nur noch Müdigkeit und Unlust. Gegenüber seiner Freundin wurde er mehrmals aggressiv. Legte er sich dann wieder eine Nase Crystal, wurde es nur noch schlimmer.

Zwei Monate vor der Hochzeit passierte etwas Unerwartetes. Der angehende Schwiegervater, ein stämmiger Niederbayer, packte fest zu, zog Marco Böttcher in ein Nebenzimmer und schloss die Tür von außen ab. Hausarrest, fünf Wochen lang. Marco Böttcher war von Nachschub abgeschnitten. Statt Crystal reichten ihm die Schwiegereltern belegte Brote durch die Tür – und organisierten über einen Bekannten eine Krankschreibung für den Schichtarbeiter. Anfangs waren die ständig wiederkehrenden depressiven Schübe kaum auszuhalten. Mit der Zeit wurden die bleierne Müdigkeit und die ihn immerzu plagende Unsicherheit erträglicher, ohne jedoch gänzlich zu verschwinden.

Ihm bleibt nichts anderes übrig, als sich damit abzufinden. Inzwischen ist er dem Schwiegervater sogar dankbar. Der ging von Beginn an pragmatisch mit der Drogengeschichte um. »Wenigstens auf den Hochzeitsfotos«, sagte er zu Marco Böttcher, »musst du wie ein normaler Mensch aussehen.« Das nahm sich der Schwiegersohn zu Herzen. Mehr noch, die junge Familie zog in die direkte Nachbarschaft zu Karins Eltern. Karin und das Kind geben Marco Böttcher Halt. Vor einem Rückfall ist er trotzdem nicht gefeit. Den Gedanken an Crystal bekommt er nie richtig aus dem Kopf. Wenn sie zu dritt einen Ausflug machen oder er mit Freunden um die Häuser zieht, blitzt schon mal der Wunsch in ihm auf, den schönen Moment mit einer Nase für eine gefühlte Ewigkeit festzuhalten.

Der Alte und das Mädchen: »Der Sex war der Hammer«

Als Nathalie in sein Leben tritt, ist es um den 52-Jährigen geschehen. Ein Mädchen von 16 Jahren verdreht dem Handwerksmeister den Kopf. Plötzlich fühlt sich Reinhold Greiner um Jahre jünger – und gehörig unter Druck. Um die junge Partnerin nicht gleich wieder zu verlieren, greift er das erste Mal zu dem, was jenseits der Grenze unter dem Namen »Piko« bekannt ist. Kurz nachdem Greiner mitbekommen hat, wie tschechisches Crystal in Österreich die Runde macht, probiert er das angebliche Wundermittel an sich und seiner jugendlichen Gespielin aus. »Der Sex war der Hammer«, wird er sich später erinnern, als ihn Crystal ins Gefängnis bringt.

Seine Drogenlaufbahn beginnt in der Zeit um das Jahr 2009. Damals überschwemmt die erste Crystal-Welle Oberösterreich. Greiner weiß, wo das Methamphetamin verkauft wird. Er wohnt direkt an der tschechischen Grenze. Oft fährt er rüber, mal zum Einkaufen, mal, um mit Freunden auf Kneipentour zu gehen. Und er hat Bekannte auf tschechischer Seite. Immer wieder reist er ins Nachbarland, um sich und Nathalie mit kleinen Mengen zu versorgen.

Was mit hemmungslosem Sex seinen Anfang nahm, führte geradewegs in die Sucht. Nach seiner Verhaftung im Sommer 2014 schwärmt er gegenüber der Polizei, wie intensiv und scheinbar endlos das erste sexuelle Erlebnis auf Crystal war. Ihm sei sofort klar gewesen, dass es mit einem Mal noch nicht genug sei. »Bei ihm kann man den ganzen Weg bis hin zum Absturz nachverfolgen«, sagt ein Polizist, der mit den Ermittlungen vertraut ist. Die Erklärung, mit dem Aufputschmittel das sexuelle Leben bereichern zu wollen, hören die Fahnder häufiger. »Das ufert am Ende völlig aus.«

Auf seinen Touren über die Grenze belässt es Greiner anfangs bei geringen Mengen von drei bis vier Gramm. Dann wird er das erste Mal ertappt. Gegen ihn wird ein Bußgeld verhängt. Greiner stellt die Beschaffungsfahrten ein. Doch seine Zurückhaltung ist nur von kurzer Dauer. Nach ein paar Wochen fährt er wieder regelmäßig nach Tschechien. Er kauft nun größere Mengen, um nicht so häufig fahren zu müssen. So will er die Gefahr verringern, erneut erwischt zu werden.

Doch die Polizei hat ihn längst wieder im Visier, was Greiner allerdings nicht verborgen geblieben ist. Als eine seiner Touren ansteht, haben sich die Beamten entlang seiner üblichen Routen postiert. Greiner aber lässt lange auf sich warten. Er fährt über Umwege nach Tschechien. Das Crystal kauft er von einem vertrauten Kontaktmann. Auch für die Rückfahrt wählt er Schleichwege, nur für das letzte Stück kehrt er auf seine gewohnte Route zurück. Hier schließlich fasst ihn die Polizei.

Wie sich herausgestellt hatte, war Greiner groß ins Drogengeschäft eingestiegen. Über einen Mittelsmann hatte er Kontakte zur Szene in Tschechien und in Österreich hergestellt. Sein Komplize war ein Kraftfahrer, der, weil er zu oft unentschuldigt gefehlt hatte, nun arbeitslos war und sein Leben mit dem Handel von Crystal und Cannabis finanzierte.

Mehrfach schmuggelten die beiden Crystal von Tschechien nach Oberösterreich. Allein bei sechs Fahrten brachten sie 100 Gramm reinstes Crystal mit einem Verkaufswert von 12 000 Euro ins Land. Ein Ehepaar verkaufte den Stoff rund um die Landeshauptstadt Linz weiter. Unter den Käufern war ein Mädchen, das in schwerem Maße abhängig war. Ihre Mutter erstattete Anzeige – und die Fahnder kamen schnell auf die Spur des polizeilich bekannten Reinhold Greiner und seines neuen Geschäftsfreundes. Mit ihnen flog auch der Rest des

Drogenrings auf. Die Verdächtigen kamen in Untersuchungshaft. Anfang 2015 soll Reinhold Greiner der Prozess gemacht werden. Seine jugendliche Freundin Nathalie hat sich inzwischen von ihm getrennt.

Der Soldat: »Manche Tage laufen wie hinter Milchglas an mir vorbei«

Bernd Maurer ist 29 Jahre und schon ausgebrannt. Das Erlebte würde er am liebsten aus seiner Erinnerung tilgen. Aber so einfach ist das nicht. »Es war die Hölle«, sagt der kräftige Blondschopf mit dem Bürstenhaarschnitt. »Die Bilder und die Angst vergisst man nicht.« In seinem früheren Leben war Maurer einmal Soldat bei der Bundeswehr. Als Panzeraufklärer nahm er bei mehreren Einsätzen im Ausland teil. Der letzte führte ihn nach Afghanistan. »Bei einer Patrouille geriet unser Konvoi in einen Hinterhalt. Wir fuhren an der Spitze, als eine Mine unseren Wolf zerriss«, erzählt Maurer. »Einer meiner Kameraden war schwer verletzt. Als wir uns um ihn kümmern wollten, krachten plötzlich von überall Schüsse.« Sie retteten sich hinter einen Felsen, der Verletzte blieb zurück. »Er schrie und schrie«, sagt Maurer, seine Stimme ist leise geworden. Als nach Stunden endlich Hilfe aus der Luft eintraf, war es für den Kameraden zu spät. Nach Maurers Rückkehr in die Heimat ließen ihn die Bilder nicht mehr los. Er wurde aus dem Dienst entlassen. »Das Ausscheidergeld war das Einzige, was man von der Truppe bekam.« Was die psychologische Betreuung anbelangte, fühlte er sich alleingelassen.

Zu Hause in seinem Elternhaus in einer kleinen bayerischen Gemeinde erkannten ihn die Verwandten und Freunde kaum wieder. Seine Aggressivität bekam Bernd Maurer nicht in den Griff. »Ich war voller Wut und Zorn«, sagt er. Auf einem Volksfest schlug er im Streit sein Gegenüber nieder und brach ihm Nase, Kiefer und Jochbein. Dann wütete er in seiner Wohnung. Maurer erinnert sich, wie er die Einrichtung zerlegte, »ich war wie im Rausch«. Nur den Grund für seine Gewaltausbrüche konnte er sich lange nicht erklären. Er versuchte, seine überschüssige Energie ins Bodybuilding zu stecken. Wenn mal wieder die Aggression in ihm aufstieg, powerte er sich an den Geräten aus.

Seine Eltern schickten ihn schließlich zum Arzt. Eine Psychotherapeutin stellte fest, dass Bernd Maurer in Afghanistan ein Kriegstrauma erlitten hat. Seither stopft er sich mit Psychopharmaka voll. Um die Nebenwirkungen abzuschwächen, wird die Medikation von Zeit zu Zeit geändert. Doch inzwischen hat Maurer gelernt, die Nebenwirkungen selbst zu therapieren: Gegen die Antriebslosigkeit, die mit den starken Beruhigungsmitteln einhergeht, nimmt er Crystal. »Manche Tage laufen wie hinter Milchglas an mir vorbei«, beschreibt er die Phasen, in denen er sich müde und matt fühlt. »Dann merkt man schon beim Aufstehen, dass der Tag nichts Gutes bringt.« An Training ist da nicht zu denken, zur Arbeit schleppt er sich gerade so.

Mit seinem Leid ist er nicht allein. Bei zahlreichen ehemaligen Soldaten wird nach Kriegseinsätzen eine posttraumatische Belastungsstörung diagnostiziert. Die Betroffenen leiden unter Flashbacks: Immer wieder durchleben sie vor dem geistigen Auge jene Situation, in der sie tote Kinder sahen, Leichengeruch in der Nase hatten oder die Todesschreie von Kameraden hörten. Irgendwann saß Maurer mit seinen Kumpels zusammen und Crystal machte die Runde. Sie alle einte das Gefühl, innerlich verroht zu sein. Die ruhigstellenden Neuroleptika, die man ihnen verschrieben hatte, verschärften das bloß noch. Crystal versprach Abhilfe. Und Crystal half. Bernd Maurer sagt, die Droge habe ihn endlich aus seiner Lethargie geweckt. Seither schwört er auf seinen täglichen Cocktail: Die Psychopharmaka dämpfen die Angstzustände, das Methamphetamin bekämpft die depressiven Phasen. Seine

Psychotherapeutin sagt, dadurch würde sich das Kriegstrauma auf gefährliche Weise zuspitzen. Aber Maurer schlägt die Warnungen in den Wind. »Was soll ich machen?«, fragt er in dem Wissen, dass darauf niemand eine Antwort hat.

Es ist noch nicht lange her, da war Maurer auf der Beerdigung eines ehemaligen Kameraden. In seiner Verzweiflung hatte sich der Mann in seiner Einzimmerwohnung erhängt. »Wenn der die Augen zumachte, war er wieder am Hindukusch«, erinnert sich Maurer, der die Bilder selbst nur zu gut kennt: das viele Blut, die zerfetzten Leichen auf den Straßen, der allgegenwärtige Tod. Wie lange das noch so weitergeht – Bernd Maurer will nicht daran denken. Seit seiner Heimkehr zählt für ihn nur das Hier und Heute. Der Alltag, sagt er, sei ihm Krieg genug.

Der Gangsta-Rapper:
»… wo Müllmänner deine Drogenleiche bergen«

Ein grauer Betonblock reiht sich an den anderen. Das Münchner Vorstadtviertel, in dem Emri Pelaj aufwuchs, hat einen schlechten Ruf. Wer es sich leisten kann, sucht schnell das Weite. Die Familie des 27-Jährigen kam vor seiner Geburt aus dem Kosovo nach München. Seine Mutter und sein älterer, geistig behinderter Bruder leben nach wie vor in der kleinen Vorstadtwohnung. Der Blick aus dem Fenster bietet kaum Abwechslung. Um die Ecke gibt es einen Zeitungskiosk, eine Tankstelle und zwei, drei Dönerläden. Der Glanz der Schickeria ist weit weg.

In der Nachbarschaft leben betagte ehemalige Eisenbahner, deren Rente gerade so zum Leben reicht. Viele Familien sind auf Sozialhilfe angewiesen, die Arbeitslosenrate ist hoch. Nach den Eltern bleibt auch dem Großteil der Kinder der soziale Aufstieg verwehrt. Aus diesem Kreislauf, so scheint es, gibt es kein Entrinnen. Wer überhaupt einen Schulabschluss hat, findet selten eine Lehrstelle. Emri hängt mit seinen Freunden rum, mal mit dem einen, mal mit dem anderen. Sie sitzen dann in den Kinderzimmern, aus denen sie längst herausgewachsen sein sollten, zwischen Sperrholzmöbeln und ausgewaschener Bettwäsche.

»Wir sind voll verstrahlt,
Der eine nur noch Bilder malt,
Jeder riesige Teller auf,
Natürlich schon seit Tagen drauf.
Und so wird es weitergehen,
Ich lass' dir nix stehen,
Ich blick' zurück auf das, was ist, was noch kommt,
Von mir für euch serviert,
Passt auf, was euch passiert,
Wenn es euch noch schlechter geht,
und ihr vergeblich um Hilfe fleht.
Du sagst, du willst nicht gefickt werden,
Aber sneefst jeden Tag ohne Ende Scherben,
Irgendwann wirst du in einer dunklen Gasse sterben.
Wo Müllmänner deine Drogenleiche bergen.«

Draußen hofft ein kleiner Junge aufs große Geschäft. Er steht vor den Garagen und wartet. Ab und zu kommt ein Auto vorbei. Dann verschwindet er und kehrt mit einem Plastiktütchen zurück. Oft ist es Haschisch, das auf offener Straße unverhohlen den Besitzer wechselt. Gedealt wird aber auch härterer Stoff wie Amphetamin.

Emri hat für diese Jungen nichts übrig. Er nennt sie »kleine Straßenstricher«. Schnelle und schmutzige Deals vor der Haustür – das passt nicht zu dem Ehrenkodex, dem er sich unterworfen hat. Krumme Dinger schließt der allerdings nicht aus. Im Gegenteil. Schon als Jugendlicher knackte er so gut wie jedes Sicherheitsschloss. Mit seinen Kumpels stieg er in Schulen, Firmen und Wohnungen ein. Mal aus purer Langeweile, mal ging es darum, das Taschengeld aufzubessern. Er habe doch auch mal ein Mädchen ausführen wollen, meint Emri.

»Ich weiß noch, als ich noch ein kleiner Junge war,
Mein Vater war nur selten hier,
doch die Hoffnung war immer in mir,
Dass er kommt, mich umarmt und sagt:
Mein Sohn, ich bin da.
Trotzdem wusste ich in jedem Moment,
wann er an mich denkt,
Ihn hier zu haben, wäre für mich ein Geschenk.«

Als sein Vater stirbt, ist Emri 20 und sitzt im Gefängnis. Für die Einbrüche hat ihn das Gericht zu zwei Jahren Haft verurteilt. Das Knastleben härtet ab. Im Gefängnis komme es darauf an, nicht ganz unten zu sein. Dieses ungeschriebene Gesetz habe er schnell verinnerlicht. Emri hat keine Probleme mit den Mitinsassen – andere dafür umso mehr. »Ein Nazi und ein Vergewaltiger, die waren Bodensatz. Für die war es die Hölle auf Erden.« Emri hat es nie verwunden, die Beerdigung seines Vaters verpasst zu haben. Der war ein Großer in der Szene – als Hehler und Drogenhändler, dessen Kontakte bis auf den Balkan reichten. Einmal wurde der Vater von der Polizei mit zwei Kilogramm Kokain erwischt.

»Wer hat den Sinn in einer kriminellen Handlung erkannt,
Was ist aus mir geworden.
Nie einen Papa im Wohnzimmer gehabt,
Konnte ihn nur sehen am JVA-Besuchstag.
Ein paar Jahre später ist er von uns gegangen,
Ich wünschte, er wäre da und könnte mich sehen,
Nur einmal in den Arm nehmen.
Doch dieser Wunsch wird nie mehr
meine Hoffnung tragen,
Er wird nicht in Erfüllung gehen.«

Nachdem Emri aus dem Gefängnis freigekommen ist, zieht er wieder zu Hause ein. Gelegentlich findet er einen ordentlichen Job, mehr Geld aber kommt aus anderen Quellen. Als Crystal von Tschechien nach Bayern überschwappt, ist er einer der Ersten, der die Touren organisiert, um den Stoff gewinnbringend über die Grenze zu schmuggeln. Er nimmt ihn selbst regelmäßig, um ausgelassen zu feiern. Und um zu verdrängen. Emri hat angefangen zu rappen. Oft kommen die Freunde zusammen, wenn er mal wieder einen seiner improvisierten Texte zum Besten gibt. Es sind Geschichten aus einem Leben, das sie alle kennen, und von den Träumen, die sie teilen.

»Ich will irgendwann nach Rom, ich will ganz nach oben,
Doch es bleibt immer nur die Wahl zwischen Raub
oder Drogen.
Schon so mancher ist zu hoch geflogen,
jetzt hat er acht Quadratmeter Hofgang
Und Mama, sie kann ihn zwei Mal im Monat besuchen –
ihren Sohn, den Straftäter.
Die wenigsten lernen irgendwas daraus,
Die meisten wollen nur aus dem Knast wieder raus.«

Gerade hat Emri wieder zu spüren bekommen, wie es ist, auf der Verliererseite zu stehen. Er saß auf dem Beifahrersitz, als ein Kumpel ohne Führerschein in einen Verkehrsunfall verwickelt wurde. Ihre anschließende Flucht konnte die Polizei erst nach einer filmreifen Verfolgungsjagd beenden. Emri musste wegen Widerstands gegen die Staatsgewalt und fahrlässiger Körperverletzung vor Gericht. Der Richter schickte ihn erneut ins Gefängnis – diesmal für drei Jahre.

Ermittler –
Polizei und Zoll im Dauereinsatz

Das Blaulicht leuchtet vor den Toren des Leipziger Messe-
geländes. Hersteller werben für neue Speicheltests, Über-
wachungskameras und spezielle Polizei-Tablets mit mobilen
Fingerabdruckscannern. Drinnen hat sich die potenzielle
Kundschaft versammelt: Deutschlands führende Kriminalisten diskutieren mit Kollegen aus dem Ausland zwei Tage lang
über die Drogenpolitik. Nicht umsonst hat der Bund Deutscher Kriminalbeamter (BDK) Anfang September 2014 die
sächsische Halbmillionenstadt als Ort für die »Kripo International« gewählt. In Leipzig gibt es seit Jahren ein Drogenproblem. Besonders Crystal wird immer beliebter. Die Fachtagung des gewerkschaftlichen Berufsverbands soll der Frage
nachgehen, ob liberale Modelle wie in den Niederlanden
oder im US-Bundesstaat Colorado zum Vorbild taugen. Die
Legalisierung von Hanf hat dort eine lebendige Kifferkultur
befördert.

Die Skepsis in Leipzig ist deshalb groß. In der örtlichen
Drogenszene hat Crystal andere Drogen hinter sich gelassen,
die zwar günstiger sind, aber auch weniger effektiv. 50 bis
80 Euro, schätzt die Leipziger Polizei, brauche ein durch-
schnittlicher Abhängiger pro Tag, um seinen Crystal-Konsum zu finanzieren. Die zunehmenden Beschaffungs- und
Schmuggeldelikte halten die Ermittler in Atem. Doch auch bei
den Fahndern in anderen Bundesländern stapeln sich in den
Dienstzimmern die Akten mit Rauschgiftdelikten. »Organisierte Kriminalität meint fast nur noch den Kampf gegen die

Drogen«, beklagt der BDK-Bundesvorsitzende André Schulz. »Für andere Phänomene bleibt keine Zeit.« Ist Legalisierung also die Antwort?

Sachsens Innenminister Markus Ulbig lässt keinen Zweifel daran, dass er den Kampf nicht vorschnell verloren geben will. »Wir haben hier eigene, besondere Erfahrungen gemacht«, stellt er gleich zu Beginn der Leipziger Tagung klar. Gegen Crystal Meth, das erklärte »Teufelszeug«, will der CDU-Politiker scharfe Kante zeigen. In Sachsen ist die Zahl der Rauschgiftdelikte zwischen 2009 und 2013 um 65 Prozent gestiegen. Jede zweite Tat steht in Zusammenhang mit Crystal. Mittlerweile hat Ulbig eine genaue Vorstellung davon, was zu tun ist: mehr Kontrollen, mehr internationale Kooperation, mehr Aufklärung. Die Ziele sind in dem ressortübergreifenden, zehn Punkte umfassenden Aktionsplan »Sachsen gegen Drogen« festgehalten, den der Freistaat im Mai 2014 vorgestellt hat. Crystal hat die Verfechter von Repression und Prävention innerhalb der sächsischen Staatsregierung zusammenrücken lassen. Auf beiden Gebieten, betont Ulbig vor den Kriminalisten, sei der Kampf »zwingend notwendig und geboten«. Dabei muss auch der Innenminister eingestehen, dass die Mittel der Polizei weitgehend erschöpft sind. »Wir werden nicht jede Crystal-Küche ausheben können. Wir werden nicht jeden Dealer ertappen. Das wäre utopisch.«

In den zweitägigen Debatten der Leipziger Fachtagung warnen Ulbigs Nachredner, darunter internationale Ermittler, Juristen und Mediziner, immer wieder vor der wachsenden Verbreitung von Crystal. Wolfgang Oegel, beim Bundeskriminalamt für bandenmäßigen Drogenhandel zuständig, rechnet vor, dass die in Deutschland beschlagnahmte Jahresmenge von 77 Kilogramm mehr als einer Million Konsumeinheiten entspreche. Allein in den tschechischen Küchen würden jedes Jahr mehrere Tonnen Crystal produziert. Auf die geladenen Legalisierungsbefürworter scheinen diese Zahlen nicht ohne Eindruck zu bleiben – in ihren Plädoyers für eine liberalere Drogenpolitik bleibt Crystal unerwähnt.

Die vielen Delikte im Zusammenhang mit Crystal bereiten jedoch nicht nur den Ermittlern von Zoll und Polizei, sondern auch der Justiz viel Arbeit. Das zeigen etwa Erfahrungen der Staatsanwaltschaft Magdeburg. Die Landeshauptstadt von Sachsen-Anhalt liegt zwar in einiger Entfernung zu den regionalen Brennpunkten im deutsch-tschechischen Grenzraum, trotzdem haben die für Drogen zuständigen Staatsanwälte immer mehr Crystal-Delikte auf dem Tisch.

Die zunehmende räumliche Ausbreitung führt Oberstaatsanwalt Sebastian Staufenbiel auf die Ende 2007 weggefallenen Kontrollen an den Grenzübergängen zu Tschechien zurück. Die »billige Produktion« in tschechischen Labors sei näher gerückt und die an sich strafbare Einfuhr »praktisch risikolos« möglich, erklärt Staufenbiel. In den letzten Jahren habe es »eine spürbare Zunahme von Strafsachen mit dem Betäubungsmittel Methamphetamin gegeben, wobei zumeist kleinere Mengen eine Rolle spielten«. Als Konsumenten und Dealer werden Personen zwischen 17 und 40 Jahren auffällig. Die meisten blicken auf eine länger währende Drogenkarriere zurück. Viele sind von Heroin auf Crystal umgestiegen – überwiegend aus Kostengründen. In Magdeburg findet die Droge eher in den unteren sozialen Schichten und seltener unter Berufstätigen Anklang. Der Kampf der Ermittlungsbehörden wird wie vielerorts durch Personalabbau und die daraus folgenden zunehmenden Verfahrensdauern erschwert.

Wie wichtig es trotz aller Schwierigkeiten ist, gegen Crystal anzukämpfen, macht Staatsanwalt Mathias Volkmer aus Halle an der Saale, Spezialist für Suchtstoffrecht, während der Kriminalisten-Konferenz in Leipzig deutlich. »Einen unbedenklichen Konsum gibt es quasi nicht«, warnt der Experte mit Blick auf die Legalisierungsdebatte. In einigen Regionen, auch im Süden Sachsen-Anhalts, sei Crystal drauf und dran, dem in Deutschland sonst so populären Cannabis den Rang als Einstiegsdroge abzulaufen. Streng genommen, meint Volkmer, sei damit der fast schon legendäre Slogan des Grünen-Politikers Hans-Christian Ströbele überholt: Statt »Gebt das Hanf frei« müsse es konsequenterweise heißen: »Crystal Meth für alle«. Genau davon aber hält Volkmer überhaupt nichts. Sosehr die Droge in diese Zeit passe, sosehr hätten Langzeitkonsumenten unter Schädigungen von Herz, Kreislauf, Haut und Zähnen zu leiden. Aber Drogenhandel, erklärt Volkmer, funktioniere nun mal nach den Mechanismen des freien Marktes – wo eine Nachfrage bestehe, dort werde auch geschmuggelt. Was er nicht erwähnt, ist seine spürbare Überzeugung, dass liberalere Gesetze das Crystal-Problem bloß noch verschärfen würden.

Kampf vieler Behörden

Mit der Drogenbekämpfung sind in Deutschland Zoll und Polizei beauftragt. Der Zoll ist dem Bundesfinanzministerium unterstellt und überwacht die Ein- und Ausfuhr illegaler Substanzen. Daneben sollen die Bundespolizei, das Bundeskriminalamt (BKA) und die Länderpolizeien mit ihren angeschlossenen Landeskriminalämtern (LKA) den inländischen Verkehr unterbinden. Die Behörden sind den Innenministerien der Länder beziehungsweise dem Bundesministerium des Innern untergeordnet.

In Österreich gibt es ähnliche Strukturen, wobei sich Institutionen und Kompetenzen im Detail unterscheiden.

Zoll und Polizei in Deutschland bündeln im Antidrogenkampf ihre Kräfte in 28 sogenannten Gemeinsamen Ermittlungsgruppen Rauschgift (GER). Die erste GER wurde 1970 in Hamburg gebildet. Seit den frühen 90er Jahren existieren diese Sondereinheiten in allen 16 Bundesländern.[72] Die GER arbeiten im Bereich der schweren und organisierten Rauschgiftkriminalität. Die Schlagkraft ihrer Ermittler zeigt etwa die Bilanz der GER Thüringen anlässlich deren 20-jährigen Bestehens im Dezember 2012: Die Einheit hatte bis dahin 190 Kilogramm Marihuana und Haschisch, 25 Kilogramm Kokain sowie 20 Kilogramm Heroin beschlagnahmt und dazu vier Meth-Labore hochgenommen.[73]

Produzenten und Dealer sind immerzu auf der Suche nach juristischen Schlupflöchern und neuen Substanzen. Kommt ein Stoff auf die Verbots- oder Beobachtungsliste, wird mit anderen Ausgangsstoffen experimentiert. Für die Fahnder im Bereich der Rauschgiftbekämpfung sind Weiterbildungen daher unerlässlich. Seinen Ermittlern, die auf synthetische Drogen spezialisiert sind, bietet das BKA beispielsweise regelmäßige Weiterbildungen in Stoffkunde, Spurensicherung oder zur verdeckten Datenerhebung und Telefonüberwachung an.

Für viele erfahrene Fahnder ist Crystal bei Weitem keine neue Erscheinung. Schon 2001 warnte Harald Schwab von der GER Sachsen im BDK-Fachorgan *der kriminalist* vor der drohenden Ausbreitung der Droge.»Neueste Erkenntnisse deuten darauf hin, dass das Phänomen ›Crystal‹ zukünftig kein alleiniges Problem der Freistaaten Sachsen und Bayern, sondern auch das der angrenzenden Bundesländer Thüringen, Sachsen-Anhalt, Brandenburg und insbesondere Berlin sein wird.«[74]

Von der Politik wird immer wieder die Forderung erhoben, verstärkt mit repressiven Mitteln gegen Crystal vorzugehen. Im Sommer 2014 forderten die deutschen Bundesländer im Bundesrat von der Bundesregierung mehr Engagement im Kampf gegen die Crystal-Ausbreitung. Demnach sollten Bundespolizei und Zoll den Druck an der Grenze erhöhen. Zudem setzten sich die Länder in diesem Beschluss dafür ein, bundesweite Untersuchungen zu Konsum und Verbreitung von Crystal in Auftrag zu geben und länderübergreifende Präventionsmaßnahmen zu ergreifen.

Bei der Innenministerkonferenz der Länder stand Crystal bereits im Jahr 2012 auf der Tagesordnung. Als Konsequenz daraus führt die Polizeiliche Kriminalstatistik seit dem Jahr 2014 neben Methamphetamin allgemein die kristalline Form als gesonderte Kategorie auf. Über die aktuellen Entwicklungen auf dem Crystal-Markt stehen Politik und Sicherheitsbehörden in regelmäßigem Austausch.

Die unterschätzten Zollfahnder

Den Zoll verbinden viele Menschen mit Schlagbäumen und der Erinnerung an das geteilte Deutschland, als der freie Grenzverkehr in Europa kaum mehr als eine verheißungsvolle Idee war. Nach der deutschen Wiedervereinigung und dem Schengener Abkommen sind es die Gepäckkontrollen am Flughafen oder die Razzien gegen die Schwarzarbeit auf Großbaustellen, die das öffentliche Bild des Zolls prägen. Von einer weiteren wesentlichen Aufgabe wird dabei kaum Notiz genommen: Die Zollbehörden sind weltweit die Akteure im Kampf gegen den grenzüberschreitenden Verkehr illegaler Drogen. In Deutschland beschäftigt der Zoll rund 34 000 Mitarbeiter.

Hinter den braunen Klinkersteinen einer ehemaligen Militärkaserne im Kölner Stadtteil Dellbrück sitzt die Zentrale des Zollfahndungsdienstes, das Zollkriminalamt (ZKA). Das ZKA organisiert und steuert die Ermittlungen der Zollfahndungsämter, die sich hauptsächlich mit der Verfolgung und Verhütung von Zollkriminalität, also zum Beispiel mit der illegalen Einfuhr von Betäubungsmitteln und unversteuerten Zigaretten, befassen. Zu seinen weiteren Aufgaben zählt die Durchsetzung von Embargos gegen Staaten wie den Iran, dem die Technologieeinfuhr untersagt ist, um dem etwaigen Bau von Atombomben vorzubeugen.

Da Methamphetamin nur selten innerhalb Deutschlands hergestellt und nahezu ausschließlich illegal eingeführt wird, beschäftigt die Droge regelmäßig die Beamten des ZKA. Für die Behörde ist Crystal allerdings kein neuartiges Phänomen. Bereits Mitte der 90er Jahre registrierten Zollfahnder in Bayern und Sachsen die ersten Fälle. Inzwischen haben sie es jedoch mit einer wahren Flut an Schmugglern der kristallinen Substanz zu tun. Aktuelle Zahlen des ZKA machen das Ausmaß des Problems deutlich: Während die beschlagnahmte Menge im Jahr 2011 noch bei 17 Kilogramm lag, hat sie sich 2013 fast verdreifacht. Hinzu kommen die Mengen, die nicht sichergestellt, aber im Rahmen von Verhören und Überwachungsmaßnahmen ermittelt werden können. Diese Mengen sind sogar noch rasanter angestiegen – von 11 Kilogramm im Jahr 2011 auf 68 Kilogramm 2013. Auch in Großstädten wie Berlin, Hamburg und Frankfurt am Main werden immer mehr Fälle ermittelt und aufgedeckt.

Dem ZKA zufolge stecken dahinter oftmals altbekannte kriminelle Drahtzieher, mitunter aus der organisierten Kriminalität, die vorher in anderen Bereichen aktiv waren und heute mit Crystal ihre Geschäfte machen. »Die Schmuggler passen sich an. Was gefragt ist, liefern sie«, sagt ein Experte von der Zollfahndung. In Anbetracht der immensen Gewinne schrecken die Kuriere auch vor skrupellosen Methoden nicht zurück. Dem ZKA sind Fälle bekannt, in denen Kriminelle das Crystal in Rucksäcken nicht straffähiger Minderjähriger über die Grenze bringen wollten. Seit die Ermittler den Druck an der Grenze erhöht haben, greifen die Banden zu immer neuen Methoden. Zollfahnder aus Bayern berichten etwa von der vereitelten Einreise mutmaßlicher Drogenköche, die Atemschutzmasken und Gummihandschuhe im Gepäck hatten und mit den chemischen Vorgängen zur Herstellung von Crystal bestens vertraut waren.

Hightech gegen Schmuggler

Im Kampf gegen die Drogenkriminalität setzen die Fahnder auf verschiedene Mittel der Informationsgewinnung. Zu den gängigen Methoden zählt die verdeckte Ermittlung: Spezialisten nehmen unter falscher Identität Kontakt zu Kriminellen auf oder werben Informanten aus dem Umfeld der kriminellen Zirkel an. Zur Observation von Tatverdächtigen nutzen die Ermittler mitunter Fahrzeuge der Kriminellen, die zuvor beschlagnahmt worden sind. Haben die Fahnder einen begründeten Verdacht, können sie mit einem richterlichen Beschluss eine Vielzahl operativer Maßnahmen durchführen: Sie hören Telefonanschlüsse ab, schneiden die Internetkommunikation mit und platzieren GPS-Sender an Fahrzeugen, um deren Standort lokalisieren zu können. Bei der sogenannten Telekommunikationsüberwachung leiten ZKA und Zollfahndungsämter die Verbindungsdaten über eigene Server, um den Empfang und die Auswertung der eingehenden Daten abzusichern.

Ein weiteres Aufklärungsmittel ist das Versenden von Ortungsimpulsen, das unter dem Namen »stille SMS« bekannt ist. Ebenfalls unter der Voraussetzung eines richterlichen Beschlusses senden die Fahnder eine Kurzmitteilung an die Mobilfunknummer des Verdächtigen. Obwohl die Nachricht nicht auf dem Handydisplay des Empfängers erscheint, bestätigt das Telefon den Eingang und ermöglicht somit eine Standortermittlung. Indem solche »stillen SMS« wiederholt an einen Anschluss versendet werden, entsteht ein genaues Bewegungsprofil des Nutzers. Im Jahr 2012 verschickten die Zollfahnder nahezu 200000 solcher Ortungsimpulse. Besonders in komplexen Ermittlungen werden nach Angaben eines Zollfahnders Tausende »stille SMS« an einen kleinen Personenkreis gesendet.

Zwei weitere technische Methoden, die sich Zollfahnder zunutze machen, sind die sogenannten IMSI-Catcher und die Funkzellenauswertung. IMSI-Catcher sind Geräte, die darauf programmiert sind, sich gegenüber dem Mobiltelefon eines Verdächtigen als vermeintliche Funkzelle des Netzbetreibers auszugeben. Loggt sich das Endgerät des Nutzers in diese gekaperte Basisstation ein, ermöglicht das den Fahndern das

Mitschneiden nicht nur des Standortes, sondern auch sämtlicher Gespräche und Kurznachrichten. Der IMSI-Catcher besteht aus einem Laptop mit Spezialsoftware, einer Antenne und einem Handy. Das Gerät wird meist in einem Transporter oder einem Pkw betrieben. Der Einsatz dieses Mittels ist umstritten, da sich auch die Telefone Unverdächtiger in die simulierte Funkzelle einloggen.

Die Funkzellenauswertung dagegen kommt zum Einsatz, wenn Ermittler herausfinden wollen, wer mit wem und zu welchem Zeitpunkt telefoniert hat. Dafür fordern die Fahnder bei den Telekommunikationsanbietern die Daten einzelner Basisstationen an. Aus der Antwort auf eine Kleine Anfrage der Linksfraktion im Bundestag geht hervor, dass Zollbehörden im ersten Halbjahr 2014 in 51 Fällen IMSI-Catcher einsetzten und 100 Funkzellen auswerteten.[75]

In Deutschland kommt dem Zollkriminalamt eine ähnlich bedeutsame Stellung wie den Geheimdiensten zu. Das verdeutlicht etwa ein Runder Tisch des Bundesinnenministeriums zum Thema »Sicherstellung der Telekommunikationsüberwachung in der Zukunft« im Februar 2014: Neben dem Bundesamt für Verfassungsschutz und dem Bundesnachrichtendienst war hier auch das ZKA eingeladen.[76]

Grenzübergreifende Zusammenarbeit

In der Arbeit der Zollfahnder wird die internationale Zusammenarbeit immer wichtiger. Gemeinsame Operationen mit den tschechischen Zoll- und Polizeibehörden sollen den Druck auf Drogenproduzenten, -schmuggler und -dealer erhöhen. Die Ermittler spüren international organisierte Händlerringe auf und führen im Grenzbereich länderübergreifende Kontrollaktionen durch. Zu einer der bekanntesten wurde 2012 die gemeinsame Operation »Speedway II«, in deren Zuge die deutsch-tschechische Grenze über einen Zeitraum von sechs Monaten einer Intensivbewachung unterzogen wurde. Die Fahnder kontrollierten in Deutschland gut

10 000, in Tschechien rund 1000 Menschen. Dabei fanden sie 900 Gramm Crystal auf deutscher und 265 Gramm auf tschechischer Seite. Außerdem wurden fünf Kilogramm Marihuana, 500 Gramm Haschisch, illegale Feuerwerkskörper und diverse Kleinwaffen beschlagnahmt.[77]

Um dem expandierenden Schmuggel Einhalt zu gebieten, ist seit September 2013 die Sonderkommission »Crystal« (Soko Crystal) im deutsch-tschechischen Grenzgebiet im Einsatz. In der Einheit arbeiten 23 spezialisierte Zollermittler, die bundesweit eigens für die Soko in den drei Zollfahndungsdienststellen Dresden, Nürnberg und Weiden zusammengezogen wurden. Ihre Einsatzgebiete konzentrieren sich auf den gesamten Grenzraum zur Tschechischen Republik.

Statt des Ameisenhandels sollen die Fahnder verstärkt die international operierenden Großverdiener der illegalen Drogengeschäfte ins Visier nehmen. Ausgemachtes Ziel der Soko sei es, »die Drahtzieher, die hinter diesem Schmuggel stehen, zu ermitteln und dingfest zu machen«,[78] sagt Jürgen Thiel, der die bayerischen Dienstsitze in Nürnberg und Weiden leitet. Um die Hintermänner der ertappten Kuriere aufzuspüren, greifen die Soko-Experten sofort ein, wenn ihre Kollegen eine gewisse Mindestmenge an Crystal beschlagnahmen.

Ihre ersten Erfolge verbuchte die Spezialeinheit schon innerhalb der ersten Monate: In Dresden bearbeiteten die Ermittler 100 Verfahren gegen 140 Beschuldigte und verhinderten dabei den illegalen Import von 13 Kilogramm Crystal. Außerdem beschlagnahmten sie 100 000 Euro in bar.[79] In Bayern leiteten die Soko-Kollegen in den ersten vier Monaten 27 Ermittlungsverfahren gegen 44 Beschuldigte ein und stellten anderthalb Kilogramm Crystal sowie ein Kilogramm Marihuana sicher.[80]

Ihre Schlagkraft stellen die Zollspezialisten immer wieder in teils spektakulären Fällen unter Beweis. Im September 2014 besiegelte die Soko das Ende der florierenden Geschäfte einer fränkischen Crystal-Bande. Ausgangspunkt war ein selt-

samer Fund, den die Beschäftigten der örtlichen Autobahn-
meisterei in der Nähe des oberpfälzischen Waidhaus machten:
Auf einem Grünstreifen an der A 6 unmittelbar an der tschechischen Grenze entdeckten sie ein Paket mit 225 Gramm
Crystal. Die Soko stieg sofort in die Ermittlungen ein. Die
Spur führte schnell zu mehreren Tatverdächtigen, die sich vier
Tage zuvor am selben Autobahnabschnitt mit einer Zivilstreife eine Verfolgungsjagd geliefert hatten. Den beiden dabei
gefassten Männern konnte jedoch von der Zivilstreife nichts
nachgewiesen werden – offensichtlich hatten sich die Männer
auf der Flucht ihrer illegalen Ware entledigt. Die Soko-Ermitt-
ler brachten die Verfolgungsjagd und das Crystal-Paket schnell
zusammen. Drei Wochen später war für die Hintermänner
Schluss. Die Fahnder verhafteten drei Verdächtige im Alter
von 40 bis 43 Jahren, beschlagnahmten fünf Autos und durch-
forsteten sieben Wohnungen. Ihre Ausbeute waren 950 Gramm
Crystal und rund 50 000 Euro in bar. Die Bande hatte den
Stoff und die Einnahmen in einem hochpreisigen, dunkel-
blauen BMW, den sie als Bunkerfahrzeug nutzten, versteckt.
In der Wohnung eines weiteren 34 Jahre alten Verdächtigen
fanden die Ermittler 30 Mobiltelefone und acht Schreckschuss-
waffen. Wie sich herausstellte, soll die Bande den gesamten
Großraum Nürnberg mit Crystal versorgt haben.[81]

Chemikalienhandel unter staatlicher Kontrolle

Zur Bekämpfung synthetischer Drogen setzen deutsche Ermittler seit Jahrzehnten auf die Zusammenarbeit mit der Che-
mie- und Pharmaindustrie. Drogenproduzenten benötigen für
die Herstellung Laborequipment und diverse Chemikalien.
Je nach Größe der illegalen Labore können die Mengen der
darin verarbeiteten Grundstoffe auf mehrere Tonnen anwach-
sen. Vor diesem Hintergrund kooperieren seit 1995 ZKA und
BKA in der Gemeinsamen Grundstoffüberwachungsstelle. Sie
beschränkt den Handel sowie die Ein- und Ausfuhr von Stof-
fen, die möglicherweise zur verbotenen Produktion von Be-

täubungsmitteln verwendet werden können. Grundlage für die Zusammenarbeit ist das Grundstoffüberwachungsgesetz. Darin heißt es, dass die »Aufgaben der Gemeinsamen Grundstoffüberwachungsstelle sowie die Verteilung der Aufgaben und Zuständigkeiten innerhalb dieser Stelle [...] im Einzelnen von dem Bundesministerium des Innern und dem Bundesministerium der Finanzen einvernehmlich festgelegt«[82] werden.

Bereits in den 80er Jahren etablierte sich ein sogenanntes Monitoring-System: Durch die freiwillige Überwachung von mehr als 50 gelisteten rauschgiftrelevanten Chemikalien, die keiner gesetzlichen Meldepflicht unterliegen, sollen illegale Labore aufgespürt und der Missbrauch einzelner Substanzen für die Drogenherstellung verhindert werden. Dazu überprüft die Chemie- und Pharmaindustrie sämtliche Grundstoffbestellungen intensiv. Kunden müssen auf einer sogenannten Endverbleibserklärung den Verwendungszweck angeben. Einige Hersteller verlangen darüber hinaus auch eine Bestätigung, dass der gekaufte Stoff nicht für die Produktion von Drogen eingesetzt oder zu diesem Zweck weitergegeben wird. Verdächtige Transaktionen werden von der Chemie- und Pharmaindustrie an die Ermittlungsbehörden gemeldet.

Die Übereinkunft zwischen Staat und Wirtschaft erschwert den kriminellen Netzwerken den Handel mit Grundstoffen spürbar. Zudem stoßen die Ermittler durch die Hinweise aus dem Monitoring-System immer wieder auf Drogenlabore. Die Behörden sehen die Grundstoffüberwachung seit Jahren als Erfolg. In einem internen Lagebericht der AG Kripo, in der sich Bundeskriminalamt und Landeskriminalämter austauschen, wird die große Zahl an Sicherstellungen von Grundstoffen als ein »Beleg für die Bedeutung der Grundstoffüberwachung bei der Bekämpfung der Rauschgiftkriminalität« genannt. Darin spiegele sich »die gute Zusammenarbeit aller in diesem Bereich eingebundenen Stellen sowohl im nationalen als auch internationalen Rahmen wider«, heißt es weiter.

Einzelne Ermittlungserfolge stützen diese Einschätzung. Exemplarisch ist ein Fall aus den Jahren 2002 und 2003. Über einen Zeitraum von mehr als einem Jahr bestellte ein niederländischer Yachtlackierer bei einem deutschen Händler wiederholt γ-Butyrolacton. Die Lieferungen der Chemikalie, die besser unter der Abkürzung GBL bekannt ist, summierten sich auf 1875 Liter. In der Industrie und im Lackiergewerbe ist GBL ein weitverbreitetes Lösungsmittel. Allerdings ist die Chemikalie auch ein Ausgangsstoff für die Herstellung von 4-Hydroxybutansäure, kurz GHB. Die in der Drogenszene als »Liquid Ecstasy« kursierende Substanz ist als »Vergewaltigungsdroge« bekannt. Angesichts der fortwährenden Aufträge informierte der deutsche Lieferant die Grundstoffüberwachungsstelle (GÜS), die gegen den niederländischen Auftraggeber die Ermittlungen einleitete. Wie sich herausstellte, nutzte der Lackierer das Lösungsmittel anfangs tatsächlich für seine Arbeit. Nach einiger Zeit war er jedoch dazu übergegangen, die Chemikalie an einen Barbesitzer weiterzuverkaufen, der daraus Liquid Ecstasy herstellte. Die Erkenntnisse der GÜS führten letztlich zu einem Ermittlungsverfahren in den Niederlanden. Der Lackierer und weitere Tatverdächtige wurden verhaftet. Die Fahnder gingen davon aus, dass die Gruppe innerhalb von neun Monaten 1,5 Millionen Euro Gewinn gemacht hatte.

Daten aus dem Jahr 2013 unterstreichen die fortwährende Bedeutung der Grundstoffüberwachung als wichtige Säule im Kampf gegen synthetische Drogen: Von den 2094 bei der GÜS eingegangenen Mitteilungen überprüfte die Behörde 147 Fälle »hinsichtlich einer möglichen Abzweigungsrelevanz näher«. Im Ergebnis konnten so 39 Beschaffungsversuche zur Drogenherstellung vereitelt werden. Neben den Ausgangsstoffen GBL für Liquid Ecstasy und Kaliumpermanganat für Kokain waren darunter auch 1160 Kilogramm Methylamin. Das organische Amin kommt nicht nur bei der Herstellung von Pflanzenschutzmitteln und Farbstoffen zum Einsatz. Mit der bestellten Menge hätten sich Amphetamine in einer Größenordnung von 232 Kilogramm produzieren lassen.

Tschechien an der »Piko«-Front

Von deutscher Seite werden den tschechischen Behörden immer wieder Versäumnisse vorgeworfen. Das Verhalten der Polizei sei »viel zu lasch«[83], sagte Bayerns Innenminister Joachim Herrmann (CSU) im Januar 2013. Die Gewerkschaft der Polizei forderte im Dezember 2014 »intensivere Kontrollen« und eine schärfere Strafverfolgung im Umfeld der Asiamärkte. Notfalls müssten diese »Drogen-Umschlagplätze« geschlossen werden.[84] Tschechische Experten sehen die vielen Negativschlagzeilen dagegen als unfreiwillige Werbebotschaften an die deutschen Käufer.

Tatsächlich zieht die mediale Aufmerksamkeit auch unerfahrene Konsumenten an, wie ein Blick auf Blogs und Foren im Internet bestätigt. Die Suchbegriffe »Crystal«, »Grenze« und »Asiamärkte« führen zu einer Vielzahl von Einträgen wie diesem in einem Sucht- und Drogenforum: »Ich komme gleich zur Sache. Und zwar habe ich vor, morgen rüber zu den Tschechen zu fahren und mir an der Grenze C mitzunehmen. (Bitte keine Belehrungen, wie schlecht doch C ist und dass ich es lassen soll. Ich bin ein großes Mädchen.) Es handelt sich dabei allerdings nur um 23 Gramm und nicht um eine große Menge. Nun zu meiner eigentlichen Frage: Hat jemand von euch Erfahrungen diesbezüglich gemacht oder Ratschläge, wie ich am besten erkennen kann, wer so etwas verkauft? Es handelt sich übrigens um die Bahratal-Grenze.«[85]

Grundsätzlich stehen auch in Tschechien der Besitz, der Handel und die Produktion von Drogen unter Strafe. Viele deutsche Politiker kritisieren jedoch seit Jahren die tschechische Drogenpolitik als zu liberal. Ausgangspunkt dieses Vorwurfs sind die im Januar 2010 festgelegten Grenzwerte für den Eigenbedarf, wonach der Besitz von bis zu zwei Gramm Crystal straffrei war. Im April 2014 setzte das Oberste Gericht in Brünn diese Grenze auf anderthalb Gramm herab und begründete das mit der Notwendigkeit, schärfer gegen den Drogenhandel vorzugehen. Ein hochrangiger Beamter aus Prag widerspricht der oft zitierten Annahme, dass die wachsende Verbreitung von Crystal auf die noch immer großzügige Rechtslage zurückzuführen sei: »Wir haben kein Problem mit zu laschen Gesetzen, sondern mit deren Umsetzung.«

Die Konsumtradition reicht hier Jahrzehnte zurück. Bis zur sogenannten Samtenen Revolution, mit der 1989 die Ära des Sozialismus in der damaligen Tschechoslowakei endete, war Methamphetamin die einzige illegale Droge, die eine breite Konsumentenschicht erreichte. Die Auswirkungen dieser Drogenkultur sind bis heute spürbar. Seit Jahren nehmen Produktion und Handel stetig zu, gleichzeitig kritisieren Experten die mangelnde Präventionsarbeit. Allein im Jahr 2013 hat sich im Vergleich zum Vorjahr die beschlagnahmte Menge von 32 auf 70 Kilogramm mehr als verdoppelt.

Die beiden wichtigsten Behörden zur Bekämpfung der Drogenkriminalität sind in Tschechien die Nationale Antidrogenzentrale der Polizei (Národní protidrogová centrála, NPC) und die Drogenbekämpfungseinheit des Zolls (Celní protidrogové jednotky, CPJ). Die NPC ist für Ermittlungen in der organisierten Drogenkriminalität zuständig. Zu den Aufgaben der Polizei gehören die Bekämpfung von Drogenproduktion und -handel sowie die Grundstoffüberwachung. Während die NPC-Leute den nationalen Handel verhindern sollen, überwacht die Drogenbekämpfungseinheit des Zolls den internationalen Grenzverkehr, das heißt die illegale Ausfuhr von Crystal, aber auch die Einfuhr von Grundstoffen zur Herstellung der Droge. Weil die organisierte Kriminalität diese Trennlinie häufig durchkreuzt, tauschen beide Behörden regelmäßige ihre Daten aus. Institutionalisierte gemeinsame

Ermittlungsgruppen gibt es allerdings nicht. Je nach Lage arbeiten CPJ und NPC zusammen.

Besonders die komplexe Logistik, die Schmuggler aufbauen, um den produzierten Stoff in erheblichen Mengen über die Grenze zu bringen, macht eine enge Zusammenarbeit von Zoll und Polizei erforderlich, wie NPC-Chef Jakub Frydrych im Interview mit der *Rheinischen Post* umreißt: »Der Großverkauf läuft über Kuriere, die mehrere Kilogramm im Auto, im Lkw oder im Luftgepäck über große Flughäfen ins deutsche Hinterland schmuggeln.«[86] Acht Spezialoperationen gegen Crystal-Produzenten führte die NPC allein 2013 durch, zum Teil in Kooperation mit der CPJ, aber auch mit deutschen Polizei- und Zollbehörden. Dazu kommen unzählige weitere Ermittlungen, in deren Verlauf kleinere Labore und Küchen durch Razzien zerschlagen werden konnten.

Ein Insider packt aus

Als Drogenfahnder der tschechischen Polizei ist Lukas[87] tagtäglich in Nordböhmen im Einsatz. Der Insider nimmt kein Blatt vor den Mund und möchte deshalb nur beim Vornamen genannt werden. Ihn ärgert es, wenn mal wieder ein deutscher Innenpolitiker im Sommerloch abschätzig über seine Arbeit spricht. Kein Drogenfahnder hört es gern, wenn ihm vom Schreibtisch aus mangelnder Einsatz vorgeworfen wird. »Das blendet doch die wirklich wichtige Frage aus«, sagt Lukas. »Ohne Nachfrage gibt es kein Angebot.« Statt gegenseitiger Schuldzuweisungen würde es der Kriminalpolizist lieber hören, wenn die Politik der Popularität von Crystal auf den Grund ginge.

Lukas erinnert sich noch gut an die Zäsur im Jahr 2008. Bis dahin beschränkte sich die tschechische Crystal-Produktion fast ausschließlich auf das Inland. Die Küchen hatten eine Kapazität von einigen Hundert Gramm pro Tag, höchstens. Doch das änderte sich mit einem Schlag, wie Lukas erzählt: »Dann kamen die Großlabore der Vietnamesen.« Dealer und Produzenten aus Vietnam, die auch die 18 grenznahen Asiamärkte bedienten, stiegen im großen Stil in das Geschäft mit Crystal ein. Mittlerweile kann in Tschechien niemand sonst so schnell vergleichbare Mengen der Droge zusammenkochen. »Im Normalfall«, sagt Lukas, »bedeutet das eine Produktion von zehn Kilogramm Crystal Meth pro Nacht.« Die tschechischen Fahnder gehen davon aus, dass die Labore auch die in Tschechien aktive russische und Balkan-Mafia beliefern.

Die Vietnamesen kochen das Crystal sowohl für den tschechischen als auch für den deutschen und den österreichischen Markt. Es geht um viel Geld. Sehr viel Geld. Lukas ist das wichtig zu betonen. Der Fahnder rechnet vor: Ein Gramm Crystal kostet in der Herstellung etwa acht Euro. Der Verkaufspreis steigt bei großen Mengen auf rund zwölf Euro. Auf der Straße, wenn der Stoff in kleinen Tütchen fein portioniert den Besitzer wechselt, werden in Nordböhmen 25 Euro pro Gramm fällig. Auf den Asiamärkten an der Grenze können die Vietnamesen schon 40 bis 50 Euro verdienen. Auf der anderen Seite der Grenze, in Deutschland, sind es sogar 100 Euro pro Gramm – eine beachtliche Gewinnspanne.

Die Profiküchen finden sich vor allem in den Grenzregionen. Die Zahl der Labore fernab der Grenzorte nimmt jedoch zu, ebenso die Vielfalt der Produktionsstätten. Ein Labor entdeckten die Fahnder in einem alten Eishockeystadion, ein anderes in einem verfallenen früheren Dienstgebäude von Zoll und Grenzpolizei. Neue Standorte sind für die umtriebigen Produzenten unerlässlich, um den Markt weiter zu beliefern und die Gewinne zu steigern. »Die vietnamesischen Banden bestehen aus Geschäftemachern«, sagt Lukas. »Wenn sie morgen mit Socken denselben Profit erzielen könnten, würden sie einfach umsatteln.« Das große Geld mit Crystal machen flexible und gut vernetzte Strippenzieher, die sich zu informellen Gemeinschaften zusammenschließen. »Der eine kennt jemanden, der gut an dieses oder jenes Mittel herankommt, der andere hat eine Örtlichkeit«, berichtet der Fahnder. Wenn die tschechischen Ermittler die Rohstoffe abschneiden oder Labore hochnehmen, bedeutet das für die oftmals unbekannt bleibenden Hintermänner nicht zwangsläufig das Aus. »Dann startet man einfach das nächste Projekt mit anderen Partnern.« Auch wenn das populäre Produkt immer weiter westwärts wandert, werden die Großköche ihrem angestammten Standort nicht so schnell abschwören. »Die Vietnamesen haben ihre Familie vor Ort. Aus diesem Pool rekrutieren sie ihre Mitarbeiter«, erklärt Lukas.

Der Crystal-Markt wird von den Produzenten in Tschechien dominiert, und momentan gibt es keine Anzeichen dafür, dass sich vergleichbare Strukturen in anderen europäischen Ländern etablieren würden. Die Tschechische Republik bietet den Produzenten ideale Bedingungen: Die erforderlichen Laborgerätschaften in hoher Qualität beziehen sie aus den Glasmanufakturen Böhmens, die nötigen Grundstoffe zur Herstellung führen sie aus dem Nachbarland Polen ein. Fahnder wie Lukas sind gezwungen, einen Kampf an zwei Fronten zu führen. Einerseits müssen die Labore ausgeschaltet werden, andererseits gilt es, die Rohstoffzufuhr zu kappen. Seit Tschechien im Jahr 2009 die Abgabe ephedrinhaltiger Medikamente beschränkt hat, blüht der Schwarzmarkthandel mit ephedrinhaltigen Arzneimitteln aus Polen, die dort in jeder Apotheke frei erhältlich sind. »Für ein Kilogramm Crystal brauche ich 56 000 Pillen«, sagt Lukas. Offiziellen Schätzungen zufolge werden in Tschechien jedes Jahr bis zu zehn Tonnen Methamphetamin hergestellt. Der Fahnder befürchtet, dass es sogar 15 Tonnen sind. Obwohl der Druck auf Polen stetig wächst, den Handel einzudämmen, glaubt Lukas nicht an eine schnelle Lösung.

Ihm und seinen Kollegen bleiben allein scharfe Kontrollen, um etwas gegen die Drogenmafia auszurichten. Die tschechische Polizei arbeitet dabei auch mit dem Zoll und den zuständigen Behörden der Nachbarländer zusammen. Den Personaleinsatz der Behörden macht der Sozialdemokrat Roman Váňa, Vorsitzender des Ausschusses für Sicherheit im tschechischen Abgeordnetenhaus, deutlich: Mehrere Hundert Beamte seien allein gegen Crystal in Einsatz. Dennoch habe sich die Drogenkriminalität in den letzten Jahren erhöht. Nach offiziellen Angaben zählt Tschechien 34 200 Crystal-Abhängige. »Unsere Gefängnisse fassen 23 000 Insassen. Aber sie sind voll«, sagt Váňa. Der tschechische Politiker betont die Bedeutung gemeinsamer länderübergreifender Ermittlungen gegen die internationalen Drogenbanden. »Wir brauchen jetzt Hilfe von Deutschland gegen Polen und den Medikamentenschmuggel von dort. Und zwar so schnell und so intensiv wie möglich.«

Crystal ist Chefsache

Morgengrauen in Tschechien. Eine Gruppe bewaffneter Männer hat ein Bungalowhaus im Visier. Am Rand des Grundstückes biegen die Männer einen grünen Maschendrahtzaun zur Seite und verschaffen sich Zutritt zum Garten. Langsam schleichen sie über den hellen Gartenkies. Vorbei an dem angelegten Teich, den arrangierten Pflanzen und Sträuchern und dem säuberlich gestapelten Kaminholz. Ihr Blick weicht nicht vom Eingang und den Fenstern des Häuschens. Die Männer tragen Schutzwesten mit der Aufschrift »Celní správa«. Es sind Spezialkräfte des tschechischen Zolls, ausgerüstet mit Helmen und schweren Waffen. Einer trägt einen Schutzschild, ein anderer einen Rammbock. Dann geht alles ganz schnell: Die Spezialkräfte rammen die Tür auf und überwältigen in wenigen Sekunden ihr Zielobjekt: einen mutmaßlichen Drogendealer. Die Szene spielte sich am 8. November 2014 ab und war Höhepunkt der Operation »Palette«.[88] Koordiniert werden Einsätze wie dieser aus Prag. Dort hat die Rauschgiftbekämpfungseinheit des Zolls unter der Leitung von Pavel Hoffman ihren Sitz.

Im gesichtslosen Bürogebäude der Generalzolldirektion liegt der letzte neue Anstrich womöglich länger zurück als

Pavel Hoffmans Eintritt in den Zolldienst. Seit 1990 arbeitet er für die Behörde, anfangs an der tschechisch-deutschen Grenze, nicht weit von seinem Geburtsort entfernt. Daher ist sein Deutsch so gut. Schnell stieg er zum Rauschgifthundeführer auf. 1995 wechselte er in die Drogenbekämpfungseinheit, deren Leitung er nach zehn Jahren übernahm. Für die Drogenfahnder des Zolls haben Crystal-Delikte höchste Priorität. Neben der Prager Dienststelle verfügt Hoffmans Einheit über sechs Außenstellen, 60 Fahnder sind ihm unterstellt.

»Tschechien hat ein sehr großes Problem mit Crystal«, sagt Pavel Hoffman ohne Umschweife. Er belegt das mit historischen Daten und unzähligen Statistiken. Kein einziges Mal muss er dafür in den Akten nachschauen. Seine Behörde hat einerseits mit Kleindealern aus Deutschland zu kämpfen, die sich selbst und ihr Umfeld über die grenznahen Asiamärkte versorgen, andererseits aber auch mit professionellen Banden. Seit mehr als 20 Jahren wissen die deutschen Billigeinkäufer das breite Angebot der vietnamesischen Händler zu schätzen. Busunternehmen bieten Tagestouren zu den vermeintlichen Paradiesen für Schnäppchenjäger an und karren die kauffreudige Kundschaft dutzendweise über die Grenze. Feilgeboten werden Gartenzwerge, unverzollte Zigaretten, günstiger Alkohol und illegale Silvesterböller. Die Asiamärkte sind ein Umschlagsort für alle erdenklichen Waren der Markenpiraterie. Jenseits der bayerischen und sächsischen Grenzübergänge säumen die kleinen Buden unzählige Straßen. Die Märkte sind dort entstanden, weil die deutsche Kundschaft bereit ist, ihre harte Währung gegen billige Produkte einzutauschen. An der tschechischen Grenze zu Polen und der Slowakei ist das Phänomen hingegen gänzlich unbekannt.

Seit mehr als zehn Jahren macht die organisierte vietnamesische Kriminalität auch gute Geschäfte mit Drogen. Die ersten Hinweise auf Drogenhandel auf den Asiamärkten registrierte der tschechische Zoll bereits 2001. Zunächst verkauften die Vietnamesen Marihuana. 2007 deckte der tschechische Zoll die erste Indoor-Plantage auf – doch danach kam noch mehr davon in Umlauf. Drei Jahre später stiegen die vietnamesischen Händler auch in das Methamphetamin-Geschäft ein. Einige Verkäufer bieten bis zu 100 Gramm Crystal an. Ein Tütchen dieser Menge ist kaum größer als ein Handteller. Die Abnehmer sind überwiegend kleine Dealer oder Konsumenten für den Eigenverbrauch. »Mittlerweile produzieren die Köche der Banden das qualitativ hochwertigste Crystal im Land«, sagt Pavel Hoffman. Die Hintermänner des illegalen Handels auf den Asiamärkten verstehen es offenbar bestens, den Wünschen der Kunden gerecht zu werden. Das sei bei gefälschter Markenware nicht anders als bei Drogen, meint der Zollexperte.

Vietnamesische Soldaten

Auf den Asiamärkten herrscht eine strenge Hierarchie. Gegen den Zugriff der Ermittler haben die kriminellen Netzwerke an der Spitze ein eigenes Frühwarn- und Abwehrsystem geschaffen. Eine besondere Rolle spielen die »bộ đội« – die Soldaten. In ihrer zivilen Kleidung sehen sie aus wie übliche Händler. Tatsächlich operieren sie als verdeckter Sicherheitsdienst der Banden. Die Soldaten laufen auf den Märkten Patrouille und beobachten die Kunden. In der Umgebung halten sie Ausschau nach jeder Auffälligkeit. Bei Gefahr geben sie ein zuvor vereinbartes diskretes Alarmsignal – etwa wenn eine Razzia droht oder bei dem Verdacht, dass sich Drogenfahnder in Zivil unter die Einkäufer gemischt haben. Die Fahnder registrierten schon Fälle, in denen die Mafiasoldaten lokale Zoll- und Polizeistationen observierten. Rückten verdächtig viele Fahrzeuge auf einmal aus, meldeten die Spitzel dies umgehend weiter, und die Stände machten für diesen Tag vorsichtshalber dicht.

Operative Maßnahmen, wie der Einsatz verdeckter Ermittler, gestalten sich in den abgeschotteten Netzwerken schwierig. Die führenden Positionen werden ständig neu besetzt. Kommt es zu Konflikten, regelt das die Bande intern, ohne auf die tschechischen Strafverfolgungsbehörden zurückzugreifen. Telefonüberwachungen sind nur mithilfe vereidigter Übersetzer möglich. Jeder Fahndungserfolg bringt für die Ermittler zugleich auch neue Schwierigkeiten mit sich, da die Netzwerke die Taktiken der Behörden genau studieren und ihre Strategie entsprechend anpassen. »Geschlossene Communities sind für Ermittler immer schwer zu durchdringen, aber unsere Zollbeamten werden eigens für den Umgang mit vietnamesischen Migranten geschult«, berichtet Hoffman.

Da der Druck auf die kleinen Dealer durch die verstärkten Kontrollen wächst, gewinnt die organisierte Kriminalität gegenüber dem Ameisenhandel zunehmend an Bedeutung. Am stärksten ausgeprägt sind die Netzwerke der organisierten Kriminalität in Prag und im Grenzgebiet zu Deutschland. Die Banden, in denen es einen für die organisierte Kriminalität ungewöhnlich hohen Frauenanteil gibt, sind international bestens vernetzt. Ihre Strukturen ziehen sich durch osteuropäische Staaten über Deutschland bis nach Skandinavien. Für den Drogenschmuggel greifen sie auf jene Methoden und Routen zurück, die sich seit Jahren beim illegalen Zigarettenhandel etabliert haben.

Mit der zunehmenden Zahl großer Labore steigt auch der Bedarf an Grundstoffen. Mitte der 90er Jahre gab es den Grundstoff Ephedrin im Raum Prag noch im Überfluss. Kriminelle zweigten regelmäßig große Mengen aus einer chemischen Fabrik in Roztoky nördlich der Hauptstadt ab. Nach deren Schließung im Jahr 2004 ersetzten die Produzenten den bisherigen Ausgangsstoff durch Pseudoephedrin. Seither steigt die Einfuhr von pseudoephedrinhaltigen Tabletten aus dem Ausland. Die Produzenten bedienen sich vorzugweise polnischer Antigrippemittel, die mitunter einen vierfach höheren Wirkstoffgehalt aufweisen als in Tschechien. Für die Herstellung eines Kilogramms Crystal bedarf es etwa 4,5 Kilogramm dieser Medikamente, die jedes Jahr zu Hundertsenden illegal importiert werden.[89]

Die Banden profitieren von unterschiedlich ausgestalteten Strafgesetzen und abweichenden Einfuhrbestimmungen für Medikamente und andere Grundstoffe. Um den international organisierten Grundstoffhandel einzudämmen, bedarf es der grenzübergreifenden Kooperation tschechischer und deutscher Ermittlungsbehörden. »Seit mehr als zehn Jahren arbeiten wir mit den deutschen Kollegen auf Augenhöhe zusammen«, berichtet CPJ-Chef Pavel Hoffman. Schon 2005 gingen tschechischer und deutscher Zoll in einer ersten gemeinsamen Operation erfolgreich gegen Crystal- und Marihuanahändler vor. Die Zollbehörden allein können das Problem jedoch nicht lösen, darin sind sich Hoffman und seine deutschen Kollegen einig. Erfolgreich ist der Antidrogenkampf nur dann, wenn auch die Polizei gegen den florierenden Handel vorgeht. In den Bundesländern sind die Voraussetzungen allerdings sehr unterschiedlich. Das zeigen Beispiele aus Bayern und Thüringen. Während der bayerische Freistaat im Jahr 2014 für den Kampf gegen Crystal mehr Personal bereitgestellt hat, fehlt es der thüringischen Polizei seit Jahren an Nachwuchs, um altersbedingte Abgänge auszugleichen.

Der schwierige Alltag deutscher Polizisten

Der Altbau mit dem kleinen Dienstzimmer von Helga Jürgens liegt mitten im historischen Stadtkern von Erfurt. Auf ihrem Schreibtisch in der Landespolizeidirektion liegt die aktuelle Ausgabe der Fachzeitschrift *der kriminalist*. Titelthema ist der schwierige Kampf der Polizei gegen den Drogenhandel. »Drogen gibt es schon immer«, sagt die erfahrene Erste Kriminalhauptkommissarin. Schockierend sei allein die Tatsache, wie radikal sich das Angebot auf dem Markt verändert habe. »War es vor Jahren mal ein Joint, der geraucht wurde, muss heute mit Erschrecken festgestellt werden, dass Crystal Meth bereits die Einstiegsdroge ist.« Helga Jürgens weiß, wovon sie spricht, mehr als vier Jahre war sie als Sachbearbeiterin für Betäubungsmittelkriminalität zuständig. Sie ist eine Polizistin, die Klartext spricht. Als Landesvorsitzende des Bundes Deutscher Kriminalbeamter (BDK) in Thüringen gibt sie der Basis eine Stimme.

Neben Bayern und Sachsen ist Thüringen der größte Crystal-Brennpunkt in Deutschland. Die Zahl der Erstkonsumenten von Crystal in Thüringen hat sich 2013 im Vergleich zum Vorjahr von 228 auf 480 mehr als verdoppelt. Unter Drogeneinsteigern ist der Stoff mittlerweile die am stärksten verbreitete harte Droge. Vier der 16 Rauschgifttodesfälle in Thüringen im Jahr 2013 werden auch mit Methamphetamin in Verbindung gebracht.[90]

Helga Jürgens weiß zwar, dass das Problem durch die Politik erkannt wurde. Aber um das Konzept des Innenministeriums für mehr Prävention und Repression umzusetzen, fehlt der Polizei das Personal. Altersbedingte Abgänge werden nicht ausreichend durch Neueinstellungen kompensiert. Das Problem droht sich weiter zu verschärfen – schon jetzt liegt der Altersdurchschnitt der thüringischen Kriminalpolizisten bei Mitte 40. Außerdem kritisiert Jürgens, dass nicht genügend Lehrgänge im Bereich Betäubungsmittelkriminalität angeboten würden. »Die Aus- und Fortbildung ist unzureichend.«

Mit ihrer Kritik steht Helga Jürgens nicht allein. Die großen Probleme mit Crystal seien eigentlich keine Überraschung, sagt ein leitender Thüringer Kriminalbeamter. Schon im Jahr 2005 war die Droge am Rande einer polizeiinternen Drogenfortbildung ein Thema. Damals sei der Stoff nur selten aus Tschechien nach Thüringen gekommen, meist auf Umwegen wie etwa über das sächsische Leipzig. Die Experten befürchteten allerdings, dass sich Crystal bald auch in Thüringen ausbreiten könnte. Die Warnungen der Ermittler blieben bei der Politik ungehört, »das hat niemanden wirklich interessiert«, sagt der Beamte. Im Osten sei man, so seine Erfahrung, weniger für das Thema sensibilisiert als in Westdeutschland. Die derzeitige ostdeutsche Elterngeneration habe in der eigenen Jugend kaum etwas mit Drogen zu tun gehabt. Diese These stellt sich in Thüringen regelmäßig bei Präventionsveranstaltungen unter Beweis, die sich direkt an Eltern richten. »Die meisten erkennen nicht einmal Gras.«

Die wiederholten Reformen des Polizeiapparats lösen bei den Beamten Unverständnis und Frustration aus. Viele haben den Eindruck, dass die Verfolgung der Drogenkriminalität infolge der ständigen Umstrukturierungen an Effektivität einbüßt. Spricht der leitende Kriminalist über dieses Thema, ist ihm bei jedem einzelnen Satz sein Ärger anzumerken. Besonders die zeitweilige Konzentration der Drogenbekämpfung im Landeskriminalamt (LKA) hält er rückblickend für einen Fehler. 2002 war dort eine sogenannte Rauschgiftaufklärungsgruppe (RAG) aufgebaut worden. Die speziell ausgebildeten Beamten sollten die örtlichen Drogendezernate der Kriminalpolizei unterstützen. Aber das ging auf Kosten der Kripo vor Ort, die ihre besten Ermittler an die RAG abgeben sollte. »Man hat uns im Stich gelassen«, sagt der langjährige Kriminalbeamte. Selbst im LKA erinnert man sich nicht gern an die Spezialtruppe, die nach sechs Jahren wieder aufgelöst wurde. »Die RAG war von Anfang an eine Totgeburt«, erzählt ein früheres Mitglied. Denn das interne Personalkonzept ging nicht auf. Die Sollstärke von rund 20 Beamten wurde nie erreicht, da nicht jede Dienststelle Personal an die RAG abtreten wollte. In der Folge litt die RAG unter ständigem Personalnotstand, was die Ermittlungsarbeit erschwerte. Um etwa einen Drogenhändler zu observieren, wären allein 15 Beamte notwendig. Auch wegen Urlaubs- und Krankheitstagen sei diese Personalstärke nur selten erreicht worden, sagt der LKA-Mann.

Aus Kreisen der Opposition im Landtag heißt es, die Polizeidienststellen hätten sich zu Recht dagegen gewehrt, ihre

Fachleute nach Erfurt an die RAG abzugeben. Denn die Kriminalpolizei habe schon damals eine dünne Personaldecke zu beklagen gehabt. Zudem, heißt es weiter, ergebe es aus taktischen Gründen keinen Sinn, die in ihrer Region erfahrenen Ermittler in die Landeshauptstadt abzuziehen.

An der prekären Personalsituation hat sich bis heute nichts geändert. Hinter vorgehaltener Hand redet so mancher Beamte Klartext: Die Thüringer Polizei sei nicht in der Lage, den gestiegenen Crystal-Handel wirksam einzudämmen. Die wachsenden Aktenberge führten dazu, dass die Beamten es kaum schafften, gegen die Hintermänner und Großverdiener des Drogengeschäfts vorzugehen. »Man rennt einer Clique von Kleinkonsumenten hinterher, die jeweils 20 Euro in einen Topf werfen und dann einen aus ihrem Kreis zum Stoffholen schicken«, berichtet ein Thüringer Fahnder über seine alltägliche Arbeit. Die Konsumentenschicht gilt in Thüringen mit Partygängern, Studenten und Berufstätigen als äußerst heterogen. Zwar lässt sich jeder Crystal-Fund von der Politik als Erfolg im Antidrogenkampf verkaufen, aber den im Hintergrund operierenden kriminellen Banden wird dadurch nicht das Handwerk gelegt.

Viele Thüringer Polizisten hadern mit der angespannten Situation. Sie sehen sich als Getriebene von Politik und Medien, die schnelle Fahndungserfolge einfordern. Dabei fehlt es der Polizei bei der Bekämpfung von Crystal an Erfahrungswissen. Auch die Datenlage ist unübersichtlich: Bis vor Kurzem wurde die Droge in der Polizeistatistik noch den Amphetaminen zugeordnet – daher fehlt es an verlässlichen Zahlen, wie sie für andere Betäubungsmittel seit Jahren vorliegen. »Ecstasy und LSD spielen in meinem Einzugsbereich quasi keine Rolle mehr. Die Heroinkonsumenten kann ich namentlich benennen«, berichtet ein Kriminalist. Und Crystal? Da kann er nur mit den Schultern zucken. Allein in einer Sache, sagt er, sei er sich sicher: »Noch nie in der Geschichte gab es einen so leichten Zugang zu einer harten Droge.«

Bayern setzt auf Repression

Das haben auch die Kollegen in Bayern zu spüren bekommen. »Im Grenzgebiet sind ganze Städte und Dörfer von Crystal verseucht«, erzählt ein Kriminalhauptkommissar. Seit vielen Jahren ist der Beamte bei der Drogenfahndung im Einsatz. »So etwas wie Crystal habe ich noch nicht erlebt«, berichtet er sichtlich aufgebracht. »Wir sind völlig alleingelassen damit.« Das bestätigt auch ein leitender LKA-Beamter, der um den schwierigen Alltag der Fahnder an der Grenze weiß: »Die kleinen Inspektionen kommen mit der Aufarbeitung der Drogendelikte nicht mehr nach. Teilweise hinkt die Bearbeitung der Fälle um Monate hinterher.« Lange Zeit verhallten diese Warnungen ungehört in den Tiefen der bayerischen Gemeinden. Nur mit Mühe ist es den überforderten Beamten gelungen, ihren Klagen landesweit Gehör zu verschaffen.

Wie stark die Polizei mit der Verfolgung von Crystal-Delikten belastet ist, macht das bayerische Innenministerium im Oktober 2014 nach einer parlamentarischen Anfrage der Landtagsfraktion von Bündnis 90/Die Grünen deutlich. Rund 700 Polizisten beschäftigen sich mittlerweile mit Delikten aus diesem Bereich. Darunter sind 560 sogenannte Schleierfahnder, die auf einem 30 Kilometer breiten Streifen entlang der Grenzen zu Tschechien und Österreich Schmuggler aufspüren sollen. Beim LKA in München verfolgen weitere 110 Beamte Crystal-Delikte. Seit März 2014 steht zudem bei der Bereitschaftspolizei ein Zug dauerhaft für den Antidrogenkampf bereit. Bereits anderthalb Jahre zuvor sind die Polizeipräsidien in den grenznahen Bezirken Niederbayern, Oberpfalz und Oberfranken um 173 Beamte aufgestockt worden.

Die Personaloffensive zeigt, dass Crystal den Freistaat offenbar vor größere Probleme stellt als bislang angenommen. Innerhalb weniger Jahre ist die Zahl der Erstkonsumenten explosionsartig angestiegen. Gab es 2008 lediglich zwölf Fälle, waren es 2013 schon 385.[91] Im selben Zeitraum halbierte sich die Zahl der Heroineinsteiger. Offenbar läuft Crystal dem

Opiat den Rang ab. Zoll und Polizei stellten 2013 in Bayern insgesamt 33,6 Kilogramm sicher, das entspricht nahezu der Hälfte der bundesweit beschlagnahmten Menge von 77 Kilogramm. Im selben Jahr zählte man zudem mindestens 18 Drogentote im Zusammenhang mit Crystal. »Es braucht mehr Anstrengungen auf tschechischer Seite«, lässt Innenminister Joachim Herrmann (CSU) bei nahezu jeder sich bietenden Gelegenheit wissen. Doch Crystal ist schon lange nicht mehr ausschließlich ein Importerzeugnis. Auch die Produktion hat die bayerischen Landesgrenzen überschritten: Zwischen Mai 2008 und Ende Juli 2014 nahmen die Ermittler 44 Labore hoch. Die meisten lagen in Grenzgebieten.

Bei der Justiz bemüht sich der Freistaat ebenfalls um eine Erhöhung der Schlagkraft. Anfang Oktober 2014 wurden die Staatsanwaltschaft und das Amtsgericht in Hof jeweils um eine halbe Stelle verstärkt. Für alle Delikte, die auf bayerischer Seite im Zusammenhang mit Methamphetamin anfallen, gilt nach den Worten des Hofer Oberstaatsanwalts Gerhard Schmitt der Leitsatz der »nachdrücklichen Strafverfolgung«, das heißt, grundsätzlich wird jedes Vergehen verfolgt. Selbst im Fall von Kleinstmengen setzt die bayerische Justiz vielerorts auf eine harte Gangart. »Bei Crystal Meth gibt es wegen der Gefährlichkeit der Droge grundsätzlich kein Absehen von Strafe [...] wegen geringer Menge«, bemerkt die Staatsanwaltschaft im niederbayerischen Deggendorf. Jedoch könne »die Aufnahme einer Entzugstherapie während eines laufenden Ermittlungs- oder Strafverfahrens [...] bei der Strafzumessung wegen günstiger Sozialprognose positiv gewertet werden«. Wird der Beschuldigte nach der Behandlung nicht mehr straffällig, kann beispielsweise eine drohende Freiheitsstrafe zur Bewährung ausgesetzt werden. »Keine Nachsicht gibt es dagegen mit dem organisierten Drogenhandel und Kurieren«, stellt Schmitt klar. Jeglicher Besitz von Crystal ziehe in Bayern juristische Sanktionen nach sich. Im Falle einer Geldstrafe liegt der Tagessatz bei mindestens zehn Euro.

Beispielsweise droht einem Hartz-IV-Empfänger bei einem monatlichen Bezug von 390 Euro eine Strafe von 90 Tagessätzen à 13 Euro.

Bayernweit gilt der Raum Hof als ein besonderer Brennpunkt. Die oberfränkischen Ermittler stoßen auf immer mehr und immer besseres Crystal. »Seit 2009 hat sich die Größe der geschmuggelten beziehungsweise sichergestellten Mengen exorbitant erhöht«, erklärt Gerhard Schmitt. »Sie schnellte vom 100-Gramm-Bereich in den Kilobereich.« Auch die Qualität hat mit den Jahren rapide zugenommen. Lag der Reinheitsgehalt anfangs bei 20 bis 30 Prozent, verzeichnet die Staatsanwaltschaft mittlerweile Werte von 80 bis 95 Prozent. In Einzelfällen hat der beschlagnahmte Stoff sogar lupenreine Qualität.

Bei der Hofer Staatsanwaltschaft fallen pro Jahr rund 2000 Fälle und mehr als 200 Haftbefehle wegen Crystal-Straftaten an. Egal ob Dealer, Kuriere oder Konsumenten – die Delinquenten kommen aus allen Schichten, im Schnitt sind sie zwischen 20 und 40 Jahre alt. »Sie stehen alle im Leben. Sie schaffen ihre Leistung, ihren Job jedoch nicht mehr«, sagt Schmitt. Auch geben immer mehr Beschuldigte sexuelle Motive für ihren Crystal-Konsum an.

Bei der Opposition in den Landtagsfraktionen von Grünen und SPD stößt das repressive Vorgehen der bayerischen Behörden auf Kritik. »Das Problem wird ausschließlich auf die Kommunen und Polizei abgeschoben. Die sind damit völlig überlastet«, beklagt die stellvertretende Grünen-Fraktionschefin Katharina Schulze. Angesichts ausbleibender Erfolge im Kampf gegen Crystal ist die Abgeordnete überzeugt, dass die Drogenpolitik im Freistaat an den Menschen vorbeigehe. Schulze kritisiert, dass mit Prohibition niemand bekehrt werden könne – und findet darin Unterstützung von der SPD.

Österreich – Ein Problem, unterschiedliche Sichtweisen

Das österreichische Rechtssystem ist im Umgang mit Konsumenten und kleinen Dealern äußerst liberal. Geringe Mengen für den Eigengebrauch stehen in der Praxis nicht unter Strafe. Zudem wirkt sich, getreu dem Grundsatz »Therapie vor Strafe«, die Bereitschaft zu einer professionellen ärztlichen Behandlung als strafmindernd aus. Dadurch entsteht zwangsläufig eine hohe Dunkelziffer.

Grundsätzlich sind Besitz und Handel von Crystal auch in Österreich strafbar. Aber unter bestimmten Voraussetzungen greift Paragraf 35 des Suchtmittelgesetzes: Demnach hat die Staatsanwaltschaft von der Strafverfolgung zurückzutreten, wenn die Straftat ausschließlich zum Zweck des eigenen Gebrauchs oder des Gebrauchs eines anderen erfolgte, ohne dass der Beschuldigte daraus einen Vorteil gezogen hätte. So stellte die Staatsanwaltschaft Linz einmal sogar das Verfahren gegen einen Oberösterreicher ein, der mehr als zehn Kilogramm Marihuana angebaut und geerntet haben soll. Solche extremen Fälle sind aber eher die Ausnahme. Der Besitz großer Mengen ist also nicht gleichbedeutend mit geplantem Handel. Selbst Verbrechen zur Finanzierung des Konsums können straffrei bleiben, sofern der Beschuldigte süchtig ist, sich auf eine Therapie einlässt und das Strafmaß nicht über drei Jahre Haft hinausgeht. In Deutschland hingegen liegt es laut Betäubungsmittelgesetz im Ermessen der Staatsanwaltschaft, von der Strafverfolgung zurückzutreten, wenn es sich um den Besitz einer geringen Menge handelt. Dies ermöglicht der Anklage einen großen Spielraum und erklärt zugleich die je nach Bundesland grundverschiedene Praxis im Umgang mit Drogenkonsumenten.

Bei der Drogenbekämpfung in Österreich kommt, anders als in Deutschland, den Gesundheitsbehörden eine entscheidende Rolle zu. Der Ertappte hat sich vom Amtsarzt begutachten zu lassen: Stellt der Mediziner einen problematischen

Konsum fest, ordnet er eine verpflichtende Therapie an, gleichzeitig wird die strafrechtliche Verfolgung eingestellt. Allerdings muss sich der Betroffene über einen Zeitraum von bis zu zwei Jahren bewähren. Damit erscheint der Fall auch nicht mehr in der Statistik der Ermittler. Stellt der Amtsarzt hingegen bei einem Konsumenten keinen problematischen Umgang mit der Droge fest, ist der Fall – wiederum mit bis zu zweijähriger Bewährungsfrist – sofort erledigt.

Auch im Schulbereich gilt ein besonderes Prozedere, das in Paragraf 13 des Suchtmittelgesetzes festgeschrieben ist. Wiederum steht der Grundsatz »Therapie vor Strafe« im Vordergrund. Die Frage, ob ein Schüler problematisch konsumiert, wird jedoch schulintern geklärt. Die Gesundheits- und die Strafverfolgungsbehörden werden laut Gesetz nicht aktiv, solange die Vorschriften erfüllt werden. Gerät ein Schutzbefohlener also unter den begründeten Verdacht, Rauschgift zu nehmen, schaltet die Direktion einen Schularzt beziehungsweise einen Schulpsychologen ein. Anschließend werden die Eltern verständigt, dass sich der Schüler zu einer Untersuchung einzufinden hat. Bestätigt sich der Verdacht und ist eine sogenannte gesundheitsbezogene Maßnahme nötig, wird eine passende Therapie gesucht. Legt der Schüler dem Schulpsychologen eine Bestätigung über die Behandlung vor, ist der Fall erledigt. Zeigt sich der Schüler uneinsichtig und verweigert er sich der Untersuchung oder Therapie, muss die Direktion den Fall an die Gesundheitsbehörde melden. Dies ist gleichbedeutend mit einer zweiten Chance. Der Vorgang wiederholt sich – mit dem Unterschied, dass die Behörde die Untersuchung zwangsweise anordnen kann und im Falle fehlenden Therapiewillens letztlich doch eine Strafanzeige droht.

Brennpunkt Oberösterreich

Beim Drogenkonsum in Österreich stehen Stimulanzien mittlerweile an erster Stelle. Vor allem Crystal verzeichnet steigende Zuwachsraten: Von 2010 bis 2013 verdreifachte sich sowohl die Zahl der Anzeigen als auch die der Ersttäter. Mit der Droge hat vornehmlich Oberösterreich im großen Stil zu kämpfen. Der österreichische Suchtmittelbericht weist für 2013 in Oberösterreich 733 Anzeigen aus, knapp viermal mehr als in der Bundeshauptstadt Wien. Und auch bei den beschlagnahmten Mengen bildet Oberösterreich einen Schwerpunkt: Von 7,6 Kilogramm Crystal, die 2013 in ganz Österreich sichergestellt wurden, entfielen allein auf Oberösterreich 1,8 Kilogramm.[92]

Der Chef des Landeskriminalamtes in Oberösterreich Gottfried Mitterlehner bringt das Problem in einem Satz auf den Punkt: »Unsere Lage ist mit der Bayerns vergleichbar.« Damit hat der Kriminalist gleich in mehrfacher Hinsicht recht: Wie der süddeutsche Freistaat steht Oberösterreich bedingt durch seine Lage und die lange gemeinsame Grenze zu Tschechien im Kampf gegen Crystal an vorderster Front. Und auch in Österreich bleiben die größten Herausforderungen des Phänomens vorerst auf die Grenzregion beschränkt.

In Wien wird dem Problem allerdings nur wenig Beachtung geschenkt. Während die Suchtberatungsstellen, Polizeiinspektionen und Gerichte in Oberösterreich wegen der zunehmenden Verbreitung von Crystal überlastet sind, hält das Bundesinnenministerium die Fallzahlen für marginal. Darin zeigt sich eine historisch gewachsene Schieflage: Die zentralistische Struktur Österreichs macht Wien zur einzigen Stadt der Republik mit dem Flair einer internationalen Metropole – und lässt jenseits der Strahlkraft der Bundeshauptstadt die Probleme der abgelegenen Regionen schnell aus dem Fokus der politischen und medialen Öffentlichkeit geraten.

Kein Anlass zur Sorge?

Schon von Weitem funkelt der Schornstein der Müllverbrennungsanlage in Wien-Spittelau. Friedensreich Hundertwasser hat ihr eine blau und golden funkelnde Fassade verpasst. Davor steht ein futuristischer 1980er-Jahre-Bau. In den Betonquadern residiert das Bundeskriminalamt (BK). Das Haus mit seinen 700 Beamten ist für grenzüberschreitende Ermittlungen und die fachliche Unterstützung der nachgeordneten Landeskriminalämter zuständig. 2003 wurde das BK als Teil des Innenministeriums ins Leben gerufen – es ist keine eigenständige Behörde.

Am Eingang steht ein drahtiger Schnurrbartträger im hellgrauen Anzug, der in sein Büro führt. Gerhard Stadler leitet die Abteilung für Suchtmittelkriminalität. »Crystal Meth hatten wir ab 2007 auf dem Schirm«, sagt er. »Da wussten wir aus den anderen europäischen Ländern, dass etwas auf uns zukommt.« Im selben Jahr begannen erste Schulungen der Kriminalisten zu dem Thema. Seither verfolge man die nationale und internationale Lage.

In der Bewertung des Gefahrenpotenzials der Drogen üben sich die Experten von jeher in betonter Zurückhaltung. Das BK hält Österreich allenfalls für einen Nebenschauplatz im internationalen Drogengeschäft. Zwar würden auch im Inland jedes Jahr mehrere Labore ausgehoben, bestätigt Chefermittler Stadler. Aber Crystal bleibe hauptsächlich ein tschechisches Phänomen. »Man muss bei der Produktion ansetzen«, erklärt er die Strategie, mit der die Drogenringe am besten zu stoppen wären. »Da unterstützen wir, wo es geht.« Für das Inland weist er den Verdacht einer zunehmend dramatischen Situation entschieden zurück. »Crystal ist nicht verbreitet. Um was davon zu sehen, muss ich schon auf eine Party gehen.« Und selbst da finde man es nur vereinzelt vor. Diese Einschätzung scheint vor allem auf die Bundeshauptstadt zuzutreffen. Anders ist die Lage hingegen in den Grenzregionen. Aber im BK scheint man nicht in die Klagen aus Oberösterreich einstimmen zu wollen: »Die Zahlen geben jetzt nicht wirklich Anlass zur großen Besorgnis«, sagt Stadler.

Die österreichweit 1337 Crystal-Delikte im Jahr 2013 sprechen jedoch eine andere Sprache. Zumindest im hauseigenen Drogenbericht schlägt das Wiener BK deutliche Töne an: »Das besorgniserregende Suchtpotenzial und die psychotische Wirkung [von Methamphetamin] werden beachtliche Probleme schaffen.«

Stadlers Mitarbeiter Bernhard Held pflegt eine grantige Wiener Art: Der Drogenexperte des BK ist ein Typ, der schon mal laut wird, wenn ihn der Zorn packt. Angesichts der zunehmenden Crystal-Straftaten sieht allerdings auch er keinerlei Grund zur Beunruhigung. »Wenn da die Oberösterreicher sich entlang der Grenze aufstellen und nächtelang ein Auto nach dem anderen kontrollieren, dann steigen natürlich die Zahlen an«, sagt Held. Dass 70 Prozent der bundesweiten Crystal-Delikte 2013 auf Oberösterreich entfallen, liegt für ihn allein am erhöhten Verfolgungsdruck der Grenzermittler. Held findet die große Aufmerksamkeit, die der Droge zuteilwird, eher kontraproduktiv. Seiner Ansicht nach drohe die Gefahr, dass übereifrige Lokalermittler und Journalisten die öffentliche Wahrnehmung verfälschen. »Da wird schnell mal eine Pressemeldung über einen Aufgriff von Crystal herausgegeben, weil irgendein Revierinspektor das Zeug dafür hält, und hinterher zeigt sich im Labor, dass es Amphetamin war.« Dabei weiß der Leiter des Referats »Synthetische Suchtgifte, Drogenausgangsstoffe und Meldestelle« beim BK um die Begleiterscheinungen, die mit Crystal in der Polizeistatistik auftauchen – Gewalt, brutale Exzesse, Mord. Die konkreten Vorfälle im Jahr 2013, darunter sind auch drei Morde, lässt er unkommentiert. Crystal ist für ihn nicht mehr als eine Droge wie jede andere. »Ecstasy lag auch mal im Trend und ist dann nahezu verschwunden. Keiner weiß, wie weit das mit Crystal noch geht und wie es sich räumlich und mengenmäßig entwickelt.« Der Erfolg einer Droge hänge von dem Bild ab, das öffentlich vermittelt wird. »Crystal als Leistungsdroge darzustellen ist problematisch. Das macht sie erst recht interessant«, gibt Held zu bedenken.

Gerhard Stadler und Bernhard Held – zwei Rauschgiftexperten, die von Crystal nichts wissen wollen. Die Schlagzeilen der Boulevardblätter lesen sie mit großem Unbehagen. Sie verlassen sich auf ihre jahrzehntelange Berufserfahrung. Was dazu zu sagen sei, dass Crystal erstmals auch Kreise anspreche, die sonst nie mit Drogen in Berührung kommen? »Sie glauben doch nicht, dass die nicht früher auch schon was anderes genommen haben?«, fragt Bernhard Held mürrisch zurück. Ob Crystal die Droge der Leistungsgesellschaft sei? »Wo ist denn da der Unterschied zu den Lkw-Fahrern, die vor 20 Jahren Captagon genommen haben, um durchzufahren? Das hörte ja auch auf mit der Einführung der Ruhezeiten und deren Kontrolle. Oder wollen Sie behaupten, damals sei man weniger leistungsorientiert als heute gewesen?« Der BK-Chefinspektor hat gute Gründe, sich auf sein Erfahrungswissen zu verlassen. Doch das birgt auch die Gefahr, das Problem zu unterschätzen.

»Wien ist weit weg«

Was in Wien nicht präsent ist, existiert nicht – das BK und das Innenministerium geben sich alle Mühe, diesen Eindruck zu erwecken. In Oberösterreich führte das zu der absurden Situation, dass die Drogenfahnder lange Zeit nur hinter vorgehaltener Hand von einem Crystal-Problem sprechen wollten – offenbar aus Angst vor Schikanen aus dem Wiener Innenministerium. »Man will auf Bundesebene nichts davon hören«, begründete ein ranghoher Polizeioffizier aus Oberösterreich die damalige selbstverordnete Zurückhaltung.

Die Wende kam mit dem Weihnachtsfest 2013. Am zweiten Weihnachtsfeiertag gingen Polizei und Justiz in Oberösterreich mit einer Pressekonferenz in die Offensive. In demonstrativem Schulterschluss machten Polizeiführung, Landeskriminalamt und die Linzer Staatsanwaltschaft das Ausmaß der Crystal-Welle erstmals öffentlich. Die Experten warnten vor der zunehmenden Verbreitung der Droge und dem Anstieg der begleitenden Gewaltdelikte. »Wir haben hier vor Ort mit den Problemen zu kämpfen. Wien ist weit weg«, mahnte Landespolizeidirektor Andreas Pilsl an die Adresse von BK und Bundesinnenministerium. »Bisher schwappte die Crystal-Welle von Tschechien herein, jetzt folgen hier die ersten Labore«, ergänzte LKA-Chefermittler Erwin Meindlhumer. Die Asiamärkte entlang der Grenze seien nur das sichtbare, aber nicht das größte Problem. Konsumenten können sich hier kleine Mengen schnell und unkompliziert besorgen. Das Gramm gibt es schon für 25 bis 30 Euro, während es in Österreich bis 100 Euro kostet. Der organisierte Drogenhandel für größere Mengen mit seinen professionellen Verteilernetzwerken hat mit diesen Märkten wenig zu tun. Dessen Geschäfte laufen im Hintergrund und nicht auf der Straße ab.

Die Auswirkungen zeigten sich längst: Nicht nur sei die Linzer Landesnervenklinik, die zentrale Entzugs- und Therapieeinrichtung in der Landeshauptstadt, mittlerweile mit Abhängigen überfüllt. »Ein großer Teil der Gewalttaten der vergangenen Zeit ist außerdem unter Einfluss dieser Droge passiert«, warnte der Sprecher der Linzer Staatsanwaltschaft, Philip Christl. »Die Entwicklung ist dramatisch.« Ging es bei den Prozessen am Linzer Landesgericht im Jahr 2011 noch um rund 860 Gramm Crystal, waren es im Jahr darauf bereits rund 3,7 Kilogramm und 2013 schließlich 13 Kilogramm.[93] »Was deutlich auffällt, ist das große Sucht- und Rückfallverhalten«, berichtet Christl von seinen Erfahrungen. Worüber sich viele der betrauten Staatsanwälte erschreckt zeigten, sei der körperliche Verfall der Beschuldigten. »Der Mensch, der da aus sechs Monaten Untersuchungshaft in den Gerichtssaal kommt, ist ein völlig anderer als der bei der Verhaftung und beim ersten Verhör. Man erkennt ihn kaum wieder.« Es ist eine positive Überraschung – die meisten Delinquenten können sich in der Haftzeit von ihrer Sucht regenerieren.

Bei den Konsumenten chemischer Drogen sei an die Stelle von Speed und Ecstasy inzwischen Methamphetamin getreten, sagt Philip Christl. »Auffällig ist auch ein extremer Misch-konsum, der allerdings allein von dem Ziel bestimmt wird, die Auswirkungen des Crystals aufzuheben.« Die Dealer und Konsumenten haben in Tschechien ihren Hauptbezugspunkt. »Allerdings gibt es seit 2008 auch Labore in Oberöster-reich«, betont der Staatsanwalt. Den Ermittlern zufolge ist die Zahl gering. Dafür sind die Kapazitäten und die Qualität der Produktion teilweise beträchtlich. »Es ist das Kokain der Armen«, sagt Christl. »Nach Cannabis ist es hier in Ober-österreich eindeutig die Hauptdroge.«

Der Linzer Staatsanwalt beobachtet einen Anstieg schwe-rer Gewalttaten von Methamphetamin-Konsumenten, die stets einem bestimmten Muster zu folgen scheinen. »Es han-delt sich dabei um teils völlig unmotivierte Übergriffe«, sagt er. In Oberösterreich machten 2013 vier große Fälle Schlag-zeilen: Im Crystal-Rausch warf ein 28 Jahre alter Junkie in einem Kindergarten mit einem Ziegelstein nach einem Kind und verletzte es schwer. Ende Juni erdrosselte ein 25-Jähriger eine schlafende Bekannte. Im Prozess gab der junge Mann später an, die Idee sei ihm plötzlich und grundlos gekommen, nachdem er sich Methamphetamin intravenös injiziert hatte. Ende August tötete ein Crystal-Abhängiger seinen Vater. Der 36-Jährige geriet bei der Tat in einen mehrstündigen Gewalt- und Blutrausch. Mitte September fasste die Polizei schließlich zwei Tierquäler, die nach dem Konsum von Crystal mehr-mals mit einer Armbrust auf Schafe und Pferde geschossen und einige Tiere getötet hatten.

Sondereinheit erhöht den Druck

Die Polizei in Oberösterreich hat aus den wiederkehrenden brutalen Gewalttaten ihre Konsequenzen gezogen. »Der Er-mittlungsdruck wurde massiv erhöht«, erklärt Erwin Meindl-humer, der stellvertretende Leiter des LKA in Oberöster-reich. Dafür greifen die Sicherheitsbehörden nicht nur auf die Schleierfahndung entlang der Grenze zurück. Im März 2014 wurde mit der Einsatzgruppe Nord (EGN) eine neue Sonderreinheit gegründet. Aus der Not heraus taten sich die Drogenermittler der drei Grenzbezirke Rohrbach, Urfahr-Umgebung und Freistadt zusammen. Die Kooperation jenseits der Bezirksgrenzen war in Österreich ein Novum. Für grenzübergreifende Schleierfahndungen kooperieren die Spezialisten auch mit tschechischen Ermittlern. Andere Bundesländer verfolgen das Projekt mit großem Interesse.

Hintergrund der EGN-Gründung war die erhöhte Kriminalität in der Region. Nachdem die tschechische Polizei ihre Wache im südböhmischen Vyšší Brod aufgegeben hatte, war nach den Worten von EGN-Leiter Erwin Pilgerstorfer zeitweise ein »quasi rechtsfreier Raum« entstanden. Sogar der Bürgermeister des tschechischen Ortes wandte sich damals mit der Bitte um Unterstützung an die oberösterreichische Polizeiführung. Als sich zudem die Probleme mit Crystal zuspitzten, gründeten Polizei und LKA in Oberösterreich die EGN. »Wir sind hier wie dort am Limit«, sagt Pilgerstorfer. »Nur durch gemeinsame Anstrengungen schaffen wir es, das Crystal-Problem in den Griff zu bekommen.«

Allein in den ersten sieben Monaten nach ihrer Gründung hat die EGN in den Grenzbezirken etwa 100 Mal wegen Crystal-Schmuggels zugeschlagen. Die Ermittler erzielten auch auf der anderen Seite der Grenze Erfolge. In einzelnen Fällen gelang es den Fahndern, die Spur der erwischten Drogenkunden über die Zwischendealer bis zu den Laboren in der Tschechischen Republik nachzuverfolgen. »Die Leute, denen wir hier wegen Crystals auf die Schliche kommen, dienen wiederum für die tschechischen Kollegen als Zeugen«, berichtet EGN-Chef Pilgerstorfer.

Damit hatte die Kriminalpolizei schon im Jahr 2013 gute Erfahrungen gemacht. Die Ermittler verfolgten mehrere oberösterreichische Konsumenten bis zu ihren Dealern in Tschechien. In einem Fall gelang es den Fahndern aus Oberösterreich und Südböhmen, Kameras in einem Labor zu installieren und so die Produktion mehrerer Kilogramm Crystal pro Tag zu dokumentieren und die Bande zu zerschlagen.

Die im Frühjahr 2014 ins Leben gerufene EGN wurde zur Initialzündung für die dauerhafte Einrichtung gemischter Streifendienste der Ermittlungsbehörden in Österreich und Tschechien. Am 5. Dezember 2014 unterzeichneten die österreichische Innenministerin Johanna Mikl-Leitner (ÖVP) und ihr tschechischer Amtskollege, der Sozialdemokrat Milan Chovanec, in Brüssel einen entsprechenden Vertrag. »Künftig können österreichische und tschechische Polizisten ohne räumliche Beschränkung gemeinsam Streifendienst versehen, um die Identität von Personen festzustellen und Personen anzuhalten, die sich einer Kontrolle entziehen wollen«, erklärte Mikl-Leitner. Auf die gemeinsam ermittelnden Beamten wird in Zukunft noch mehr Arbeit zukommen. Schon heute sei der erhöhte Fahndungsdruck in Bayern auch in Österreich zu spüren, sagt Erwin Pilgerstorfer. »Wir greifen in letzter Zeit vermehrt Leute auf, die Crystal von Tschechien über unser Gebiet in den Freistaat hineinschmuggeln wollen.«

Auf den positiven Erfahrungen mit der EGN wollen sich die oberösterreichischen Ermittler nicht ausruhen. Die Sondereinheit soll mithilfe von Spezialisten des LKA zu einer gemeinsamen Ermittlungsgruppe mit noch größerer Schlagkraft ausgebaut werden. Zudem erklärte die Polizeiführung den Kampf gegen Crystal offiziell zum Arbeitsschwerpunkt des Jahres 2015.

Vorerst scheinen die gravierenden Auswüchse des Crystal-Konsums in Österreich ein regionales, aber rasant wachsendes Phänomen zu sein. Die Ermittler vor Ort sind sich des Risikos einer weiteren Ausbreitung wohl bewusst, doch ihre Warnungen finden in Wien kaum Gehör. Dabei könnten die bisher nicht oder kaum betroffenen Bundesländer bereits heute schon von den Erfahrungen ihrer Kollegen profitieren. Nach dem Vorbild Oberösterreichs gilt es, effektive Ermittlungsstrukturen zu etablieren, bevor das Problem auch in den übrigen Teilen des Landes außer Kontrolle zu geraten droht.

Auf deutscher Seite zeigt sich ein wachsendes Problembewusstsein, das sich in der verstärkten öffentlichen Wahrnehmung des Themas spiegelt. Allerdings verfolgt nach wie vor jedes Bundesland seinen eigenen Problemlösungsansatz, was auch damit zu begründen ist, dass Crystal bislang kein bundesweites Phänomen darstellt. Den Kampf gegen die Droge allein mit repressiven Mitteln zu führen, greift jedoch zu kurz.

Prävention und Therapie – Drogenberater, Mediziner und Sozialarbeiter gegen die Sucht

Der »War on Drugs« gilt als gescheitert – im Großen wie im Kleinen. Nicht nur auf dem amerikanischen Kontinent müssen sich die Sicherheitsbehörden schon lange eingestehen, den verzweigten Netzwerken der Drogenmafia nicht gewappnet zu sein. Was Crystal-Delikte betrifft, gehen Polizei und Zoll auch in Mitteleuropa von einer hohen Dunkelziffer aus. Neben Repression erscheinen Prävention und Therapie als umso wichtigere Bestandteile einer ausgewogenen Drogenbekämpfungsstrategie.

Der erste Anlaufpunkt für Hilfesuchende sind in der Regel die Suchtberatungsstellen, die Drogenabhängige auf ihrem Weg in die Therapie begleiten sollen. Der Entzug unter ärztlicher Aufsicht umfasst je nach den Konsumgewohnheiten eine mehrwöchige Entgiftung. Daran kann sich eine Langzeittherapie in einer Fachambulanz, Tagesklinik oder spezialisierten Fachklinik anschließen. Was den Ablauf und die Verfügbarkeit von Therapien angeht, gibt es in Deutschland und Österreich große Unterschiede. In jedem Fall aber stehen am Ende einer erfolgreichen Behandlung die Bewältigung des Alltags ohne Drogen und die Wiedereingliederung in das soziale Leben.

Um zu verhindern, dass Menschen überhaupt drogenabhängig werden und einer Therapie bedürfen, ist Prävention das wichtigste Instrument. Dabei gilt es, dem durch Politiker und Medien verbreiteten, überwiegend oberflächlichen Wissen über Crystal Meth seriöse, fachlich fundierte und zielgruppenspezifisch aufbereitete Informationen entgegenzusetzen. Aufklärung allein bietet zwar keinen sicheren Schutz vor Drogenkonsum; dem Missbrauch und der drohenden Abhängigkeit lässt sich aber am wirksamsten begegnen, indem die mitunter phantastischen Legenden kritisch hinterfragt werden.

Aus den USA sind drastische Bilder bekannt. Die sogenannten Faces of Meth sollen den schnellen körperlichen Verfall infolge des Crystal-Missbrauchs verdeutlichen. Innerhalb kürzester Zeit scheinen sich unauffällige in zerstörte Gesichter verwandelt zu haben: Der Blick ist leer, die Haut fahl und von aufgekratzten Wunden übersät. Die Vorher-nachher-Porträts sind in der Regel in Gefängnissen entstanden – und verfehlen laut Experten vielfach ihr abschreckendes Ziel. »Ihr Wert für eine sachgerechte Aufklärung ist mehr als zweifelhaft«, kritisiert der Alternative Drogen- und Suchtbericht. Oft würden die »medialen Inszenierungen bei den Konsumenten kontraproduktive Wirkungen auslösen«.[94] Suchtberater nennen das die »Paradoxie der Verteufelung«, denn die Schockbilder entsprächen kaum den Alltagserfahrungen der Crystal-Nutzer. Stattdessen fordern die Experten, besser an den Alltag der Betroffenen anzuknüpfen.

Tschechiens belastendes Erbe

In Tschechien ist Methamphetamin seit Jahrzehnten ein Massenphänomen. Die Akteure des Suchthilfesystems blicken auf eine entsprechend lange Erfahrung mit den Konsumenten zurück. Zu den bekanntesten Suchtmedizinern des Landes zählt Tomáš Zábranský. Der Spezialist vom Suchtzentrum der Prager Karls-Universität hat sich intensiv mit der Drogengeschichte seines Landes auseinandergesetzt.[95] Bis in die 60er Jahre, schreibt Zábranský, dominierte der Missbrauch handelsüblicher Arzneimittel, oft in Kombination mit starkem Alkoholkonsum. Ähnlich wie in vielen anderen Ländern des Ostblocks war zu jener Zeit das Medikament »Preludin« in Mode. Ein Psychiater beschrieb die unter Süchtigen geschätzten Nebenwirkungen der Pillen zur Behandlung von Fettleibigkeit mit den Worten: »Es kann den Menschen beschwingen wie ein halbes Dutzend Gläser Champagner.«[96] Eine weitere Droge – wenn auch im Gegensatz zum Westen in äußerst überschaubarer Verbreitung – war LSD, das zu pharmazeutischen Zwecken in der Tschechoslowakei produziert wurde.

Während der 70er Jahre folgte der Aufstieg des Methamphetamins. Eine Legende zeugt von den Anfängen des »Pervitin« oder »Piko«, wie es im Tschechischen bis heute heißt. Die Spur führt zu einem jungen Mann, der sich in der Prager Drogenszene unter dem Pseudonym »Freud« einen Namen machte. Er sei »der erste oder einer der ersten Köche« gewesen, schreibt Zábranský. »Freud« studierte an der Universität mehrere Semester Chemie und soll in alten Büchern die einfache Methode des Japaners Ogata Akira wiederentdeckt haben. Der Pharmakologe hatte 1919 als Erster kleine Methamphetamin-Kristalle durch die Reduktion von Ephedrin mit Phosphor und Jod hergestellt. »Freud« machte die dafür notwendigen, frei verfügbaren Medikamente mit hohem Ephedringehalt aus. Sein Versuch, das Methamphetamin zusammenzukochen, hatte Erfolg und machte Schule. Das Verfahren ist unter Konsumenten, Dealern und Produzenten noch immer als »tschechische Methode« bekannt. In der sozialistischen Tschechoslowakei wurde Methamphetamin zur Droge Nummer eins und ist es in Tschechien bis heute geblieben.

Sherwood Forest in Prag

Im Herzen von Prag, auf dem international bekannten Wenzelsplatz, stehen sie in kleinen Gruppen, die Heroin- und Crystal-Junkies. Nirgendwo in der Goldenen Stadt ist die Drogenszene sichtbarer als hier – wo sich 1969 der Student

Jan Palach aus Protest gegen die sowjetischen Panzer ver-
brannte. Nach der brutalen Niederschlagung des »Prager
Frühlings«, so erzählen es viele der Älteren in der Stadt, entstand in Prag die größte »Pervitin«-Szene Europas. Die Unter-
drückten suchten und fanden im Rausch Zuflucht. Inzwischen
zählt der tschechische Drogenbeauftragte Jindřich Vobořil
landesweit 42 700 Abhängige, vier von fünf sind süchtig nach
Methamphetamin.

Nur wenige Gehminuten vom Wenzelsplatz entfernt, direkt
gegenüber dem Prager Hauptbahnhof, liegt der Park Vrchlic-
kého sady. Der Volksmund nennt ihn »Sherwood Forest«,
wegen der hohen Kriminalitätsrate. Nicht nur Taschendiebe,
auch Dealer und Junkies kommen immer wieder hierher. Wie
fast jeden Abend haben sie sich um einen Mercedes-Bus versammelt, der aussieht wie ein Krankenwagen. Er gehört zu
einem Team der 1990 gegründeten Organisation »Sananim«.
Helfer geben sterile Spritzen aus – zu hoch ist die Ansteckungsgefahr, wenn die Abhängigen sich das Besteck teilen.
Auch Tests für Infektionserkrankungen wie HIV, Hepatitis C
und Syphilis können vor Ort gemacht werden. Doch die Organisation leistet nicht nur medizinische Unterstützung. Mit
ihren psychologischen und sozialen Hilfsangeboten wollen
sie die Abhängigen von ihrer Sucht befreien und ins gesellschaftliche Leben zurückführen. Von montags bis donners-
tags ist Sananim jeden Abend im Park. Das Angebot wird
angenommen, die Nachfrage ist groß.

Am Rande des Parks steht ein Mann um die 40, der um die
Probleme auf der Straße weiß und die politischen Debatten
verfolgt. Er redet viel und wirkt doch erschöpft. Der jahre-
lange Kampf gegen die Verteufelung der Abhängigen hat ihn
müde gemacht. Obwohl er für die staatliche Drogenbehörde
arbeitet, finden seine Worte kaum Gehör. »Die Politiker haben
nur die nächste Wahl vor Augen«, sagt der Insider, der seinen
Namen nicht geschrieben sehen möchte. Warum gibt es in der
Debatte meist nur Schwarz und Weiß? Diese Frage beschäf-

tige ihn immer wieder. »Medien wollen schnelle und damit simple Lösungen. Die Politik wird davon getrieben und spielt das Spiel mit.«

Die vielen Schlagzeilen über die vermeintliche Modedroge kann der Experte mit Blick auf die lange Crystal-Tradition in Tschechien nicht nachvollziehen. »Von einem neuen Phänomen zu sprechen, ist verrückt.« Er hält es für unangebracht, die im Vergleich zu den Nachbarstaaten äußerst liberalen Drogengesetze in Tschechien für die steigende Zahl der Abhängigen verantwortlich zu machen. Die Vorzüge von Crystal, meint er, liegen doch auf der Hand. Es ist etabliert, günstig, leicht zu beschaffen und einfach zu produzieren. »Man kann es auch im Wald oder im Auto herstellen.«

Der Insider hastet durch die Prager Straßen. Er hat keine Mühe, im Vorbeigehen Crystal-Abhängige auszumachen: Da, die beiden, meint er und zeigt auf zwei sichtlich nervöse junge Männer. »Man erkennt sie sofort. Sie sind auffälliger als andere Junkies.« Während sich Heroinabhängige in den Ecken verkriechen, stören die auffallenden Crystal-Süchtigen, unter denen es nicht unüblich ist, sich den Stoff zu spritzen, das Stadtbild. Allein deshalb rücken sie in den Fokus der Politiker. Doch diese Perspektive ist dem Experten zu oberflächlich. Er verweist stattdessen auf den Pragmatismus der Sozialarbeiter. Seit mehreren Jahren verteilen diese etwa leere Gelatinekapseln, die von den Abhängigen mit Crystal befüllt werden können. Zwar verliert die Droge bei oraler Einnahme nichts an ihrer grundsätzlichen Gefährlichkeit, aber diese Konsummethode beugt bedrohlichen Begleiterscheinungen wie Abszessen an den Einstichstellen und der hohen Infektionsgefahr durch Spritzentausch vor.

Die Fixer auf der Straße sind allerdings nicht exemplarisch für die vielfältige Crystal-Szene. Auch in Tschechien hat sich die Droge längst ihren Weg in alle gesellschaftlichen Schichten gebahnt. Der Insider macht dafür den hektischen Zeitgeist verantwortlich. Vor allem Jugendliche hätten zunehmend unter Leistungsdruck zu leiden, dem sie im Elternhaus, im Freundeskreis und überall sonst im gesellschaftlichen Leben ausgesetzt seien. Mit guten Noten in der Schule sei es nicht getan, ehrgeizige Familien erwarteten auch Erfolg im Sportverein oder beim Erlernen eines Instruments. Die Idealbilder, die Medien und Werbeindustrie unters Volk bringen, trieben nach Überzeugung des Experten viele bis in die Verzweiflung. »Für diese Jugendlichen ist Crystal die maßgeschneiderte Droge.« Die Antwort des Staates erschöpfe sich in schärferen Gesetzen und der Suche nach einem Sündenbock. So schiebe die Politik den vietnamesischen Händlern die Schuld zu. Und die Polizei, meint der Experte, sei »in einer Law-and-Order-Logik gefangen«. In seinen Augen ist die Repression gescheitert. »Man kann der Krake einen Arm abschlagen, aber wo bleibt der Effekt?« Die Nachfrage bestimme das Geschäft. Solange die Gesellschaft nach Crystal verlange, werde der Markt seine Wege finden. Mit einem nachhaltigen Präventionskonzept hingegen, sagt der Insider mit resignierendem Unterton, ließen sich keine Wahlen gewinnen – zum Leidwesen Zehntausender Abhängiger.

So weit dürfe es erst gar nicht kommen. Jugendliche müssten mit einer wirksamen Aufklärungsarbeit so lange wie möglich davon abgehalten werden, Crystal überhaupt zu probieren. Denn Untersuchungen zeigten: Die Gefahr der Abhängigkeit ist umso größer, je früher junge Menschen der Versuchung zum ersten Mal erliegen.

Bewährungsprobe für Deutschlands Suchthilfesystem

In Deutschland will die Bundesregierung der wachsenden Ausbreitung von Crystal mit einer zentralen Präventionsstrategie begegnen, für die im Jahr 2015 eine Summe von 500 000 Euro bereitgestellt wurde. Zielgruppe sind Konsumenten im Freizeitbereich und in der Schule sowie konsumierende Eltern.

Zudem soll eine Studie klären, welche Gefahren von Crystal ausgehen.[97]

Bundespolitiker wie Frank Tempel, drogenpolitischer Sprecher der Linken im Bundestag, mahnen aufgrund der schwachen Datenlage zur Zurückhaltung: »Es geht keine gesellschaftliche Bedrohung von Crystal aus.« Allerdings fordert Tempel, mehr Geld in die länderspezifische Erforschung synthetischer Drogen und sogenannter Legal Highs, auch als »Designerdrogen« bekannt, zu stecken. Diese Substanzen hält auch Burkhard Blienert, der Drogen- und Suchtexperte der SPD im Bundestag, wegen der irreführenden und verharmlosenden Bezeichnung für besonders gefährlich. Steigender Leistungs- und Erfolgsdruck lasse die Hemmschwelle zum Missbrauch sinken, erklärt Blienert. Mit Blick auf die wachsende Verbreitung von Crystal gibt er zu bedenken, dass das Phänomen nicht neu sei. »Bereits seit fünf Jahren ist dieser Missbrauch in den betroffenen Regionen offenkundig.«

Dort hat das grassierende Crystal-Problem die Landespolitik aufgeschreckt. Bayern, Sachsen und Thüringen setzen dem Phänomen eigene, mehr oder minder ausgefeilte Präventionskonzepte entgegen. Im Mai 2014 beschloss der Freistaat Sachsen etwa einen »Zehn-Punkte-Plan«,[98] der auf Information, Beratung und Behandlung sowie Repression setzt. 1,4 Millionen Euro fließen 2015 und 2016 zusätzlich in das Suchthilfesystem. Das Konzept verspricht Fortbildungen, Fachkonferenzen und eine Vernetzung der Akteure – im Gegenzug erhofft sich die Politik von allen Seiten eine gesteigerte Sensibilität.

Schnell ging es mit der Einrichtung eines Online-Aufklärungsportals.[99] Ob auch die übrigen geplanten Maßnahmen vollends umgesetzt werden, muss sich erst noch unter Beweis stellen.

So verhindert allein die angespannte Personalsituation an sächsischen Schulen, dass das Versprechen eines »kompetenten Ansprechpartners für Rat und Hilfe suchende Lehrer, Eltern und Schüler« »an allen weiterführenden Schulen« kurzfristig eingelöst wird. Zudem ruft das weiterhin lückenhafte Hilfesystem Kritik vonseiten der evangelischen Kirche hervor. Landesbischof Jochen Bohl bemängelt die fehlenden Angebote für die Zeit nach Entgiftung und Therapie. »Wenn hier nichts passiert, werden wir viele junge Menschen an die Droge verlieren, weil sie immer wieder rückfällig werden«,[100] sagte Bohl im November 2014.

»Klappt schon« – Crystal in der sächsischen Provinz

Die Grundschule ist hinter einem Baugerüst verschwunden, Gründerzeithäuser prägen das Straßenbild. Die Plattenbauten, die sich im Hintergrund zusammentürmen, wollen dazu nicht recht passen. Mittendrin sticht ein bunter Flachbau heraus. Einst wurden hier Briefe verschickt und Pakete angenommen, doch die Post ist schon vor Jahren ausgezogen. »Jugendcafé« steht jetzt in großen Lettern an der Fassade, an der sich Malermeister, Graffitisprayer und Kinderkünstler probiert haben. Das bunte Gebäude steht Meerane, einer Kleinstadt von 15 000 Einwohnern im Südwesten Sachsens, gut zu Gesicht. Weil Jobs fehlen, zieht es die Jugend weg. Seit 1999 hat Meerane jeden fünften Einwohner verloren. In den Gewerbegebieten an der Autobahn gibt es Arbeit, aber die ist selten gut bezahlt und oft befristet. In den Straßen der Innenstadt bröckeln an vielen Ecken die Fassaden. Es ist ein grauer Tag im Spätherbst 2014. »Ich kenne keinen, der hier Abitur gemacht hat«, sagt Enrico Busch, der sich in dem zum Jugendklub umgewidmeten einstigen Postgebäude um die kümmert, die bleiben.

Enrico Busch ist Streetworker und steht in Diensten der Stadt. Seit 2009 kümmert sich der 32-Jährige um die alltäglichen Probleme der Jugendlichen in Meerane. 2011 eröffnete er sein Büro im Jugendcafé und machte damit den bunten Flachbau, der der Evangelischen Kirchgemeinde gehört, zu einer festen Anlaufstelle für Crystal-Konsumenten. Wegen

Drogenproblemen wird niemand nach Hause geschickt. Er will die Jugendlichen dazu bringen, sich mit der Sucht und ihren Folgen auseinanderzusetzen. Nur »Business«, sagt Enrico Busch, das Dealen im oder vor dem Haus, sei tabu.

In Holger Heine, dem Leiter des kirchlichen Jugendcafés, hat er einen Mitstreiter gefunden. Während der Woche laden sie Jugendliche zum gemeinsamen Frühstück ein. Planvoll in den Tag zu starten, sei für viele eine Herausforderung. Hier sollen sie lernen, was für einen geregelten Alltag als selbstverständlich gilt: Abläufe organisieren, Ordnung halten, Essen kochen, Wäsche waschen.

70 Euro kostet das Gramm Crystal in Meerane, erzählt einer bei Kaffee und Brötchen. Unruhig rutscht er auf dem Stuhl hin und her. Er lebt von Hartz IV, ist abgehängt und abhängig. Was sein Leben ausfüllt, ist die tägliche Dosis Crystal Meth. In Tschechien, kaum mehr als eine Autostunde entfernt, bezahlt er weniger als halb so viel für das Gramm. »Ich kann mich nicht beklagen.« Am Frühstückstisch freizügig über Drogen zu plaudern, ist an diesem Tag die Ausnahme einer strengen Regel. »Wir haben zuvor in der Runde darüber gesprochen«, sagt Enrico Busch leise. Nach dem Frühstück bittet er in sein Büro.

Der Streetworker hat sich die Kapuze über das Basecap gezogen, sein drahtiger Körper verliert sich auf einer schwarzen Ikea-Couch. Auf dem Tisch vor ihm liegt ein Buch: »Drogen und Kolonialismus«, geschrieben von dem Reformpädagogen Manfred Kappeler. Enrico Busch ist belesen, aber er spricht mit den Worten seiner Klienten. »Viel fressen, viel arbeiten, viel ficken. Crystal Meth passt zu unserer Welt.« Wer bei ihm ein und aus geht, ist fast ausnahmslos abhängig. Weil der Alltag grau und die Arbeit hart ist, weil der Stoff sogar an 13-Jährige vertickt wird. In Meerane und Umgebung sei das nichts Neues, Crystal sei schon seit den 90ern in Umlauf, erinnert sich Enrico Busch. Die meisten Klienten kämen erst dann, wenn sie am Ende sind. Häufig stehe dann schon der

Termin für eine Zwangsräumung fest oder sie seien sogar »OfW«. Die Abkürzung steht im Amtsdeutsch für eine der letzten Stationen im Verlauf der Sucht: »Ohne festen Wohnsitz«. Der Bezug zur Realität sei da längst verlorengegangen. Soziale Kontakte rissen ab, im Briefkasten stapelten sich unbeglichene Rechnungen. Enrico Busch erlebt das immer wieder. »Crystal Meth heißt übersetzt: Klappt schon.« Wenn er in Schulen geht, um dort aufzuklären, spielt er Interviews vor, die er mit Abhängigen geführt und aufgenommen hat. Es geht immer nur um eine Frage: Was ist Crystal Meth für dich? »Man ist schwerelos«, erzählt einer, »man kriegt die Augen nicht mehr zu. Die Wirkung ist leider viel zu toll. Es fetzt halt.« Ein anderer sagt: »Man hat keine Gefühle außer wach und Party und los geht's – obwohl keine Party ist.«

Enrico Buschs Diensthandy klingelt. »Na, geht's dir gut?«, fragt Busch. »Ich habe mir nämlich schon Sorgen gemacht.« Kurz darauf steht Patrick[101] vor der Tür. Er kommt frisch aus der Entgiftung. Seit fünf Wochen ist er abstinent. Von seiner Familie, von den wenigen Freunden, die ihm geblieben sind, wird er jetzt kaum wiedererkannt. Er hat zehn Kilo zugenommen, seit er Crystal abgeschworen hat. Ob und wie lange er durchhält, weiß niemand. Patrick ist 20. Seit er zwölf ist, kifft er; das erste Mal auf Meth war er mit 14. Jahrelang hat er mit der Droge gelebt, ohne zu merken, wie sie sich in sein Leben hineinfraß. Patrick hat alles verloren: seine Freundin, seinen Führerschein, seine Arbeit, seine Wohnung. Der junge Mann steht vor dem Nichts – oder vor dem Neuanfang. Es ist eine Frage der Perspektive. Denn Patrick hat die Notbremse gezogen, nachdem ihn die Polizei vor wenigen Monaten mit Crystal am Steuer erwischt hat und der Vorgesetzte am nächsten Tag vergeblich darauf wartete, dass er zur Arbeit kam. Es war schon das zweite Mal, dass ihm Drogen den Job kosteten. Einmal, kurz vor dem Abschluss seiner ersten Ausbildung, wurde Patrick vor den Augen des Chefs von der Polizei in Handschellen abgeführt. Wegen Cannabishandels saß er damals einen Monat lang in Untersuchungshaft. Später begann er mit einer zweiten Lehre, nach deren Abschluss er als Zeitarbeiter am Fließband bei VW anfing. Crystal Meth war sein täglicher Begleiter. Lange konnte das nicht gutgehen. Am Ende kam er gerade mal auf anderthalb bis zwei Stunden Schlaf pro Nacht.

»Ich kann froh sein, dass ich den Enrico habe«, sagt Patrick. Der gut vernetzte Streetworker zog mit ihm sein unkonventionelles Sofortprogramm durch: Busch, der intensiven Kontakt zu Behörden und Ärzten pflegt, kostete es einen Anruf, und schon hatte der Abgestürzte einen Platz auf »Station 21«, der Abteilung für Psychiatrie und Psychotherapie des Rudolf-Virchow-Klinikums im benachbarten Glauchau.

Jetzt will der 20-Jährige schleunigst in eine Langzeittherapie. Weit weg von zu Hause, weit weg von den Versuchungen der Nachbarschaft. Bis es so weit ist, kann es länger dauern, oft mehrere Monate. Vorübergehend lebt Patrick in einer der Notwohnungen, in die ihn Enrico Busch einquartiert hat. Träger ist der örtliche Obdachlosenverein. Die vier Unterkünfte sind durchgehend voll belegt. Zwei Leute teilen sich ein Zimmer, der Bedarf wächst. Wenn es nach Enrico Busch ginge, gäbe es noch mehr solcher Wohnungen.

An Patrick ist die Sucht nicht spurlos vorübergegangen. Immerzu knetet er seine Hände und kratzt sich, manchmal muss er selbst bei einfachen Fragen lange nach einer Antwort suchen. Für ihn ist es ein Risiko, herzukommen. Der Kontakt zu alten Freunden könnte ihn nur zu leicht zum Rückfall verleiten. Aber ohne seinen Streetworker wüsste er überhaupt nicht mehr, wohin. Anfangs sei das Jugendcafé als »Junkie-Bude« verschrien gewesen, erinnert sich Enrico Busch. Mittlerweile hat sich die Stimmung geändert. Die jungen Frauen und Männer, die in der Oststraße Hilfe, Rat oder Gemeinschaft suchen, sind zwischen 16 und Mitte 30. Die größten Probleme drehen sich um Crystal. Am meisten Sorgen machen dem Streetworker die alleinerziehenden Mütter, von denen es immer mehr gibt. Gerade sind schon wieder drei junge Frauen schwanger. »Der Prozess der Drogenmündigkeit ist mit Meth sehr schwer herzustellen«, kontrollierter Konsum nahezu unmöglich. Seine Klienten leben in einer eigenen Welt. Einmal wollten sie alle gemeinsam einen Ausflug machen, nach Leipzig in den Zoo. Der Streetworker begann mit der Organisation: suchte nach einem Termin, schwor seine Leute darauf ein und tankte den Kleinbus auf. »Aber an dem Tag, als wir loswollten, war keiner da.« Trotzdem will Enrico Busch niemanden vorschnell abschreiben. Wer konsumiert, kann zumindest auf Akzeptanz hoffen. Wer dealt, fliegt raus.

Für seinen nicht unumstrittenen Ansatz will der umtriebige Enrico Busch weiter werben. Er lässt keine Gelegenheit aus, seine Erfahrungen mit Kollegen zu teilen. Als im Dezember 2013 im benachbarten Werdau erstmals ein Fachtag zum Thema Crystal stattfand, war der eigenwillige Streetworker aus Meerane ganz vorn dabei.

2013 zählte die Suchthilfe in Sachsen mehr als 2000 Drogenklienten. 60 Prozent von ihnen sind Crystal-abhängig.[102] Einer Handvoll Konsumenten verhilft Enrico Busch jedes Jahr zum Ausstieg. Für Patrick hat er alles getan, was er tun konnte. Nun heißt es warten, bis einer der knappen Therapieplätze frei wird. Schafft es der Junge? Enrico Busch zuckt mit den Schultern. Es liegt jetzt nicht mehr in seiner Macht.

»Das neue Koks« – Crystal in Berlin

Im Erdgeschoss eines Kreuzberger Hinterhofs sitzt Arthur Coffin auf einem Drehstuhl und erzählt mit ruhiger Stimme über den Kiez und seine Arbeit. An einem schwarzen Regal hängen Auskünfte des Landeskriminalamtes Berlin, darunter die aktuellen Straßenpreise für die gängigen Drogen in der Hauptstadt. »Heroin, Kokain, Crystal …«, zitiert Coffin die Tabelle. »Alles ist dabei.« Von seinem Büro aus blickt er direkt auf die Spree. Die Fenster sind so groß, dass der Raum selbst an diesem trüben Dezembertag mit Licht durchflutet wird. Arthur Coffin ist ein Wahlberliner, wie so viele in dieser Gegend. Der in Kansas City geborene US-Amerikaner zog 1999 in die Stadt. Das war lange bevor Berlin zu dem Ruf kam, die neue globale Partymetropole zu sein. Seit 2005 arbeitet er mit Drogenkonsumenten und Abhängigen. Anfangs in einem Drogenkontaktladen mit integriertem Konsumraum, inzwischen als Berater. Sein Job ist es, seine Klienten dazu zu bringen, ihr Verlangen nach neuem Stoff zu zügeln. Dafür bereitet er Therapien vor und berät Angehörige. Er geht in die Justizvollzugsanstalten und spricht mit abhängigen Häftlingen.

Lange Zeit, erzählt Coffin, sei es so gewesen: Wer Rat bei ihm suchte, berauschte sich an Opiaten oder versorgte sich mit Aufputschmitteln, die in der Club- und Partyszene kursierten. Doch das ändert sich gerade. Klassiker wie Heroin, Ecstasy, Speed oder Kokain scheinen an Bedeutung zu verlieren. Seit 2012 kommen immer mehr Crystal-Nutzer zu Coffin in die Sprechstunde. Die vermeintliche Modedroge, erinnert er sich, sei bereits vor zehn Jahren ein Thema unter den Berliner Suchtberatern gewesen. Wann kommt die große Crystal-Flut? Diese Frage stellten sich schon damals viele seiner Kollegen. Heute haben sie Gewissheit: Berlin haben die ersten Wogen längst erreicht.

»Crystal ist hier das neue Koks«, erklärt Coffin. In seiner täglichen Arbeit hat er zwei unterschiedliche Gruppen von Konsumenten ausgemacht. Kokain nähmen vor allem Männer und Frauen der oberen Mittelschicht, die nach einem langen Arbeitstag ihren Stress wegfeiern wollen. Im Gegensatz dazu ginge es den Crystal-Klienten eher darum, den Erwartungen ihres Umfeldes zu entsprechen. Sie wollen funktionieren. Oft sind es die Kreativen der Hauptstadt, die sich mit Crystal behelfen, bis sie nicht mehr weiterwissen und Rat bei Coffin suchen. Auch Homosexuelle aus der Slammer-Szene kommen zu ihm. Sie spritzen sich Crystal direkt ins Blut. »Slamming« heißt wörtlich übersetzt so viel wie »zuknallen«.

Die Wirkung tritt ohne Verzögerung ein und kann länger als einen Tag anhalten. Von New York über London bis Berlin breitet sich diese exzessive Konsumform in Teilen der Schwulenszene zunehmend aus. Geslammt wird in Clubs und Hinterzimmern, auf Sexpartys und privaten Feiern.

In den Szenekiezen des Bezirks Friedrichshain-Kreuzberg ist in den vergangenen Jahren ein bestimmtes Milieu gewachsen. Die lebendigen Straßenzüge um das Simon-Dach-Viertel, den Samariter- und den Bergmannkiez, das Maibach- und Paul-Lincke-Ufer sowie um den Görlitzer Park gelten als Magnet für Kreativschaffende aus der ganzen Welt. Die stetige Aufwertung einstmals maroder Straßenzüge hat eine neue, zahlungskräftige Mittelschicht angezogen, mit der sich auch die Konsumentenszene gewandelt hat. Wer sich die steigenden Mieten leisten kann, ist nicht auf das Jobcenter angewiesen, sondern hat einen lückenlosen Lebenslauf vorzuweisen. Entsprechend sieht die Drogenszene in den angesagten Clubs und Kneipen aus. Doch da ist noch das andere Berlin, fernab der bunten Partylichter und durchtanzten Nächte. Selbst innerhalb Kreuzbergs gibt es je nach Straßenzug ein Gefälle. Bis zum Kottbusser Tor, dem Zentrum von Berlins offener Heroinszene, sind es von Coffins Büro lediglich 20 Gehminuten.

165 000 Menschen konsumierten in der deutschen Hauptstadt im Jahr 2012 illegale Drogen.[103] Die genaue Zahl der Crystal-Konsumenten ist unbekannt, aber sicher ist, dass sie größer wird. Das bestätigen auch die Suchtberater, Sozialarbeiter, Türsteher und Clubbesitzer in der Hauptstadt – und nicht zuletzt die Polizeistatistiken: Den bisher größten Crystal-Fund gab es im Jahr 2012, als im Rahmen einer einzigen Ermittlung 1,3 Kilogramm beschlagnahmt wurden. Ein Jahr zuvor waren es noch lediglich 8 Gramm.[104] 2013 stieg im Vergleich zum Vorjahr die Zahl der festgestellten Delikte nahezu um das Dreifache auf 78.

Mit einem Straßenpreis zwischen 80 und 120 Euro ist Crystal in Berlin fast doppelt so teuer wie Kokain. »Die Konsumenten lassen sich nicht in eine Schublade packen, das geht quer durch alle Schichten«, sagte Olaf Schremm, Chef der Berliner Drogenfahndung, im Sommer 2014. »Durch Zusammenarbeit mit Suchthilfen überall in Berlin wissen wir, dass es weit mehr Konsumenten und Dealer gibt, als unsere Zahlen es zeigen.«[105]

Der Kreuzberger Suchtberater Coffin hört von seinen Klienten immer wieder dieselben Zweifel, wenn das Gespräch darauf kommt, den Konsum einzuschränken oder gar ganz einzustellen: »Es geht oft um Identitätsfragen: Kann ich ohne Crystal noch kreativ sein? Wie entwickelt sich mein Sexleben ohne Konsum?« Besonders die Slammer-Szene bereite ihm Sorgen. Unter homosexuellen Männern sei es besonders verbreitet, Crystal direkt in die Blutbahn zu spritzen, weil die schnelle und als intensiv empfundene Wirkung zur sexuellen Freizügigkeit verleitet. Nach den hemmungslosen Sexpartys baue sich aber meist ein unausstehlicher Leidensdruck auf. In vielen Slammern bliebe der innerliche Wunsch nach Gefühlen und Zuneigung ungestillt. Zugleich wachse die Angst vor Sex ohne Drogen. »Kann ich ein Sexleben ohne Crystal haben? Macht Sex ohne Crystal noch Spaß?« Diese Fragen trieben seine Klienten um, erklärt der Experte. Darüber hinaus berge der intravenöse Konsum große gesundheitliche Risiken. Neben der körperlichen Auszehrung drohten Narben und Abszesse, schlimmstenfalls auch die Infektion mit Erregern von Hepatitis oder HIV. Coffins Warnungen bleiben nicht ungehört. Viele seiner Klienten, sagt er, ließen sich zu einer Therapie bewegen.

Der Weg in die Entgiftung

In eine stationäre, ärztlich begleitete Entgiftungsbehandlung führen verschiedene Wege. Im Normalfall wendet sich der Betroffene an einen niedergelassenen Arzt, der dann eine entsprechende Überweisung ausstellt. Vor Antritt der Behandlung muss sich der Patient jedoch die Kostenübernahme durch die Krankenkasse bescheinigen lassen. Grundsätzlich gilt bei Entgiftungsbehandlungen, wie sonst auch, die freie Arztwahl. Da die Krankenhäuser allerdings oft überbelegt sind, wurde im Land Berlin ein System der sogenannten psychiatrischen Pflichtversorgung geschaffen: In jedem Bezirk gibt es mindestens ein Krankenhaus, das über eine psychiatrische Abteilung mit einer Entgiftungsstation verfügt. Das zuständige Bezirksklinikum ist zur Aufnahme verpflichtet. Entscheidend ist der Wohnort des Patienten.

Allerdings ist auch die Zahl der Pflichtplätze begrenzt. Die Wartezeit beträgt im besten Fall zwei bis drei Wochen. »Die Kliniken haben teilweise Hürden geschaffen, die für Suchtkranke nicht immer leicht zu überwinden sind«, berichtet Arthur Coffin aus der Erfahrung mit seinen Klienten. So verpflichten einige Krankenhäuser die Anwärter auf einen Entgiftungsplatz dazu, an einem bestimmten Wochentag zu einer festgelegten Uhrzeit in der Station anzurufen, um ihren Platz auf der Warteliste zu behaupten. Am Tag des eigentlichen Behandlungsbeginns muss der Patient dann um 7.30 Uhr nüchtern auf der Station antreten. Unpünktlichkeit führt in der Regel zum Verfall des Platzes. Längst nicht jeder Suchtkranke schaffe das, erklärt Coffin, für viele stelle schon der erste Gang zum Arzt eine unüberwindbare Hürde auf dem Weg zu einer professionellen Behandlung dar.

Ein möglicherweise schnelleres Verfahren, einen Therapieplatz zu erhalten, bietet der Berliner Drogennotdienst (DND) mit seinem kurzfristig angelegten Programm »Entzug sofort«. Die Kandidaten müssen sich zunächst telefonisch auf eine Warteliste setzen lassen. Einmal in der Woche werden dann in den Räumen des DND jene Plätze vermittelt, die zu diesem Zeitpunkt von den Krankenhäusern in Berlin und Brandenburg als verfügbar gemeldet wurden – unabhängig vom Wohnort der Entzugswilligen. Da die Meldung für die Warteliste einer bestimmten Frist unterliegt und die Platzvermittlung an pünktliches Erscheinen gebunden ist, birgt auch dieses Angebot für manchen Abhängigen hohe Hürden. »In akuten Fällen«, etwa wenn ein lebensgefährlicher Zustand droht oder von Suizidgefährdung auszugehen ist, »kann ein Klient auch über die Notaufnahme jedes Krankenhauses aufgenommen werden«, berichtet Suchtberater Coffin.

An die Entgiftungsbehandlung schließt sich im Idealfall eine Suchttherapie an. Die Wartelisten der Therapieeinrichtungen sind allerdings ebenfalls lang. Es ist keine Seltenheit, dass mehrere Monate vergehen, bis ein Platz frei wird. Im Idealfall steht der Patient schon während seiner Entgiftungsbehandlung in Kontakt mit einer Suchthilfestelle, die ihm bei der Suche nach einem geeigneten ambulanten oder stationären Therapieplatz helfen kann. So entstehen zwischen Entgiftung und Therapie keine unnötigen Wartezeiten. Alternativ bieten einige Kliniken mittlerweile die sogenannte qualifizierte Entgiftung an: Nach dem rein körperlichen Entzugsprogramm, das meist ein bis drei Wochen dauert, bleibt der Patient, je nach Kapazitäten und Schwerpunkten der Kliniken, in der Einrichtung zur weiteren therapeutischen Behandlung. In der Therapie liegt ein Schwerpunkt auf tagesstrukturierenden Maßnahmen, deren Ziel es ist, den Patienten an einen geregelten Tagesablauf zu gewöhnen. Teil der Therapie sind gruppentherapeutische Gespräche, Einzelgespräche und Ergotherapie. Zeitgleich wird ein Platz in einer regulären Therapieeinrichtung organisiert. Die Kosten der Behandlung übernimmt der Rentenversicherungsträger nach einem schriftlichen Antrag. Wer den Therapieplatz sucht, ist nicht festgelegt. Idealerweise arbeiten Suchtberater oder andere Betreuungspersonen wie Sozialarbeiter eng mit den Entgiftungsstationen zusammen.

Auch Arthur Coffin ist einer von denen, die den Kontakt zu den anderen Akteuren des Hilfesystems pflegten. Mit dem Ende seiner Sprechstunde sieht er seinen Job noch lange nicht als erledigt. Wie die Zukunft wohl aussieht? Coffin formt seine Hände zu einem Zelt, schlägt die Beine übereinander und denkt nach. Nach einer Pause sagt er in ruhigem, bestimmtem Ton: »Opiat- und Partydrogenkonsum werden hier wohl noch lange dominieren.«

Bayerns Experten im Austausch

Die A 93 schlängelt sich durch die spärlich besiedelte Hügellandschaft Oberfrankens in Richtung Sachsen. Es sind nur noch ein paar Kilometer bis nach Hof, die 45 000-Einwohner-Stadt im nordöstlichen Zipfel Bayerns. Über der Fahrbahn liegt ein grauer Schleier. Hin und wieder tauchen die Ausläufer dichter Wälder und ein paar Hinweisschilder aus dem Nebel auf, deutsche und tschechische Ortsnamen wechseln sich ab. Die Autobahn verläuft parallel zur Grenze. Als größte Stadt der Region gilt Hof als Tor zum Osten, als Knotenpunkt für den Warenverkehr zwischen Bayern und der Tschechischen Republik – und als Hochburg des Schmuggels illegaler Drogen, besonders von Crystal Meth.

Unter dem auffällig funkelnden Glasdach einer Hofer Mehrzweckhalle dringt an diesem Novembertag vor allem Wut nach draußen. Es ist die Rede von Ignoranz und Versäumnissen der Behörden. Zu lange, heißt es, wurde das Crystal-Problem in Bayern kleingeredet. Doch der mediale Druck auf die bayerische Staatsregierung wächst. Und auch die Opposition hat das Thema für sich entdeckt. »Crystal Speed in Bayern: Handlungsstrategien und Herausforderungen« – unter diesem Titel hat die Landtagsfraktion der SPD Anfang November 2014 nach Hof in die Freiheitshalle geladen. Gekommen sind Therapeuten und Sozialarbeiter, aber auch Vertreter von Justizvollzugsanstalten aus den grenznahen Regierungsbezirken. Sie alle wollen Antworten von den hochrangigen Repräsentanten von Zoll, Polizei und Staatsanwaltschaften – und vor allem von der Landespolitik.

Hof zählt seit 2008 zu den Städten mit den größten beschlagnahmten Crystal-Mengen. Von bayernweit 10,2 Kilogramm Crystal entfiel 2013 ein Sechstel auf die Region Hof.[106]

Erst wenige Tage vor der Konferenz stoppten Zollbeamte in der Nähe den VW Passat eines Vietnamesen auf der A 9 bei dessen Einreise aus Tschechien. Im Fußraum auf der Beifahrerseite lagen, lediglich in eine Plastiktüte eingewickelt, vier Kilogramm Crystal – es ist die größte Einzelmenge, die bislang in Oberfranken sichergestellt wurde. Der 47-Jährige landete in der Justizvollzugsanstalt Hof. »Dort sitzen bereits 80 Prozent wegen Crystal-Meth ein, rund 50 Prozent sind abhängig«, sagt Patrick Leitl, Mitarbeiter des Landtagsabgeordneten Klaus Adelt.

Der SPD-Politiker und Experte für innere Sicherheit hat in Hof seinen Heimatwahlkreis. Die Crystal-Konferenz initiierte er gemeinsam mit seiner Parteigenossin Susann Biedefeld. Die oberfränkische SPD-Abgeordnete war im April 2013 die Erste, die zu dem wachsenden Drogenproblem eine umfassende parlamentarische Anfrage an die Staatsregierung stellte. »Seit Jahren breitet sich die Modedroge Crystal Meth sukzessive aus«, sagt Biedefeld. Über die Grenzregionen Bayerns und Sachsens sollen bis zu fünf Tonnen Crystal im Jahr geschmuggelt werden. Polizei, Gesundheitswesen und Politik seien darauf nur unzureichend eingestellt, kritisiert Biedefeld. Die Konferenz soll ein Anfang sein. Auf dem Podium sitzen Politiker aus Bayern und Tschechien, Vertreter von Ermittlungsbehörden und Experten aus der Jugendarbeit und Suchttherapie.

Kritische Töne kommen vor allem von dem Mediziner Roland Härtel-Petri. Der freie Suchttherapeut arbeitet sich daran ab, dass die CSU-Staatsregierung die jährlichen Präventionsmittel für das Jahr 2015 um mehr als die Hälfte kürzen will – auch im Publikum, darunter gut 100 Fachkräfte aus Sozialarbeit, Drogenberatung und Therapie, stößt das auf Kritik. Auf der Tagung äußert Härtel-Petri die Befürchtung, dass in Bayern bereits jeder sechste der unter 30-Jährigen einmal Crystal konsumiert habe. Bundesweit, schätzt er, sei die Quote nicht einmal halb so hoch. »Wir brauchen endlich eine repräsentative Erhebung, um zu wissen, wie viele Jugendliche schon mal Crystal probiert haben, wie sie über den Stoff denken und ob sie um die Gefahr wissen.« Auch unter den Suchtexperten im Publikum ist der Frust zu spüren. Der Therapeut Gerhard Krones, der es in Weiden in der Oberpfalz mit immer mehr Abhängigen zu tun hat, hält die in Bayern überwiegend repressive Anti-Crystal-Strategie für gescheitert. »Man gewinnt den Eindruck, dass damit eigentlich mehr verdeckt werden soll, anstatt das Problem wirksam zu bekämpfen«, sagt Krones frustriert. Seine Kollegen aus den übrigen bayerischen Crystal-Brennpunkten nicken stumm. »Von Tirschenreuth über Regensburg bis Cham«, zählt Christian Kreuzer, Leiter der Caritas-Suchtambulanz in Regensburg, auf, »sind wir an den Grenzen der Kapazitäten.« Urte Deisenhofer von der Beratungsstelle für Suchtfragen in Bayreuth beklagt ein grundsätzlich falsches Menschenbild: »Wir verschreiben 100 000 Kindern Ritalin, wir sagen ihnen: Du funktionierst nur so, wie du sollst, wenn du das nimmst.« Sie stellt sich besorgt die Frage, wie diese Kinder später einmal mit Substanzen wie Crystal umgehen werden.

Viel Arbeit für die Suchtberater

In den bayerischen Städten in direkter Nachbarschaft zu Tschechien, etwa in Bayreuth, Bamberg, Hof, Regensburg, Cham und Passau, hat sich die Nachfrage bei den Suchtberatungsstellen dramatisch erhöht. Nach Angaben des bayerischen Innenministeriums sind die Zahlen und der Umfang der Beratungen von 2008 bis 2013 deutlich gestiegen.[107] Je nach Region ist die Zahl der Crystal-Konsumenten, die bei den Suchtexperten Hilfe suchen, um das Sechs- bis 16-fache gestiegen.[108]

In den Entzugskliniken steigt mit dem verbreiteten Konsum auch die Zahl derer, die sich von der Droge wieder lossagen wollen. Zwischen 2008 und 2012 hat sich die Zahl der hilfesuchenden Abhängigen laut Innenministerium von 244 auf

1014 mehr als vervierfacht. In keinem anderen Bundesland gibt es so viele Drogentote wie in Bayern. Bei 18 Menschen, die im Freistaat im Jahr 2013 ihrer Sucht zum Opfer fielen, wurde auch die Einnahme von Crystal nachgewiesen.

Eine große Herausforderung besteht für die bayerischen Suchtberater darin, die Hürden für die Crystal-Klientel so niedrig wie möglich zu gestalten. Denn selbst wer sich überwunden und es in die Sprechstunde geschafft hat, kommt nicht unbedingt wieder. »Meth-Konsumenten sind schwerer zu halten. Sie sind besonders nervös und unzuverlässig«, sagt die Suchtberaterin Urte Deisenhofer aus Bayreuth. »Wenn ich so jemandem einen Termin für die nächste Woche gebe, ist das sinnlos. Bis dahin hat er den Zettel längst verschmissen oder den Termin in dem Moment vergessen, wenn er zur Tür hinaus ist.« Meist fehle es den Abhängigen an Grundlegendem wie der Fähigkeit, Konflikte zu lösen oder überhaupt auszuhalten. Auch wüssten die Klienten meist nichts mit ihrer Freizeit und den eigenen Wünschen anzufangen. Ihre wirklichen Bedürfnisse lägen oft unter jahrelangem Konsum verschüttet. In Bayreuth suchen überwiegend 25- bis 30-Jährige Rat. Die Ansprache jüngerer Klienten ist ungleich schwieriger. »Für Leute um die 20 ist die Hemmschwelle höher, weil sie glauben, das alles im Griff zu haben«, sagt Deisenhofer.

Anders ist es in der Grenzregion weiter südlich. In Weiden, Regensburg und Passau ist die Klientel deutlich jünger. Den Großteil bilden Mädchen im Alter von 15 und 16, die Crystal im Zusammenhang mit Alkohol konsumieren. Am Anfang steht meist eine Privatparty. Die jungen Klientinnen kommen überwiegend aus zerrütteten Familien und zeigen nach dem Abschluss der Haupt- oder Realschule Anzeichen von Überforderung. In Kontakt mit Drogen kommen sie hauptsächlich über Ältere. Die zweitgrößte Gruppe sind 18- bis 20-Jährige im Berufsleben. Wegen ihres hohen Crystal-Konsums fallen sie oft im Job aus. Die Fehlzeiten werden anfangs meist noch von den Eltern gedeckt. Eine weitere wachsende Klientel nennt Suchttherapeut Gerhard Krones aus dem oberpfälzischen Weiden: Beschäftigte in Pflegeberufen. Nach anstrengenden Schichten, auch am Wochenende, fühlen sie sich schnell ausgebrannt. Diese Klientel dosiere sehr überlegt und genau, um die Woche über arbeiten zu können. Am Wochenende käme dann Crystal zum Einsatz, um neue Kraft für soziale Kontakte zu haben. Ähnlich gehe es auch in anderen Berufen mit großer körperlicher Beanspruchung zu, etwa bei Schichtarbeitern und Fernfahrern.

Die vielfältige Konsumentenschicht fordert den Suchtberatern und Therapeuten viel ab, besonders, um den Kontakt aufrechtzuerhalten. »Nach den Terminen telefonieren wir noch einmal oder schreiben eine SMS. Und sobald jemand in der Beratungsstelle auftaucht, gilt: Halte ihn!«, sagt Krones' Kollegin Urte Deisenhofer. Ist erst einmal die Anonymität gebrochen, steige die Chance, dass der Betroffene auch zu weiteren Terminen erscheint. »Was es braucht, sind Zeit und eine menschliche Beziehung, nicht standardisierte Programme«, bestätigt Krones.

Mit erfolgreicher Entgiftung gibt es auch in Bayern Anspruch auf einen Therapieplatz. Allerdings folgt nach dem Vorstellungsgespräch in der Klinik eine meist vier- bis sechswöchige Wartezeit. Dazwischen sind die Abhängigen verpflichtet, sich regelmäßig zu melden, um ihren Therapiewillen unter Beweis zu stellen. Wer dem nicht nachkommt, rutscht auf der Warteliste nach hinten. Suchtberater sehen in den langen Wartezeiten und den starren Verfahrensregeln ihre Arbeit konterkariert. »Es ist ein System aus dauernder Bringschuld«, sagt Gerhard Krones. »Anstatt die Betroffenen abzuholen, werden sie immerzu gefordert. Dazwischen sind dann noch fatale Zeiten des Leerlaufes.« Seiner Ansicht nach würden die gleichen Fehler wie zuvor bei Heroin begangen. Einer szenenahen Versorgung der Abhängigen komme keinerlei Bedeutung zu. »Statt Hilfe zur Selbsthilfe anzubieten, überlässt man die Klientel allein den Psychiatrien.«

Im oberfränkischen Hochstadt hat sich die Bezirksklinik auf die Therapie von Crystal-Abhängigen spezialisiert. Die Patienten kommen aus allen Alters- und Gesellschaftsgruppen. Für viele lag der Einstieg in die Sucht in der leistungssteigernden Wirkung begründet. Die Behandlung beginnt mit einer bis zu drei Wochen dauernden Entgiftung. Daran schließt sich eine Entwöhnungstherapie an: 24 Wochen werde in täglichen Gruppen- und wöchentlichen Einzelgesprächen den Ursachen des Konsums nachgegangen und neue Perspektiven für ein abstinentes Leben aufgezeigt. Dahinter verbirgt sich ein sogenannter lauwarmer Entzug: Bei Symptomen wie Depressionen, Angstzuständen oder Schlafstörungen werden zwar Medikamente verabreicht – ein Substitutionsmittel für das Methamphetamin aber kommt, anders als beim »warmen Entzug«, nicht zum Einsatz. Die behandelnden Ärzte sehen darin kein Problem. Im Gegensatz zu Heroin sei der Entzug von Crystal weniger belastend. Diese Sichtweise ist unter Kollegen allerdings umstritten.

Schnellere Intervention und auf die Abhängigen zugeschnittene Beratungs- und Therapieangebote sind nur eine Option im Kampf gegen Crystal. Den Nachwuchs frühzeitig gegen die Verlockung der Substanz zu stärken, ist Aufgabe der Prävention. Doch auch hier mangelt es an ausreichender Versorgung. In den regionalen Brennpunkten Niederbayern, Oberfranken und Oberpfalz fehlt es laut Suchthilfeeinrichtungen an finanzieller Ausstattung und Personal.

Im Freistaat gibt es jedoch eine Reihe kleinerer Präventionsprojekte. Dazu gehören beispielsweise »Need no speed«, eine Initiative, die auch mit Schulen und Vereinen zusammenarbeitet, um durch Aufklärung dem zunehmenden Crystal-Konsum unter jungen Leuten zu begegnen, sowie die »Crystal-Hotline« in Regensburg. Die Hotline der »DrugStop Drogenhilfe« fördert das bayerische Gesundheitsministerium bis Juli 2016 mit 120 000 Euro. Sechs Tage in der Woche ist das Telefon besetzt und bietet Beratung für Konsumenten, deren soziales Umfeld und Familienangehörige. Der wachsende Bedarf an einem heißen Draht zeige sich laut einer Sprecherin der zuständigen Gesundheitsministerin Melanie Huml (CSU) auf der von der Caritas getragenen Online-Beratungsplattform »Mindzone«, die allein im Jahr 2014 binnen weniger Monate eine Verdoppelung der Anfragen verzeichnete.

Nach der Verkürzung der Abiturzeit in Bayern auf zwölf Jahre stellen Kritiker eine Beziehung zwischen den gestiegenen Leistungsanforderungen und der zunehmenden Verbreitung von Alkohol und illegalen Drogen her. Indem mehr Lernstoff in einer kürzeren Zeit bewältigt werden müsse, fehle es den Schülern an Freizeit, kritisiert Urte Deisenhofer von der Diakonie in Bayern. »Das soziale Miteinander bleibt auf der Strecke.« Der Druck von Lehrern und Eltern hindere die Schüler daran, sich auszuprobieren, anzuecken und so Eigenständigkeit zu entwickeln. Dieses Problem, meint Deisenhofer, zeige sich etwa bei Abiturienten. »Wir haben an den Universitäten 17-Jährige als Erstsemester, die mit der Mama zur Einschreibung gehen, und denen die Mama den Mietvertrag unterschreibt. Wie sollen die selbständig, stark und unabhängig im Leben werden?« Auch ihr Weidener Kollege Krones kennt Beispiele überforderter und orientierungsloser Jugendlicher. »Menschen suchen nach dem Sinn im Leben. Viele junge Menschen finden darauf jedoch keine Antwort mehr. Wir sind an einem Punkt angelangt, an dem wir versuchen, die Grenzen des Menschen zu manipulieren. Deshalb ist Crystal eine Droge, die unseren Zeitgeist deutlich widerspiegelt.«

Steigender Hilfebedarf in Österreich

Der steigende Crystal-Konsum trifft in Österreich auf ein unzureichend vorbereitetes Präventions- und Hilfesystem. Die Beratungsstellen werden von Abhängigen überrannt. In den psychiatrischen Abteilungen der Krankenhäuser steigt die

Zahl der Fälle von Vergiftungserscheinungen und psychischen Schädigungen infolge von Crystal-Konsum.

Einen österreichweiten Einblick in das Konsumverhalten ambulant oder stationär behandelter Konsumenten bietet der »Epidemiologiebericht Drogen 2014«. Aus diesem geht hervor, dass unter den österreichweit knapp 30 000 Drogensüchtigen der Missbrauch von Opioiden dominiert. Wie die Autoren des Berichtes betonen, gehe der Konsum von Opioiden allerdings zurück, dafür gebe es »eine Verlagerung in Richtung Stimulanzien wie Methamphetamin«.[109] Insgesamt gaben 127 Abhängige an, Methamphetamin als Leit- oder Begleitdroge zu nehmen. Allein 76 davon kamen aus dem Bundesland Oberösterreich, wo bereits eine lokale Crystal-Szene entstanden ist.

Von dieser Entwicklung zeugen auch Berichte österreichischer Gesundheitsexperten aus den Bundesländern im Jahr 2014. »Die klassische Heroinszene gibt es nicht mehr. Viele Junkies greifen mittlerweile ebenso häufig zu Crystal wie zu Heroin«, sagt der oberösterreichische Suchtmediziner Bernhard Lindenbauer von der Linzer Landesnervenklinik. In Niederösterreich zeigt sich ein ähnliches Bild: »Die Gruppe der Konsumenten von antriebssteigernden Substanzen übersteigt die Zahl der Opiatkonsumenten deutlich und wird auf circa 5000 bis 8000 Personen geschätzt«, erklärt die Sprecherin des Landesrates für Gesundheit in Niederösterreich.

Unter den Erstkonsumenten im Alter von 15 bis 24 Jahren verlieren Opioide wie Heroin an Bedeutung. Crystal läuft Heroin nicht nur bei der Verbreitung, sondern auch in der Rolle als Einstiegsdroge für Risikokonsumenten den Rang ab. »Wer in die Drogenszene einsteigt, konsumiert als Erstes Crystal«, konstatiert Strafverteidiger Andreas Mauhart aus der oberösterreichischen Landeshauptstadt Linz. Diese Erfahrungen decken sich mit denen im klinischen Bereich. »Vor allem bei den Jüngeren wird Crystal zur Hauptdroge«, bestätigt Suchtmediziner Kurosch Yazdi, Leiter des Zentrums für

Suchtmedizin in der Linzer Landesnervenklinik. Der jüngste Crystal-Abhängige, den Yazdi bisher behandelte, war 15 Jahre alt.

»Kein Medikament, kein Ersatzstoff«

Analog zur Region entlang der deutsch-tschechischen Grenze hat sich Oberösterreich zur Schwerpunktregion entwickelt. Experten zufolge ist die Zahl der Abhängigen zuletzt angestiegen. »Wir reden hier von zwei bis drei Anfragen für einen stationären Crystal-Entzug pro Woche bei uns in der Linzer Landesnervenklinik«, sagt Suchtmediziner Yazdi. Auch in der Notaufnahme der hauseigenen Drogenambulanz sei die Nachfrage groß. »Derzeit sind es circa 16 bis 20 Crystal-Patienten pro Monat. Dazu kommen noch zahlreiche anonyme Anfragen per Telefon«, bestätigt Suchtmediziner Lindenbauer.

Der rasant wachsende Bedarf an klinischer Betreuung überrascht die Experten der lokalen Suchtberatungsstellen nicht. Für sie ist die Entwicklung nicht neu. »Crystal ist bei uns seit etwa drei Jahren Thema«, sagt Olaf Beyer vom Verein »Substanz« in Linz. Der Sozialarbeiter und seine Kollegen setzen auf suchtbegleitende Hilfe, bei der das Ziel in erster Linie die Minimierung der mit dem Drogenkonsum einhergehenden körperlichen, psychischen und sozialen Schäden ist. Rund 30 der etwa 300 vom Verein betreuten Abhängigen seien Crystal-Konsumenten – »Tendenz steigend«. Das Problem zeigt sich auch fernab der Landeshauptstadt. Die oberösterreichischen Drogenambulanzen zählen jährlich 3000 bis 4000 Kontaktaufnahmen. »Das sind alles neue, erstmals registrierte Konsumenten – und ein Drittel davon kämpft mit Crystal«, erklärt Suchtmediziner Yazdi.

Während anderswo Therapieeinrichtungen kaum mit Methamphetamin-Konsum konfrontiert werden, macht es sich in Oberösterreich bemerkbar, dass das vor Jahrzehnten entwickelte Drogenhilfesystem auf Crystal nicht eingerichtet ist. Die prekäre Lage zeigt sich exemplarisch in der Linzer Landesnervenklinik. Dort stehen zwölf Betten für den stationären Entzug bereit. Bislang waren die Suchtexperten um Kurosch Yazdi vorwiegend auf Alkohol- und Heroinabhängige eingestellt. »Jetzt haben wir plötzlich eine sehr junge Klientel, die über Crystal in die Szene gekommen und aus dem Sozialgefüge gefallen ist.« Was fehle, sei eine therapeutische Antwort auf die neue Herausforderung. »Es gibt kein Medikament, keinen Ersatzstoff, keine Standardbehandlung und keine Leitlinien«, kritisiert Yazdi. Je nach Situation und Symptomatik verabreichen die Mediziner antriebssteigernde Antidepressiva oder angstlösende Psychopharmaka.

Mit der Substanz Methylphenidat werden nach Einschätzung von Yazdis Kollegen Bernhard Lindenbauer noch die besten Erfolge erzielt. Das unter dem Markennamen »Ritalin« bekannte Amphetamin-Derivat kommt vorwiegend bei Patienten mit Aufmerksamkeitsdefizit-Hyperaktivitätsstörung (ADHS) zum Einsatz. »Wir können Ritalin allerdings nur bei einem stationären Aufenthalt verordnen. Da wir aber nicht alle Patienten, die zu uns kommen, stationär aufnehmen können, weil zum Beispiel kein Bett frei ist oder keine unmittelbare Lebensgefahr besteht, erhalten diese Personen auch kein Ritalin, sondern abgeschwächte Varianten in Form anderer Medikamente«, erklärt Lindenbauer. Hauptsächlich greife man auf das Antidepressivum »Wellbutrin« zurück.

Die Behandlung stoße allerdings an Grenzen. Bei den Abhängigen bleibe die »undefinierbare Gier nach Crystal stetig präsent«, muss Lindenbauer einräumen. Dieses Begehren sei, verglichen mit anderen Suchtmitteln, beispiellos. Zudem stelle die ebenfalls unvergleichlich hohe Aggressivität der Süchtigen die Mediziner vor Probleme. »Das beginnt schon, wenn ein Patient das erste Mal zu uns kommt: Muss er nur zehn Minuten warten, beginnt er bereits, verbal aggressiv zu werden«, sagt Kurosch Yazdi. »Im Entzug verstärkt sich das dann massiv. Die Einnahme macht paranoid-psychotisch.« Mitunter würden die Patienten jede Kontrolle über ihr Handeln verlieren, was sogar brutale Attacken zur Folge haben könne. Die Suchtmediziner sind dann gezwungen, ihre eigenen Grundsätze in Frage zu stellen, denn normalerweise seien Gewaltausbrüche gleichbedeutend mit dem Abbruch der Therapie.

Die Erfahrungen der Suchtmediziner, Drogenberater und Streetworker bestätigen auch für Oberösterreich die alters- und schichtenübergreifende Anziehungskraft von Crystal. Unter den Süchtigen sind langjährige Heroinabhängige, unbedarfte 14-jährige Erstkonsumenten und zuvor völlig abstinente Leistungsträger aus der Mitte der Gesellschaft. Gerade die Berufstätigen und sozial Etablierten sind ein neues Phänomen, das den Experten Sorge bereitet. »Crystal hilft auf den ersten Blick, den Ansprüchen unserer Leistungsgesellschaft zu genügen«, berichtet der Linzer Streetworker Olaf Beyer. »Die Frage ist nur, wie lange.« Der körperliche Verfall mache sich mitunter binnen weniger Wochen und Monate bemerkbar. Währenddessen zerbrechen nicht selten auch die sozialen Beziehungen. Spätestens mit dem Verlust des Arbeitsplatzes droht dann der finanzielle Absturz.

Die für Crystal bezeichnende Rasanz, der Verlust des Zeitgefühls und die damit einhergehende Unzuverlässigkeit fordern den Drogenberatern ein Maß an Flexibilität ab, das praktisch nicht zu halten ist. Österreichische Suchtexperten betonen, dass Crystal-Konsumenten oft sehr kurzfristig Hilfe benötigten. Doch angesichts der massiv gestiegenen Nachfrage seien kurzfristige Beratungstermine nahezu ausgeschlossen. Die Linzer Suchtexpertin Margit Seidl weist außerdem auf fehlende Erfahrungen im Beratungsalltag mit Crystal-Konsumenten hin. Es brauche »sicher noch mehr an spezifischer Information im Umgang mit den Besonderheiten, sprich, den psychotischen und aggressiven Verhaltensweisen der [...] Klienten«.[110]

Drogenexperten, Politik und Polizei setzen nun auf bessere Zusammenarbeit. Die Fahnder sollen den Verfolgungsdruck erhöhen und spezifische Statistiken vorlegen. Darüber hinaus hat das Land Oberösterreich als Reaktion auf den nationalen Epidemiologischen Bericht eine bundeslandspezifische Crystal-Studie mit repräsentativem Anspruch in Auftrag gegeben, die Anfang 2015 vorliegen soll. Der Linzer Verein »Substanz« plant eine gezielte Informationskampagne in den örtlichen Discos – allerdings ist der Spagat zwischen Aufklärung und Neugierdewecken nicht ohne Risiko. Unterdessen setzt die Linzer Landesnervenklinik auf Austausch und Weiterbildung. »Dazu laden wir Experten aus aller Welt ein«, sagt Suchtmediziner Yazdi. Seine Prognose hinsichtlich der Verbreitung von Crystal ist düster. »Es wird noch schlimmer werden«, sagt er und warnt vor den Folgen des Dauerkonsums. »Methamphetamin ist hochtoxisch. Es tötet Zellen, schädigt Gehirn und Nerven irreparabel. Die Konsumenten verblöden.« Langjährigen Nutzern drohe die sogenannte Crystal-Demenz. Noch habe er keinen solchen Fall behandeln müssen. »Aber in zehn Jahren werden wir die Folgen auch bei uns sehen.«

Crystal Meth in den USA

Als Daniel K. in einem beschaulichen Vorort der Millionen-stadt Chicago im US-Bundesstaat Illinois verhaftet wird, trägt der 21-Jährige ein knallgelbes T-Shirt mit der Aufschrift »Los Pollos Hermanos«. So heißt die Fast-Food-Kette in der von Publikum und Kritikern gefeierten Crystal-Meth-Fern-sehserie »Breaking Bad«. In der Küche des bekennenden Fans fanden die Ermittler ein kleines Meth-Labor. Für Daniel K. ist es nicht die erste Verhaftung im Zusammenhang mit der Droge.[111]

Sechs Flugstunden weiter westlich im kalifornischen Fresno: Die Polizei stoppt den Wagen eines 64-Jährigen für eine Rou-tinekontrolle. Nach der Überprüfung der Personalien ist klar, dass Robert S. nur auf Bewährung auf freiem Fuß ist – wegen Drogenhandels. Die Polizisten durchkämmen das Auto und finden ein Plastiktütchen mit 100 Gramm Crystal samt einer Waage. Später finden die Ermittler im Apartment von Robert S. in einer Seniorenresidenz gut 250 Gramm Crystal, Heroin und das Equipment für ein kleines Meth-Labor.[112]

Ortswechsel ins 1000 Meilen entfernte Denver, Colorado: An einem unscheinbaren Imbisswagen gibt es nicht nur me-xikanische Spezialitäten, sondern auf Nachfrage auch Crys-tal Meth. Hinter der harmlosen Tarnung steckt eine organi-sierte Drogenbande, die Kokain und Meth im großen Stil aus Mexiko in die USA schmuggelt. Als das scheinbar perfekte Geschäft auffliegt, gibt man sich bei der zuständigen Staats-anwaltschaft verblüfft: »Kunden konnten einfach zu einem

Food-Truck gehen und zu ihrem Taco eine Beilage Meth bestellen.« Die Ermittler beschlagnahmen 25 Kilogramm Crystal und leiten Verfahren gegen 17 mutmaßlich Beteiligte ein.[113]

Der Konsum und der Handel von Crystal treiben mitunter seltsame Blüten – davon können nicht nur europäische Drogenfahnder berichten. Die drei kuriosen Fälle aus den USA lenken den Blick über den Atlantik. Dort ist Crystal schon seit Jahren ein Problem, das die Ausmaße in Deutschland, Österreich und selbst in Tschechien gehörig übertrifft. Doch nur selten wird davon in Europa Notiz genommen.

Schon in den 60er und 70er Jahren wussten Studenten und Trucker das offenkundig antriebssteigernde Mittel zu schätzen. Die einen erhofften sich bessere Prüfungsnoten und ausschweifende Partys, die anderen brauchten auf den nahezu endlosen Touren durch einsame Landstriche mehr Aufmerksamkeit, um nicht mitten in der Einöde hinterm Steuer einzuschlafen. Etwa zur gleichen Zeit entdeckten Rockergangs das Methamphetamin für sich – anfangs als ideales Aufputschmittel für das eine oder andere krumme Ding, schließlich als Geschäftsgrundlage für erträgliche Gewinne aus Produktion und Handel. Crystal erlebte einen steilen Aufstieg. Spätestens in den frühen 90er Jahren hatte es die Droge nicht nur zu amerikaweiter Bekanntheit gebracht, sondern erwies sich zunehmend als flächendeckendes gesellschaftliches Problem.

Millionen Konsumenten – Millionenschaden

Im Jahr 2012 wurden in den USA rund 13 000 Crystal-Küchen ausgehoben und 29 Tonnen der Substanz beschlagnahmt. Im globalen Maßstab wird das allein von Mexiko übertroffen, wo 44 der weltweit 114 Tonnen sichergestellt wurden,[114] während es in Deutschland lediglich 75 Kilogramm waren.[115] Was nicht in den Tausenden heimischen Küchen und Laboren auf US-Territorium produziert wird, kommt nahezu ausschließlich aus dem südlichen Nachbarland.

Ebenfalls 2012 gaben bei einer Umfrage des National Institute on Drug Abuse (NIDA) zwölf Millionen US-Amerikaner an, bereits mindestens ein Mal Methamphetamin genommen zu haben.[116] Unter den mindestens Zwölfjährigen entspricht das einem Anteil von 4,7 Prozent.

In den USA ist der Crystal-Konsum immer wieder Gegenstand umfangreicher Untersuchungen. Die Studien kommen zum Teil zu bemerkenswerten Ergebnissen. So verursacht die Droge offenbar finanzielle Schäden in Milliardenhöhe – pro Jahr: Der kleine Bundesstaat Tennessee, der mit seinen etwas mehr als sechs Millionen Einwohnern gerade einmal zwei Prozent der US-Bevölkerung ausmacht, gab allein im Jahr 2010 vier Millionen Dollar für die Beseitigung von Meth-Laboren aus. Durchschnittlich zog jede Küche Kosten in Höhe von 2500 Dollar nach sich. Mit weiteren 19,6 Millionen Dollar wurde der Haushalt von Tennessee belastet, weil in den Jahren 2010 und 2011 die Behörden 722 Kinder infolge des Crystal-Missbrauchs ihrer Eltern in Obhut nehmen mussten.[117]

Laboraltlasten im Eigenheim

Aufgrund der vielen heimischen Meth-Labore ist die Öffentlichkeit in den USA, im Gegensatz zu Europa, ungleich stärker für das Problem des bei der Drogenproduktion anfallenden Mülls sensibilisiert. Über das Vorkommen, die Methoden und die Umweltrisiken der zumeist häuslichen Crystal-Küchen gibt es eine breite Informationsbasis. Die Daten werden von den Gesundheits- und Strafverfolgungsbehörden sowie Nichtregierungsorganisationen aus dem Bereich der Drogenprävention veröffentlicht. Denn die zu Zehntausenden in den USA verbreiteten Meth-Labore – im langjährigen Mittel heben

die Fahnder jedes Jahr mehr als 10 000 Heimküchen aus –
bergen hohe gesundheitliche Risiken, wie die Familie Alkinani
nach einem Bericht des Online-Portals *Scienceline* im Jahr
2010 am eigenen Leib zu spüren bekam:

Die Idylle schien perfekt – Jaimee Alkinani war hoch-
schwanger, als sie mit ihrem Mann und dem gemeinsamen
elf Monate alten Kind ihr erstes Häuschen bezog. Aus dem
Fenster blickten die Alkinanis direkt auf eine Allee am Stadt-
rand von Salt Lake City im Bundesstaat Utah. Erst nach dem
Einzug erfuhr die junge Familie durch einen Nachbarn, dass
sich hinter dem Haus ein ehemaliges Crystal-Labor verbarg.
Aber der Makler beschwichtigte: Es gebe keinen Grund zur
Sorge – schließlich seien alle Räume sorgsam dekontaminiert
worden. Nach ein paar Monaten wurden die Alkinanis krank.
Das Ehepaar musste wegen verstopfter Nebenhöhlen operiert
werden. Ihr zweites Kind kam mit schweren Lungenproble-
men auf die Welt. Mehrmals hörte es auf zu atmen und nahm
nicht an Gewicht zu. Immer wieder musste die Familie ins
Krankenhaus. Eine Untersuchung der früheren Meth-Küche
bestätigte schlimmste Befürchtungen: Die Belastung mit
Methamphetamin überstieg den unbedenklichen Grenzwert
des Gesundheitsministeriums um das 63-fache. Familie Alkinani zog um und bezahlte einen hohen Preis. »Mein Kind
wird wahrscheinlich den Rest seines Lebens gesundheitliche
Probleme haben«, wird Jaimee Alkinani von »Scienceline« zitiert. »Weil wir das Haus nicht verkaufen können, droht uns
die Privatinsolvenz.«[118]

Um Fällen wie diesen vorzubeugen, listet die Drogenvoll-
zugsbehörde Drug Enforcement Administration (DEA) im
Internet Hunderte Anschriften ausgehobener Labore auf.[119]
Die Gesundheitsministerien etlicher Bundesstaaten haben Aus-
kunftsstellen für Immobilienmakler, Reinigungsfirmen, lokale
Behörden, Hausbesitzer und Mieter geschaffen. In Minnesota
etwa wurde eigens vom Gesundheitsministerium ein »Meth
Lab Program«[120] ins Netz gestellt. Neben allgemeinen Infor-

mationen über Crystal bieten die Internetseiten des Ministeriums konkrete Hilfestellungen bei Fragen wie: »Was ist zu tun, wenn Sie ein Meth-Labor finden?« und einen 63-seitigen »Cleanup Guidance«[121] mit detaillierten Beschreibungen, wie die giftigen Rückstände entfernt werden können. Auch im Bundesstaat Colorado gibt die Polizei ausführliche Antworten und genaue Handlungsanweisungen: »Meth-Labore sind sehr gefährlich: Fassen Sie nichts an. Verlassen Sie die unmittelbare Umgebung und wählen Sie 911. Versuchen Sie nichts auseinanderzunehmen – sehr gefährlich. Warten Sie, um durch den Rettungsdienst untersucht zu werden. Wenn Sie einem aktiven Labor ausgesetzt waren, ist eine Dekontaminierung durch den Rettungsdienst in Schutzanzügen notwendig. Isolieren Sie sich, um keine weiteren Menschen oder Gegenstände zu kontaminieren.«[122]

Bereits 1990 veröffentlichte die dem US-Justizministerium unterstellte Drogenvollzugsbehörde DEA in Zusammenarbeit mit dem Umweltschutzministerium und der Küstenwache das Buch »Guidelines for the Cleanup of Clandestine Drug Laboratories«. Das Buch ziehen Strafverfolger, Gesundheitsbehörden und Umweltschützer seit mehr als zwei Jahrzehnten zu Rate, um kontaminierte Gebäude fachgerecht sanieren zu lassen. Im Jahr 2005 wurde das Standardwerk überarbeitet und kann kostenlos auf der Internetseite der DEA heruntergeladen werden.[123]

Sicherheits- und Gesundheitsbehörden warnen in den USA seit Jahren vor der Gefahr, die mit der Crystal-Produktion einhergeht. US-weit kam es 2003 zu 529 Bränden und Explosionen, die von illegalen Laboren ausgingen.[124] Kaum ein anderer kennt das Problem so gut wie Michael Smock vom Zentrum für Brandverletzte des Mercy Hospital in St. Louis, Missouri. Über einen Zeitraum von zehn Jahren führte der Bundesstaat im Mittleren Westen die Rangliste mit den meisten aufgedeckten Laboren an. Zuletzt, im Jahr 2013, landete Missouri mit 1495 Produktionsstätten auf Platz drei.[125] Viele

Unfälle, berichtet Smock, stünden im Zusammenhang mit der sogenannten Shake-and-Bake-Methode, bei der in einer Plastikflasche die Grundstoffe vermischt und geschüttelt werden. 15 Prozent der Verbrennungsopfer in seiner Klinik seien auf Unfälle bei der Crystal-Produktion zurückzuführen.[126]

Um den Grundstoffhandel in Missouri zu erschweren, hat der Bundesstaat 2010 ein Gesetz verabschiedet. Seitdem sind ephedrin- und pseudoephedrinhaltige Medikamente nur noch auf Rezept erhältlich. Die Bilanz fällt allerdings ernüchternd aus: Zwar führte die Restriktion zu einem Rückgang der klassischen Labore; für den Medikamenteneinkauf weichen die illegalen Produzenten nun jedoch auf benachbarte Bundesstaaten mit weniger strengen Gesetzen aus.[127]

Fehlschläge und Etappenerfolge

In den USA begegnen verschiedene Bundesstaaten dem Crystal-Konsum mit Aufklärungskampagnen. Zu den bekanntesten zählt »Faces of Meth«. Das Projekt des Multnomah County Sheriff's Office in Oregon zeigt Vorher-nachher-Fotos von Menschen, die im Zusammenhang mit ihrem Crystal-Konsum verhaftet wurden. Die aufsehenerregende Porträtserie wurde auch in den deutschsprachigen Medien breit rezipiert. Eine andere bekannte Kampagne ist das »Montana Meth Project« im Bundesstaat Montana. Das im Jahr 2005 durch eine Non-Profit-Organisation ins Leben gerufene Projekt richtet sich an Jugendliche und warnt mit emotionalen Motiven auf Plakaten und in Zeitungsanzeigen sowie TV- und Radiospots vor den Folgen des Konsums. Die Wirkung solcher Präventionskampagnen ist kaum messbar und daher umstritten. Nach eigener Darstellung ging der Konsum nach Start des Projektes unter Jugendlichen um 63 Prozent zurück.[128] Dem widerspricht allerdings eine Untersuchung der Universität Washington: Die millionenschwere Kampagne habe keinen Einfluss auf den Drogenkonsum der 15- bis 29-Jährigen, kritisierte D. Mark Anderson das Projekt. Er kam zu dem Schluss, dass der Konsum infolge verschärfter Repression bereits vor dem Projektstart rückläufig gewesen sei. Der Forscher appellierte daran, dass Kampagnen dieser Art künftig nicht ohne vorherige Analyse der Zielgruppen und der für einen Erfolg nötigen Faktoren durchgeführt werden sollten.[129]

Ungeachtet der schwierigen Evaluation solcher Projekte ist es in den USA zumindest gelungen, das Thema Crystal in den Fokus der Öffentlichkeit zu rücken und gesellschaftliche Debatten anzustoßen. Für die Akteure der Antidrogenpolitik in Europa bieten die USA einen enormen Erfahrungsschatz aus Fehlschlägen und Etappenerfolgen. Wenigstens eine Lehre sollten Politik, Strafverfolgungs- und Sozialbehörden hieraus ziehen: Crystal wird nicht von heute auf morgen wieder vom Markt verschwinden. Ohne fundierte Auseinandersetzung und nachhaltige Präventionsmaßnahmen lässt sich das Phänomen in naher Zukunft nicht eindämmen.

Prominente, Künstler und Idole – Crystal im Spiegel des Kulturbetriebs

Die Zigarette nach dem Sex, das Gläschen Wein am Abend und die Nase Kokain auf der Bürotoilette – die kollektive Vorstellung von Drogenkonsum bestimmen einprägsame Bilder, die durch wiederkehrende Bezüge in der Populärkultur immerzu erneuert werden: Literatur, Musik und Film bedienen sich dieser Motive; Prominente geraten mit Drogenskandalen in die Schlagzeilen; Künstler thematisieren ihren eigenen Missbrauch im Spannungsfeld zwischen Weltflucht und Bewusstseinserweiterung. Crystal Meth spielt in diesem Zusammenhang eine immer größere Rolle.

»Breaking Bad« – Walter Whites blaue Kristalle

Die erfolgreiche US-Fernsehserie »Breaking Bad« hat Crystal in Europa überhaupt erst einem breiten Publikum bekannt gemacht. In fünf Staffeln erzählt das zwischen 2008 und 2013 ausgestrahlte Fortsetzungsdrama die Metamorphose des unscheinbaren Familienvaters Walter White zum skrupellosen Bösewicht. Schwarze Flecken auf den Röntgenbildern seiner Lunge und die Diagnose Krebs machen aus dem unbescholtenen Highschool-Chemielehrer einen versierten Crystal-Koch. In der kurzen Zeit, die ihm zum Leben bleibt, will er so viel Geld wie möglich zusammenbekommen, um die teure Therapie zu bezahlen und seine Familie zu versorgen. Wie einträglich das Drogengeschäft ist, weiß White aus den Nachrichten.

Bald schon liefert er gemeinsam mit einem ehemaligen Schüler, der zuvor als Dealer gescheitert war, von Albuquerque im Bundesstaat New Mexico aus das beste Methamphetamin im ganzen Südwesten der USA. Während der Krebs als Widersacher fast schon in den Hintergrund tritt, rufen die blauen Kristalle neben der Drogenfahndung auch die mexikanischen Drogenkartelle als Gegenspieler auf den Plan. Um White, der sich in Anlehnung an den deutschen Physiker und Nobelpreisträger das Pseudonym Heisenberg gegeben hat, spannt sich eine komplexe Handlung über 62 Episoden voller schwarzem Humor und subtiler Sozialkritik.

Die Autorenserie gewann im Verlauf ihrer Ausstrahlung unerwartet viele Zuschauer. Schalteten im US-Fernsehen zur ersten Staffel durchschnittlich noch weniger als zwei Millionen ein, hatte sich die Quote bis zum Serienfinale mehr als verfünffacht. Die experimentelle Erzählweise traf den Geschmack der Kritiker. Diverse Dramaturgiebögen und Nebenhandlungen umweben das Schicksal des aus seiner bürgerlichen Existenz ausbrechenden Antihelden. In seiner Wandlung zum Kriminellen spiegeln sich beiläufig Probleme der amerikanischen Gesellschaft, wie das unzureichende Gesundheitssystem, die wachsende Armut infolge der Wirtschaftskrise, die Crystal-Flut auf dem flachen Land und der gescheiterte Drogenkrieg gegen die mexikanischen Kartelle.

Unter der fiktionalen Freiheit litt allerdings manches wissenschaftliche Detail. Während die chemischen Symbole »Br« und »Ba« samt ihren Ordnungszahlen im Serientitel optisch hervorgehoben sind, spielen die Stoffe Brom und Barium bei der Synthese von Methamphetamin tatsächlich keine Rolle. Auch die blaue Färbung des vermeintlich besonders reinen Crystals ist allein der Fantasie des Produzenten und Drehbuchautors Vince Gilligan entsprungen. Ohne Zusätze ist kristallines Methamphetamin farblos.

Vielmehr scheint die preisgekrönte Serie die Realität zu prägen, wie zwei wahre Fälle zeigen, die sich mit frappierender

Ähnlichkeit zur fiktionalen Vorlage abspielten: Offenbar von »Breaking Bad« inspiriert, brachten Dealer im Bundesstaat Utah blaues Crystal in Umlauf. Nach einer Razzia im April 2010 ergaben Laboruntersuchungen, dass der Stoff mit Lebensmittelfarbe versetzt worden war.[130] Im Mai 2013 erregte das Schicksal von Stephen Doran öffentliches Aufsehen. Der Mathematiklehrer aus Boston im Bundesstaat Massachusetts war von der Polizei mit 480 Gramm Crystal aufgegriffen worden. Der 57-Jährige hatte sich zwei Päckchen der Droge in die Highschool liefern lassen. Bei der Durchsuchung seiner Wohnung wurden 10 000 US-Dollar in bar und eine digitale Waage gefunden. Der Lehrer dealte mit Crystal – begonnen hatte er damit, nachdem bei ihm Krebs diagnostiziert worden war. Auch optisch gab der kahlköpfige Doran ein Abbild von Serienprotagonist Walter White ab. Der spektakuläre Fall machte als »real-life Breaking Bad« Schlagzeilen.[131]

Um die Crystal-Serie ist weltweit eine eingeschworene Fangemeinde gewachsen. In den USA schlug einer Mutter Entrüstung entgegen, nachdem sie im Oktober 2014 per Petition die Spielwarenhändler »Toys ›R‹ Us« aufgefordert hatte, »Breaking Bad«-Spielfiguren aus dem Sortiment zu nehmen. Bewaffnete Drogendealer-Actionfiguren seien nicht dazu geeignet, neben Barbiepuppen und Disney-Figuren verkauft zu werden, beklagte sie sich.[132] Ihre Petition unterstützten mehr als 9000 Menschen. Einzelne Filialen räumten daraufhin tatsächlich die Figuren um den grimmig dreinblickenden Walter White samt chemischem Equipment aus den Regalen.

Den Rückhalt der echten Serienjunkies wird das kaum schmälern. In einer deutschen Ratgeber-Community fragte ein Fan, wie sich am besten »gefälschtes blaues Meth« herstellen lasse, um die Walter-White-Verkleidung zum Karneval zu perfektionieren. »Ich will keine Anleitung zur Drogenherstellung!!! […] Mein Kostüm ist so weit komplett, aber es fehlt noch das Meth. Deshalb würde ich gerne von den Chemiecracks unter euch wissen, wie ich etwas herstellen kann, das so aussieht wie das Blue Meth. Ich dachte daran, Kristalle mit Lebensmittelfarbe zu bearbeiten, aber wie stelle ich die Kristalle etc. her? Und nochmal: Ich will keine illegalen Substanzen herstellen.«[133] Dem Fan konnte geholfen werden, ohne sich strafbar zu machen – mit einem Rezept für »Breaking Bad Cupcakes« und türkisfarbene Zuckerkristalle.[134]

Drogencocktails der High Society

In den USA ist Crystal nicht erst seit »Breaking Bad« populär. Von zahlreichen Größen aus Popkultur, Politik und Sport ist bekannt, dass sie Methamphetamin konsumiert haben. Darunter sind so legendäre Namen wie der des früheren US-Präsidenten John F. Kennedy, der Schauspielerin Marlene Dietrich und des Sängers Elvis Presley. Ihren Dealer tauften die Stars auf »Dr. Feelgood«: Der New Yorker Physiker Max Jacobson, nach seiner Geburt in Deutschland 1936 in die USA emigriert, versorgte bis in die 70er Jahre weite Kreise der High Society mit Drogencocktails aus tierischen Hormonen, Knochenmark, Schmerzmitteln, Steroiden und Amphetaminen. Als das Fotomodell Edie Sedgwick, die zeitweilige Muse von Popart-Erfinder Andy Warhol, im Alter von 28 Jahren starb, konnte sich das ihre Familie nur mit einer Vergiftung durch Jacobsons Methamphetamine erklären.[135]

Weniger tragisch endete die Crystal-Episode des US-Tennisprofis Andre Agassi. Im Alter von 24 Jahren hatte er sich Mitte der 90er Jahre an die Spitze der Weltrangliste gespielt. Doch nach mehreren Grand-Slam-Siegen und dem Gewinn der Goldmedaille bei den Olympischen Spielen in Atlanta stürzte Agassi 1997 in ein tiefes Leistungsloch. Dazu produzierte seine turbulente Ehe mit der Schauspielerin Brook Shields ständig neue Schlagzeilen. Jahre später gestand er, dass er sich damals in Crystal geflüchtet habe. In seiner 2012 erschienenen Autobiographie beschreibt Agassi die Wirkung als eine »Flutwelle von Euphorie, die jeden negativen Gedanken in meinem Kopf wegspült. Ich habe mich nie so lebendig gefühlt, so hoffnungsvoll – und nie so energiegeladen. Ein unstillbares Bedürfnis nach Aufräumen ergreift mich. Ich tobe durch mein Haus, ich putze es von oben bis unten.«[136] Doch nach dem Ende einer langen Karriere blieb von dem zwischenzeitlichen Drogenabsturz kaum mehr als eine Fußnote. Nachdem er sich von der Droge lossagen konnte, spielte sich Agassi 1999 zurück an die Weltspitze und reichte die Scheidung ein. Zwei Jahre später heiratete er die einstige deutsche Weltklasse-Tennisspielerin Steffi Graf.

Musik als Therapie

In weiten Kreisen des internationalen Musikgeschäfts ist der Konsum und auch der Missbrauch von Drogen Teil des Selbstverständnisses. Entsprechend variantenreich ist Crystal schon von verschiedenen Künstlern besungen worden, von der Heavy-Metal-Formation Motörhead (»America«, 1982) über die Blues-Rocker Guns N' Roses (»Get In The Ring«, 1991) bis Green Day. Die frühere Punkband brachte den Aufstieg von Crystal Meth 2012 im Song »Ashley« auf die eingängige Formel:

»I taste the cigarettes and liquor on your breath
We used to call it speed but now it's crystal meth.«

Im Hip-Hop hielt die Droge Einzug in die Texte von Branchengrößen wie Everlast (»Next Man«, 1998), 50 Cent (»I Don't Know Officer«, 2005) oder Eminem (»Welcome 2 Hell«, 2011). Die kokette Pop-Lolita Lana Del Rey, die vor ihrem musikalischen Durchbruch 2011 jahrelang in einer Entzugsklinik jobbte, hat sich in ihrer jungen Karriere wiederholt mehr oder weniger explizit an Crystal abgearbeitet (»American«,

»Hawaiian Tropic«, »Daytona Meth«, »Methamphetamines«).
Und die Funk-Metal-Rocker Red Hot Chili Peppers, deren
Bandgeschichte lange Zeit von ständig wiederkehrenden Dro-
genexzessen geprägt war, versuchten sich 2002 mit dem Titel
»Don't Forget Me« an einer bilderreichen Selbsttherapie:

»I'm an ocean
In your bedroom
Make you feel warm, make you want to re-assume
[...]
I'm a dance hall
Dirty breakbeat
Make the snow fall up from underneath your feet
[...]
I'm a meth lab
First rehab
Take it all off and step inside the running cab.«

Sänger und Texter Anthony Kiedis, geboren 1962 in Michigan,
legte 2004 in seiner Autobiographie »Scar Tissue« eine umfassende Drogenbeichte ab. Als sein Vater, ein erfolgloser Schau-
spieler und Kleindealer, dem Elfjährigen den ersten Joint baute,
war dies der Beginn eines Lebens, das an Heroin, Koks, Speed
und LSD zugrunde zu gehen drohte; Crystal Meth trieb ihn
zeitweilig in eine zerstörerische Sexsucht. Seit 2000 gilt Kiedis, der seinen Freund und Gitarristen Hillel Slovak 1988 an
eine Überdosis Heroin verlor, allerdings als clean. Mit seinem
Vater, der ihn als Jugendlichen von der amerikanischen Ost-
an die Westküste holte, hat er nie gebrochen. Im Gegenteil.
»Mein Herz verlor sich an Kalifornien«, bekennt Kiedis.[137] Seiner Wahlheimat setzte er 1999 mit den Red Hot Chili Peppers
in »Californication« ein musikalisches Denkmal:

»Destruction leads to a very rough road
But it also breeds creation.«

»Kein Schlaf, kein Hunger und kein Appetit«

Schien das Thema Crystal lange Zeit hauptsächlich international bekannten Musikern vorbehalten, häufen sich in jüngster Zeit besonders im populären deutschsprachigen Hip-Hop die Bezüge zu Crystal. 2013 veröffentlichte der Berliner Rapper Prinz Pi den Song »Moderne Zeiten«. Der Text rechnet mit diversen gesellschaftlichen Modeerscheinungen, darunter auch Crystal Meth, ab:

»Sneaker aus den Achtzigern, Musik wie in den Siebzigern
Unsere neusten Fotos sehen wieder aus wie Polaroids
Wir wünschen uns so sehr, dass wir im Gestern wären
Leben nach der Formel: Je retro desto neu
Alles ist ironisch, Vintage und Second Hand
Ist das ein Obdachloser oder doch der letzte Trend?
Das war ein Redakteur der Vice voll auf Klonopin
gutem Meth, schlechtem Speed, der tut als wär' es Krokodil.«

Die Passage thematisiert unter anderem die mitunter reißerische Berichterstattung – etwa des Lifestylemagazins *Vice* – über vermeintlich neue Mode- und Billigdrogen wie Crystal, das Epilepsiemittel »Klonopin« und den russischen Heroinersatz Krokodil (»Krok«).

Crystal als Teil eines allgemeinen Globalisierungstrends beschreibt der ebenfalls 2013 erschienene Titel »U.S.A.« des Elektroduos Lexy & K-Paul und des Rappers Marteria:

»Der Heidepark mutiert zum Disneyland
Ein bisschen Kiffen heißt jetzt Crystal Meth
Der Grill im Garten wird zum Barbecue
Aus Augen auf wird Nase zu.«

Im gleichen Jahr provozierte der Berliner Rapper grim104, der bürgerlich Moritz Wilken heißt, in seinem Song »Crystal

Meth in Brandenburg« mit einem trostlosen Bild von der Provinz:

»*Abseits der Städte*
In Dörfern, die mit ›-ow‹ oder ›-itz‹ enden
Hier lernst du Kids kennen, die nix kennen
[...]
Die wenigen, die dageblieben sind
Tragen Kinder in Klamotten
Die längst ausgewaschen sind
[...]
Sitzen und warten
Und auf was?
Auf dass der Netto wieder aufmacht?«

In diesem »Hinterland«, heißt es weiter, seien die kleinen Küchen zu suchen, in denen Crystal unter einfachsten Bedingungen zusammengebraut werde.

»*Es riecht nach Katzenpisse*
Was durch Ammoniak verursacht wird
Eine der Hütten
Ist vor vier Tagen explodiert
Supercaps, Wick MediNait, Aspirin Complex
Du kannst zusehen wie das Eph
Die Tablettenform verlässt
Rote Methode mit Ephedrin aus Tschechien.
[...]
Kein Schlaf, kein Hunger und kein Appetit
Aber kurze Euphorie
Doch ganz anders als Speed
Und ganz anders als das Koks
Das man früher durch die Anden flog
Scheiß mal auf Breaking Bad
Crystal Meth aus Brandenburg.«

Skandalträchtige Bewegtbilder

»Kein Schlaf, kein Hunger und kein Appetit« – treffender als in der Textzeile von grim104 lässt sich der Plot des US-amerikanischen Spielfilms »Spun« nicht umreißen. Die Tragikomödie erzählt so eindringlich wie keine zweite aus dem Alltag auf Crystal. »Spun« kam 2002 in die US-Kinos und lief im darauffolgenden Jahr mit dem Untertitel »Leben im Rausch« auch in Deutschland – mit jeweils überschaubarem Erfolg. Dafür brachte es der Film in der deutschen Drogenszene zu Kultstatus. Der in psychedelischer Optik gehaltene, zeitweise betont träge 101-Minüter fußt auf den Erlebnissen des Drehbuchautors William De Los Santos in der Drogenszene der mittelamerikanischen Universitätsstadt Eugene, Oregon. Daraus destillierte der schwedische Regisseur Jonas Åkerlund bei seinem Filmdebüt die skurrile Geschichte um den antriebslosen Junkie Ross. Dem Protagonisten gelingt es auf seiner dreitägigen Jagd nach der nächsten Dosis Crystal kaum, einen klaren Gedanken zu fassen. Im Gegenteil: Er wird immer hektischer und unberechenbarer. Schärfe gewinnt dieses Porträt durch Åkerlunds Handschrift: überschnelle Schnitte, unangenehm intime Nahaufnahmen, enervierende Klangeffekte und Filmszenen, die sich in schrill-bunten Zeichentricksequenzen auflösen.

Der zuvor bereits für seine drastischen Musikvideos bekannte Åkerlund gab auch bei seiner Filmpremiere den pathologischen Provokateur. Der einstige Heavy-Metal-Schlagzeuger und Werbefilmer setzte schon 1997 den Song »Smack My Bitch Up« der ostenglischen Hardcore-Techno-Formation The Prodigy mit skandalträchtigen Bewegtbildern in Szene. Der Clip zeigt einen von harten Drogen getriebenen rabiaten und wollüstigen Streifzug durch Nachtclubs, der in exzessivem Sex endet. Dieses Frühwerk des langhaarigen Schweden hat ihm Aufträge für so unterschiedliche Künstler wie U2, Lady Gaga und Rammstein eingebracht.

Seine Bilder sind geprägt von Drogen, Sex und Gewalt. »Mir geht es immer darum, etwas möglichst stark auszudrücken, und wenn ich Gewalt zeigen möchte, mache ich es eben so gewalttätig, wie ich kann«, sagte Åkerlund einmal.[138] In »Spun« gestaltet sich der Dauertrip so authentisch, als wären bei den Darstellern echte Drogen im Spiel gewesen. Als es Ross beim Sex mit einer Stripperin plötzlich in den Sinn fährt, einen Kurierjob für seinen Crystal-Dealer zu erledigen, lässt er sie gefesselt und geknebelt im Bett zurück. Auf ihre Befreiung muss sie tagelang warten. Für den stilechten Meth-Junkie Ross ist Zeit ein dehnbarer Begriff.

Väterchen Meth in Prag

Eine ähnlich abgründige Perspektive nimmt der Film »Piko« ein, der 2010 in den tschechischen Kinos lief. Die mit Spielfilmszenen angereicherte Dokumentation des Nachwuchsregisseurs Tomáš Řehořek erzählt das Schicksal des langjährigen Prager Crystal-Dealers Pavel Gregor. Der heutige Drogentherapeut hatte als Student in den frühen 70er Jahren maßgeblichen Anteil daran, dass die Droge in der Prager Szene und bald im ganzen Land in Umlauf kam. Was er und seine Kommilitonen damals autodidaktisch zusammenmixten, nannten sie kurz »Piko«.

Anlässlich der Filmpremiere berichtete Gregor über seine Sucht: »Ich hatte meine Emotionen und mein Handeln nicht unter Kontrolle, und ich war sehr aggressiv und impulsiv.« Zwei Jahre lang habe er unter einer Psychose gelitten. »Ich konnte die Realität nicht von dem unterscheiden, was in meinem Kopf ablief.« Von den 200 Crystal-Abhängigen, mit denen der Dealer und Abhängige damals zu tun hatte, sollen nur noch gut eine Handvoll am Leben sein – und obdachlos. Auch Gregor hätte das Crystal-Abenteuer beinahe mit dem Leben bezahlt. Bei seinen Experimenten mit Chemikalien kam es zu einer Explosion, er erlitt schwere Verbrennungen. Seither ist er schwerhörig und auf einem Auge blind. Der Mann, der körperlich und seelisch am Ende war, arbeitet heute in der psychiatrischen Klinik in Prag-Bohnice daran, andere von ihrer Sucht abzubringen.[139]

Zurück in die Zukunft – Der Romanklassiker »Memento«

Schon zu Zeiten der sozialistischen Tschechoslowakei rüttelte eine Geschichte aus der Prager Drogenszene die Gesellschaft wach. 1986 veröffentlichte der Publizist und Drehbuchautor Radek John seinen Roman »Memento«, der drei Jahre später in deutscher Übersetzung erschien.[140] Das Buch erzählt aus dem Leben von Michal Otava in der Prager Drogenszene. Zuerst ist es Morphium, dem der Jugendliche verfällt, dann aber wird ihm Methamphetamin zum Verhängnis. John beschreibt detailliert, wie Michal und seine Freunde das »Marzipan« – so nennen sie das »Pervitin« – selbst herstellen. »Noch die Spalten um die Tür mit Decken abdichten, damit man im Hausflur nichts roch, und wir konnten anfangen. Es ging nur darum, die vorgeschriebenen Bedingungen und Temperaturen in allen Phasen einzuhalten. Verdampfen, alkalisieren, umschichten, abtrennen, entsalzen, verdünnen, durchschütteln, zusammengießen, wieder verdampfen, die vorbereiteten Chemikalien hinzufügen, erwärmen, langsam und dann rasch abkühlen, durchschütteln, filtern, alkalisieren, durchschütteln, umschichten, abtrennen, entsalzen, verdampfen, kristallisieren, trocknen. Die weißen Kristalle des Stoffes, den wir Marzipan nannten! Wir haben es geschafft!«

Durch das »Pervitin« verliert Michal endgültig die Kontrolle über sein Leben. »Einen Druck für die gute Laune alle zwei, drei Tage. Was hätte man sonst auf der Welt«, heißt es über die Wirkung, die spätestens nach dem dritten Tag einer »unüberwindlichen Müdigkeit«[141] weicht. Michals Drogenkarriere endet in der Psychiatrie – in der Abteilung »Patienten mit dauerhafter Gehirnschädigung«: »Er muß gefüttert werden, dabei läßt er die Flüssigkeit aus dem Mund herauslaufen, muß angezogen, gewaschen, ins Bett gelegt werden, er sagt nicht, wenn er Stuhlgang hat oder urinieren muß. Er ist emotional so labil, daß er auf die geringste Anforderung der Umwelt mit Weinen, Jammern und Unruhe reagiert, die von langen Perioden der Apathie abgelöst wird. [...] Die Hoffnung, daß sich seine Beschwerden bessern, ist gleich Null«,[142] schließt der Roman.

Radek John war der Erste, der Drogensucht in der Tschechoslowakei derart schonungslos öffentlich thematisierte. Der Bestseller wurde in zehn Sprachen übersetzt und für das tschechoslowakische Fernsehen verfilmt. Sowohl in Tschechien als auch in der Slowakei ist Johns Werk seither immer wieder Gegenstand künstlerischer Adaptionen. So zeigte die Staatsoper in der slowakischen Stadt Banská Bystrica 2004 das Musical »Die weiße Hölle oder Mir kann das nicht passieren« nach der Vorlage des Romans, von dem es seit 2008 auch eine tschechische Hörbuchfassung gibt. Angesichts der Renaissance der Droge erscheint Johns Werk heute aktueller denn je.

Epilog

Im Laufe der Recherchen zu diesem Buch haben die Debatten um Crystal Meth an Fahrt gewonnen. Millionen Fernsehzuschauer führte der Tatort »Borowski und der Himmel über Kiel« das drastische Auf und Ab im Alltag von Crystal-Meth-Abhängigen vor Augen. Kein Tag vergeht ohne neue Schlagzeilen über die vermeintliche »Horrordroge«. Der Tonfall von Politik, Medien und Behörden ist unvermindert scharf. Für moderate Zwischentöne scheint in diesem Diskurs kaum Platz. Als Phänomen ist das nicht neu. In den 60er Jahren erschütterte Heroin die bürgerliche Gesellschaft der jungen Bundesrepublik. Aus den anfangs wenigen, die an der Nadel hingen, wurden bald Zehntausende. Die gesellschaftliche Debatte drehte sich letztlich um die Frage, jeden Heroinsüchtigen zu bestrafen oder die Konzepte zu Therapie und Prävention von Grund auf neu zu denken. Geschichte wiederholt sich: Die »Fixer« von damals sind die Crystal-Abhängigen von heute.

Die Sucht hat viele Gesichter. Crystal ist nicht die Droge, die sich auf bestimmte Milieus und Schichten verengt, Crystal ist für alle da: die gelangweilten Hausfrauen und die alleinerziehenden Mütter. Die strebsamen Studenten und die eifrigen Handwerker. Die selbstvergessenen Raver und die überzeugten Lokalpolitiker. Die atemlose Angestellte und den gediegenen Geschäftsmann.

Bei Heroin war es noch allein die Flucht, die zum ewigen Versprechen wurde. Der Junkie gönnte sich seinen »Urlaub von der Realität«. Bei Crystal ist es anders. Zwar gibt es sie auch, die Abgehängten, die Abgestürzten und die Alltagsverweigerer, von denen längst keiner mehr Leistung verlangt. Für sie macht die Droge jede Monotonie und Langeweile vergessen – auf Crystal ist selbst dann Party, wenn niemand feiert. Doch da ist auch die große Gruppe, für die in diesen Kategorien kein Platz ist. Denn sie stehen mitten im Leben. Sie haben Familie und Kinder. Sie spüren ihre Verantwortung. Sie müssen etwas leisten oder sind schon ganz oben auf der Karriereleiter angelangt. Sie flüchten nicht – sie wollen funktionieren. Man kann ihnen das kaum zum Vorwurf machen. Schließlich erfüllen sie alle Erwartungen, die an sie gestellt werden. Sie sind immer da, sei es für ihren Chef oder ihre Familie. Urlaub von der Realität? Das können sie sich nicht leisten.

Jede Droge hat ihre Zeit. Die Zeit von Crystal ist jetzt und hier. Die Droge weiß auf jede Forderung und jeden Anspruch eine Antwort. Im Club werden die Nächte zum Tag, das Büro wird zum zweiten Zuhause. Crystal Meth ist die ideale Droge der Leistungsgesellschaft. Crystal Meth ist der Zeitgeist, den man sich durch die Nase zieht.

Keine Schwäche?

Dem fortwährenden Diktat der Ansprüche und Normen ordnet sich die stille Mehrheit willfährig unter. Um in dieser Welt besser zu funktionieren, sind etliche sogar bereit, den eigenen Kräften pharmakologisch auf die Sprünge zu helfen – und geben das auch unumwunden zu. Zwei Millionen Deutsche, so berechnete es eine Studie der Deutschen Angestellten Krankenkasse (DAK) im Jahr 2009, sollen schon einmal gezielt Medikamente zur Leistungssteigerung oder Stimmungsaufhellung genommen haben. Der Untersuchung zufolge gaben bis zu 800 000 Menschen an, regelmäßig Medikamente mit dem Ziel zu konsumieren, ihre Leistung oder Konzentrationsfähigkeit zu erhöhen oder sich zu beruhigen. Mit den nötigen Arzneimitteln versorgt sich diese Gruppe auf verschiedenen

Wegen, etwa über Online-Händler im Ausland.[143] Unter Studenten ist der Hang zum Hirndoping offenbar besonders stark ausgeprägt. Jeder fünfte Student soll zumindest phasenweise seine Leistung mit Pharmaka aufbessern, wie eine Studie an der Universität Mainz im Jahr 2013 ergab. Demnach putscht sich der Akademikernachwuchs vorzugsweise mit Koffeintabletten, Alzheimer-Medikamenten, Amphetaminen und Ritalin auf. Besonders viele Hirndoper machten die Forscher mit einem Anteil von 25 Prozent bei den Sportwissenschaftlern aus.[144] Gesellschaftliche Sanktionen müssen sie dafür eher nicht befürchten. Auch der Crystal-Konsument erhält anfangs eher Zu- statt Widerspruch. Auf dem Weg in die drohende Selbstzerstörung erfahren sie Bestätigung, Lob und Anerkennung. Sie schlafen wenig, machen nie Pause und zeigen keine Schwäche.

Grenzen dicht?

Der Nachschub an neuem Stoff wird so schnell nicht ausgehen. Bislang gibt es nur wenige vielversprechende Ansätze, wie der internationale Drogenhandel wirksamer bekämpft werden könnte. Um den länderübergreifend agierenden Schmugglern das Handwerk zu legen, muss Europa stärker zusammenwachsen. In den Köpfen der Drogenfahnder in Oberösterreich sind die Grenzen längst gefallen. Die Fahnder der Einsatzgruppe Nord (EGN) und ihre tschechischen Kollegen verrichten ihren Dienst nicht mehr dies- und jenseits der Grenze, sondern in einer gemeinsamen Region. Dieser Ansatz einer Partnerschaft auf Augenhöhe sollte überall entlang der Schmuggelrouten Vorbild sein. Den europäischen Gedanken will auch Sachsens Innenminister Markus Ulbig mit Leben füllen. Der CDU-Politiker setzt sich dafür ein, dass innerhalb der Europäischen Union einheitliche Bestimmungen für den Handel mit Grundstoffen durchgesetzt werden. »Wir brauchen eine europäische Regelung, damit wir wenigstens innerhalb Europas – wenn sich schon die Welt bei dem Thema nicht einigen kann – kein Einfallstor mehr haben.«[145] Dieser Vorstoß ist seit Langem überfällig.

Rufe nach einer Schließung der Grenzen sind mit der europäischen Idee hingegen nicht zu vereinen. Gerade in manchen Teilen Ostdeutschlands geht einem diese Forderung allerdings schnell über die Lippen. Die Begründungen für die ersehnte Abschottung sind austauschbar: Prostitution, illegaler Zigarettenhandel, Autodiebstähle, Einbrüche, Einwanderung oder eben Drogenschmuggel. Die Rückkehr zu den Schlagbäumen scheint die bequemste Lösung eines tatsächlichen oder vermeintlichen Problemzustands. Als der damalige sächsische CDU-Landtagsabgeordnete Volker Band im Jahr 2010 eine vorübergehende Grenzschließung forderte, erntete er dafür zwar quer durch alle Fraktionen Widerspruch – aber auch den Applaus vieler Bürger und der rechtsextremen NPD.[146] Vor der Landtagswahl im August 2014 dachte Frauke Petry, AfD-Frontfrau in Sachsen, laut über eine mögliche Schließung der Ostgrenzen nach.[147] Die junge Partei mit den alten Ideen zog kurz darauf mit 9,7 Prozent fulminant in den Landtag ein. Ein ostdeutscher Zollfahnder ist dieser Gestrigkeiten überdrüssig: »Wollen wir wirklich zurück zum Schlagbaum?« Die Antwort liefert der Mann, der seit mehr als 20 Jahren beim Zoll arbeitet, gleich mit. »Wir brauchen andere, langfristige Problemlösungen.« Allein auf den Zoll und schärfere Grenzkontrollen zu setzen, reiche nicht aus. Schließlich machen Drogenhändler nur dort ihre Geschäfte, wo es auch eine Nachfrage gibt. Das Problem auf die gefallenen Zollschranken zu schieben, greift für den erfahrenen Beamten zu kurz. Es sei eine gesellschaftliche Aufgabe, die auf vielen Ebenen gelöst werden müsse, ist er sich sicher.

Geld oder Ehre?

Abschottung und Ausgrenzung sind als Phänomene so alt, wie es territoriale Grenzen gibt. Für die Begründung gesellschaftlicher Missstände müssen Sündenböcke herhalten. Dieser Reflex greift auch beim Thema Crystal. Die Deutschen und die Österreicher zeigen nur allzu gerne mit dem Finger auf die Tschechen. Diese wiederum suchen die Schuld bei den Vietnamesen. »Für die geht es nur um Geld, die haben keine Ehre«, sagt ein tschechischer Ermittler. Mit seiner Meinung steht er nicht allein. Funktionäre der Gewerkschaft der Polizei in Deutschland pflichten ihm bei: »Es ist mehr als überfällig, dass wir nun endlich den Crystal-Sumpf trockenlegen. Die 18 Asiamärkte mit Razzien zu überziehen und am Ende des Tages auch zu schließen, wäre da ein konsequenter Anfang.«[148]

Allzu eilfertige Schuldzuweisungen trüben allerdings den Blick auf die eigenen Versäumnisse. Ein ebenso wichtiger wie überfälliger Schritt ist die stärkere Zusammenarbeit mit der traditionell zurückhaltenden und abgeschotteten vietnamesischen Gemeinschaft in Tschechien. Ihre Mitglieder sehen sich von Politik und Sicherheitsbehörden unter Generalverdacht gestellt. In Ústí nad Labem trafen sich im März 2013 ihre Verbandsvertreter zu einer Konferenz, auf der ein Antidrogenprojekt vorgestellt wurde. Erklärtes Ziel des Zusammentreffens war es, den Austausch zwischen vietnamesischen Organisationen und tschechischen Behörden auf Landes- und Kommunalebene auszubauen. In der Mehrheitsgesellschaft stoßen die zurückgezogen lebenden Gruppen häufig auf Ablehnung. Von den Älteren sprechen viele nur schlecht Tschechisch. Ihr Zugang zu einem regulären Job auf dem freien Arbeitsmarkt ist von vornherein beschränkt. Viele Vietnamesen arbeiten für einen geringen Lohn in Fabriken. Andere haben eigene kleine Läden oder Stände auf den verrufenen Asiamärkten. Ein Teil von ihnen geht illegalen Geschäften nach. Ohne eine bessere Integration der vietnamesischen Gemeinschaft in die tschechische Gesellschaft sind Drogenproduktion und -handel nicht einzudämmen.

Opfer einer Drogenflut aus dem Osten?

Die geplante Öffnung der vietnamesischen Gemeinschaft ist ein wichtiges Signal. Damit steigen die Chancen für gemeinsame Präventionsprojekte und Aufklärungsprogramme auch innerhalb der vietnamesischen Community. In Deutschland und Österreich sind an Konsumenten und Risikogruppen gerichtete Aufklärungsprogramme das Gebot der Stunde. Auch im Therapiesystem besteht Handlungsbedarf. Die Zugangsmöglichkeiten müssen von unnötiger Bürokratie befreit und am Rhythmus und der Konsumrealität der Abhängigen ausgerichtet werden.

Rekordfunde, Erstkonsumenten, Drogentote – die nüchternen Zahlen beschreiben die Oberfläche eines vielschichtigen Phänomens, das ausgebrannte Menschen zurücklässt, die Kommunen Millionen kostet, die Ermittler überlastet und aus heutiger Sicht noch unabsehbare Folgen für die Gemeinschaft haben wird. Die Konsumenten auf deutscher und österreichischer Seite sind keine willenlosen Opfer einer Drogenflut aus dem Osten – sie sind die offenkundigen Verlierer einer Gesellschaft, die Leistung über alles stellt.

Anhang

Anmerkungen

1 Vgl. Maier, Sascha: Crystal Meth erreicht Stuttgart, in: Stuttgarter Nachrichten vom 25.8.2014 (http://www.stuttgarter-nachrichten.de/inhalt.gefaehrlicher-drogenkonsum-crystal-meth-erreicht-stuttgart.6de849bc-c49a-4bd9-8b38-26cd35500a54.html, Zugriff am 11.1.2015).

2 Vgl. Thieme, Gabi: Crystal-Schmuggel: Staatsanwalt ermittelt gegen Bundespolizisten, in: Freie Presse vom 10.11.2014 (http://www.freiepresse.de/NACHRICHTEN/SACHSEN/Crystal-Schmuggel-Staatsanwalt-ermittelt-gegen-Bundespolizisten-artikel9033307.php, Zugriff am 14.11.2014).

3 WikiLeaks: Behind The Numbers: The Changing Drug Situation In The Czech Republic, 20.6.2008 (http://search.wikileaks.org/plusd/cables/08PRAGUE380_a.html, Zugriff am 11.1.2015).

4 Gunkel, Christoph: Therapie mit Rattengift, in: Spiegel Online vom 22.1.2010 (http://www.spiegel.de/einestages/hitlers-krankheiten-a-948699.html, Zugriff am 11.2.2015).

5 Vgl. Heston, Leonard/Heston, Renate: The Medical Casebook of Adolf Hitler: His Illnesses, Doctors, and Drugs, New York 1980.

6 Vgl. o. Verf.: An der Nadel, in: Der Spiegel 7/1980, S. 84 ff.

7 Hauschild, Friedrich: Tierexperimentelles über eine peroral wirksame zentralanaleptische Substanz mit peripherer Kreislaufwirkung, in: Klinische Wochenschrift (1938) 36, S. 1257 f.

8 Vgl. Steinkamp, Peter: »Pervitin« (Methamphetamine) Tests, Use and Misuse in the German Wehrmacht, in: Eckart, Wolfgang Uwe (Hg.): Man, Medicine and the State: The Human Body as an Object of Government Sponsored Medical Research in the 20th Century, Stuttgart 2006, S. 65.

9 Zit. n. Pieper, Werner: »Pervitin« – Die Flucht in die Tablette, in: ders. (Hg.): Nazis on Speed. Drogen im 3. Reich, Band 1, Löhrbach 2009, S. 114.

10 Stuka ist die Abkürzung für Sturzkampfflugzeug.

11 Schubert, Jochen (Hg.): Heinrich Böll. Briefe aus dem Krieg 1939–1945, München 2003, S. 22, 62, 81.

12 Vgl. Kemper, Wolf R.: »Pervitin« – die Endsieg-Droge? Wach und leistungsstark durch Methamphetamin, in: Pieper, Werner (Hg.): Nazis on Speed. Drogen im 3. Reich, Band 1, Löhrbach 2009, S. 125.

13 Vgl. Haverkamp, Jan: Rauschmittel im Nationalsozialismus. Die gesetzliche und therapeutische Entwicklung 1933–1939, in: Sozial. Geschichte Online 7 (2012), S. 57 ff.

14 Vgl. Holzer, Tilmann: Die Geburt der Drogenpolitik aus dem Geist der Rassenhygiene. Deutsche Drogenpolitik von 1933 bis 1972, Norderstedt 2007, S. 216.

15 Vgl. o. Verf.: »Des Teufels General« in: WDR.de, Zeitgeschichtliches Archiv vom 17.11.2006 (http://www1.wdr.de/themen/archiv/stichtag/stichtag2054.html, Zugriff am 26.1.2015).

16 Vgl. Steinkamp, Peter: »Pervitin« (Methamphetamine) Tests, Use and Misuse in the German Wehrmacht, in: Eckart, Wolfgang Uwe (Hg.): Man, Medicine and the State: The Human Body as an Object of Government Sponsored Medical Research in the 20th Century, Stuttgart 2006, S. 66 ff.

17 Vgl. Holzer, Tilmann: Die Geburt der Drogenpolitik aus dem Geist der Rassenhygiene. Deutsche Drogenpolitik von 1933 bis 1972, Norderstedt 2007, S. 244 ff.

18 Vgl. Gottfried, Claudia: Konsum und Verbrechen. Die Schuhprüfstrecke im KZ Sachsenhausen, in: LVR-Museum (Hg.): Glanz und Grauen. Mode im »Dritten Reich«, Ratingen 2012, S. 48.

19 Vgl. Sudrow, Anne: Vom Leder zum Kunststoff. Werkstoff-Forschung auf der »Schuhprüfstrecke« im Konzentrationslager Sachsenhausen 1940–1945, in: Maier, Helmut (Hg.): Rüstungsforschung im Nationalsozialismus. Organisation, Mobilisierung und Entgrenzung der Technikwissenschaften, Göttingen 2002, S. 235.

20 Vgl. Kemper, Wolf R.: »Pervitin« – die Endsieg-Droge? Wach und leistungsstark durch Methamphetamin, in: Pieper, Werner (Hg.): Nazis on Speed. Drogen im 3. Reich, Band 1, Löhrbach 2009, S. 131.

21 Vgl. Krauß, Oliver: Rüstung und Rüstungserprobung in der deutschen Marinegeschichte unter besonderer Berücksichtigung der Torpedoversuchsanstalt (TVA), Kiel 2006, S. 178.

22 Vgl. Grefe, Christiane: Wo ist Böll?, in: Die Zeit vom 8.8.2007 (http://www.zeit.de/2007/32/Boell, Zugriff am 8.12.2014).

23 Vormals Psychiatrische und Nervenklinik der Hansischen Universität Hamburg.

24 Vgl. Bonhoff, Gerhard/Lawrenz, Herbert: Über Weckamine. »Pervitin« und Benzedrin, Berlin u.a. 1954, S. 66 ff.

25 Vgl. o. Verf.: »Wie ein Peitschenschlag aufs Gehirn«, in: Der Spiegel 26/1987, S. 59 f.; Japan: Haus verkauft, in: Der Spiegel 43/1984, S. 198 ff.

26 Vgl. o. Verf.: Berliner Mythen: Die Recherche für Teil 1 – der Fall Elisabeth Kusian, in: Zitty Berlin vom 12.6.2013 (www.zitty.de/folge-1-der-fall-elisabeth-kusian.html, Zugriff am 7.12.2014).

27 Vgl. Drepper, Daniel: »Was in Bern passiert ist, war verboten«. Interview mit Erik Eggers vom 24.5.2012, in: fussballdoping.de (http://fussballdoping.correctiv.org/2012/05/%E2%80%9Ewas-in-bern-passiert-ist-war-verboten, Zugriff am 8.12.2014).

28 Vgl. o. Verf.: Mit Aufputschmitteln Bergriesen bezwungen, in: Bild vom 22.4.1966.

29 Vgl. Heise, Wolfgang/Miller, René: Befahl Mielke Dynamo-Doping?, in: Berliner Kurier vom 19.6.2007 (http://www.berliner-kurier.de/archiv/aufregung-ex-bfc-spieler-weisen-wissentliches-auf putschen-von-sich-befahl-mielke-dynamo-doping-,8259702, 3985634.html, Zugriff am 29.12.2014).

30 Sulzer, Thomas/Lamprecht, Roberto: DDR-Meister Dynamo Berlin gedopt, in: Bild vom 18.6.2007, S. 12.

31 Vgl. Die »unterstützenden Mittel«. Aus dem Bericht eines inoffiziellen Mitarbeiters der Stasi vom 1.12.1983, in: Der Bundesbeauftragte für die Unterlagen des Staatssicherheitsdienstes der ehemaligen Deutschen Demokratischen Republik (BStU): »Höher, schneller, weiter?« (http://www.bstu.bund.de/DE/Wissen/Bildung/Downloads/schulausstellung_vertiefung-zum-poster_hoeher-schneller-weiter.pdf?__blob=publicationFile, Zugriff am 29.12. 2014).

32 Vgl. Zimmermann, Marco: Partydroge mit zerstörerischer Wirkung: »Pervitin« in Tschechien, in: Radio Praha vom 21.2.2013 (http://radio.cz/de/rubrik/kaleidoskop/partydroge-mit-zerstoere rischer-wirkung-pervitin-in-tschechien-1, Zugriff am 8.12.2014); Pacurar, Georg: »Quatschen kann jeder, nur Taten zählen«. Interview mit Pavel Gregor, in: Tschechien Online vom 27.2.2014 (http://www.tschechien-online.org/news/20874-quatschen-kann-jeder-taten-zahlen, Zugriff am 8.12.2014).

33 House of Representatives (Hg.): Fighting Meth in America's Heartland: Assessing the Impact on Local Law Enforcement and Child Welfare Agencies, Washington 2006, S. 62.

34 Vgl. European Monitoring Centre for Drugs and Drug Addiction: Exploring methamphetamine trends in Europe, EMCDDA Papers, Luxemburg 2014, S. 4.

35 Ebenda, S. 3.

36 Vgl. National Monitoring Centre for Drugs and Drug Addiction: Annual Report The Czech Republic 2012 Drug Situation, Prag 2013, S. 8 (http://www.drogy-info.cz/index.php/content/download/184212/774427/file/2012_annual_report_drug_situation_czech_republic.pdf, Zugriff am 19.2.2015).

37 Vgl. Martin, Lothar: Harte Strafe für Drogen-Apotheker – ČLnK fordert Rezeptpflicht für Pseudoefedrine, in: Radio Prag vom 26.5.2010 (http://www.radio.cz/de/rubrik/tagesecho/harte-strafe-fuer-drogen-apotheker-clnk-fordert-rezeptpflicht-fuer-pseudoefedrine, Zugriff am 13.11.2014).

38 Ebenda.

39 Vgl. National Drug Headquarter: National Drug Headquarters Annual Report 2013, Prag 2014, S. 8.

40 Vgl. Nejezchleba, Martin: »Auf der Suche nach einem Traum«. Interview mit Eva Pechová, in: Goethe-Institut Prag, Dezember 2009 (http://www.goethe.de/ins/cz/pra/kul/duc/kul/vie/de5386480.htm, Zugriff am 7.2.2015); Brill, Klaus: Fremd in der Heimat, in: Süddeutsche Zeitung vom 17.5.2010 (http://www.sueddeutsche.de/panorama/tschechien-fremd-in-der-heimat-1.480162, Zugriff am 7.2.2015).

41 Vgl. dpa: Drogenfahnder aus Vietnam helfen Prag, in: Mittelbayerische Zeitung vom 7.7.2014 (http://www.mittelbayerische.de/nachrichten/oberpfalz-bayern/artikel/drogenfahnder-aus-vietnam-helfen-prag/1089377/drogenfahnder-aus-vietnam-helfen-prag.html, Zugriff am 28.12.2014).

42 Name geändert.

43 Landespolizeiinspektion Erfurt, Pressemitteilung vom 11.11.2014.

44 Vgl. ebenda; MDR Thüringen: Polizei nimmt Drogenbande in Kölleda hoch, in: Mitteldeutscher Rundfunk vom 11.11.2014 (http://www.mdr.de/thueringen/mitte-west-thueringen/drogenbande-koelleda100.html, Zugriff am 1.1.2015).

45 Vgl. Schmidt, Jürgen: Facebook geht ins Tor-Netz, in: heise.de vom 31.10.2014 (http://www.heise.de/newsticker/meldung/Facebook-geht-ins-Tor-Netz-2440221.html, Zugriff am 16.12.2014).

46 Vgl. Europol: Global action against dark markets on Tor network, 7.11.2014 (https://www.europol.europa.eu/content/global-action-against-dark-markets-tor-network, Zugriff am 25.11.2014).

47 Vgl. Hessischer Rundfunk: Hesse auf Online-Drogenmarkt aktiv, in: hr-online.de vom 11.11.2014 (http://www.hr-online.de/web

site/rubriken/nachrichten/indexhessen34938.jsp?rubrik=36082&
key=standard_document_53527599, Zugriff am 25.11.2014).

48 NPD-Fraktion im Sächsischen Landtag: »Weg mit dem Crystal-
Dreck!«, Pressemitteilung vom 9.4.2014 (http://www.npd-frakti
on-sachsen.de/weg-mit-dem-crystal-dreck, Zugriff am 26.9.2014).

49 Rede von MdL Freya-Maria Klinger zum Antrag der Fraktion
NPD in Drs 5/14143 »Weg mit dem Crystal-Dreck – Verbreitung
und Schmuggel der Todesdroge Crystal Meth wirksam verhindern!« auf der 94. Sitzung des 5. Sächsischen Landtages am
9.4.2014 (http://linksfraktionsachsen.de/media/directory/uploads/
094_LTS_09042014_ANNPD_TodesdrogeCrystalMeth_fmk.
pdf, Zugriff am 12.11.2014).

50 Vgl. Nordsächsische Nazis als Crystal-Dealer aufgeflogen, in:
chronikle vom 30.8.2012 (https://www.chronikle.org/ereignis/
nords%C3%A4chsische-nazis-crystal-dealer-aufgeflogen, Zugriff
am 6.1.2015).

51 Zit. n. Trappe, Thomas: Nazis auf Entzug, in: Zeit Online vom
12.12.2012 (http://www.zeit.de/gesellschaft/zeitgeschehen/2012-
12/rechtsextremismus-drogen-crystal-meth, Zugriff am 3.9.2014).

52 Vgl. Polizei Sachsen: Aufmerksame Polizisten stellen Crystal sicher, Pressemitteilung vom 26.9.2014 (http://www.polizei.sach
sen.de/de/MI_2014_31988.htm, Zugriff am 21.12.2014)

53 Vgl. Exakt: Drogenhandel zur Finanzierung von Rechtsextremismus?, in: Mitteldeutscher Rundfunk vom 15.10.2014 (http://
www.mdr.de/exakt/neonazis_drogenhandel102.html, Zugriff am
21.12.2014).

54 Döring, Frank: Chemiker entdeckt Spur zu Crystal-Mafia, in:
Leipziger Volkszeitung vom 28.11.2014, S. 16.

55 Vgl. Winroither, Eva: Drogenküchen. »Breaking Bad« made in Aus-
tria, in: Die Presse vom 8.11.2014 (http://diepresse.com/home/
panorama/oesterreich/4590204/Drogenkuchen_Breaking-Bad-
made-in-Austria, Zugriff am 6.1.2015).

56 Vgl. Reisener, Thomas: »Crystal Meth ist ein Milliardengeschäft«.
Interview mit Jakub Frydrych am 27.8.2014, in: (http://www.
rp-online.de/panorama/crystal-meth-ist-ein-milliardengescha
eft-aid-1.4480605, Zugriff am 7.1.2015).

57 Vgl. Kliniken und Heime des Bezirks Oberfranken (Hg.): 2. Crys-
tal-Meth-Kongress. Workshop 7 vom 27.11.2013, S. 18 (http://
www.bezirkskliniken-oberfranken.de/pdf/bayreuth/veranstal

tungen/2013/Workshop_7_Zusammenfassung.pdf, Zugriff am 11.2.2015).

58 Vgl. ebenda.

59 Vgl. Environmental Protection Agency: RCRA Hazardous Waste Identification of Methamphetamine Production Process By-products, Washington 2008, S. 8 (http://www.epa.gov/osw/hazard/wastetypes/wasteid/downloads/rtc-meth.pdf, Zugriff 4.10.2014).

60 Verbruggen, Werner: Synthetic drugs production and environmental effects. Preventing Drugs Usage by Utilising Environmental Arguments, Göteborg, 12.11.2014 (http://socialutveckling.go teborg.se/uploads/Werner_Verbryggen.pdf, Zugriff am 4.1.2015).

61 Ders.: Produktion av syntetiska droger och miljöeffekter, Video unter: YouTube vom 1.12.2014 (https://www.youtube.com/watch? v=AVqs0spe96Y, Zugriff am 4.1.2015).

62 Zentrum für Interdisziplinäre Suchtforschung (ZIS): Amphetamin und Methamphetamin – Personengruppen mit missbräuchlichem Konsum und Ansatzpunkte für präventive Maßnahmen, Hamburg 2014.

63 Vgl. ebenda, S. 7.

64 Vgl. Bätz, Jürgen: Crystal Meth für viele attraktive Droge. Interview mit Ingo Schäfer, in: Kölner Stadt-Anzeiger vom 17.11.2014 (http://www.ksta.de/gesund---fit/experte-warnt-crystal-meth-fuer-viele-attraktive-droge,15938554,29067400.html, Zugriff am 21.12.2014).

65 Vgl. Klee, Hilary: A Typology of Amphetamine Misuse in the United Kingdom, in: Klee, Hilary (Hg.): Amphetamin Misuse: International Perspectives on Current Trends, Amsterdam 1997, S. 35–68.

66 Vgl. Zentrum für Interdisziplinäre Suchtforschung (ZIS): Amphetamin und Methamphetamin – Personengruppen mit missbräuchlichem Konsum und Ansatzpunkte für präventive Maßnahmen, Hamburg 2014, S. 13.

67 Färber, Renate: »Drogen-Babys leiden nach der Geburt extrem«. Interview mit Eva Robel-Tillig, in: Freie Presse vom 9.6.2014 (http://www.freiepresse.de/NACHRICHTEN/SACHSEN/Klini ken-in-Sorge-Anzahl-der-Drogen-Babys-nimmt-stetig-zu-artikel 8849979-2.php, Zugriff am 21.12.2014).

68 Mortler, Marlene: Crystal Meth: »Ein Ausstieg aus dieser Sucht ist möglich!«, in: Gesamtverband für Suchthilfe e.V.: Partnerschaftlich. Infodienst 2/2014, S. 3.

69 Vgl. Rasch, Ralf: Crystal – Eine neue medizinische Herausforderung, in: Gesamtverband für Suchthilfe e.V.: Partnerschaftlich. Infodienst 2/2014, S. 6.

70 Vgl. Rödel, Susan / Barth, Joachim: Die zwei Konsumententypen – Versuch einer Typisierung, in: Gesamtverband für Suchthilfe e.V.: Partnerschaftlich. Infodienst 2/2014, S. 14.

71 Zum Schutz der Protagonisten wurden alle Namen und Orte geändert.

72 Vgl. Busch, Heiner: Zollfahndung und Zollkriminalamt. Die unbekannten und unterschätzten Polizeien, in: Cilip 21 (1999) 1 (http://www.cilip.de/ausgabe/62/zoll.htm, Zugriff am 28.12.2014).

73 Vgl. LKA Thüringen: 20 Jahre Gemeinsame Ermittlungsgruppe Rauschgift, Pressemitteilung vom 4.12.2012 (http://www.thue ringen.de/th3/polizei/lka/presse/aktuell/pm/68626, Zugriff am 17.11.2014).

74 Schwab, Harald: Methamphetamin (Crystal) – »Alter Hut« oder neue Designerdroge, in: der kriminalist vom 1.4.2001, S. 173.

75 Vgl. Antwort der Bundesregierung auf die Kleine Anfrage der Abgeordneten Andrej Hunko, Jan Korte, Herbert Behrens, weiterer Abgeordneter und der Fraktion DIE LINKE – Drs 18/1991: Einsätze von sogenannten stillen SMS, WLAN-Catchern, IMSI-Catchern, Funkzellenabfragen sowie Software zur Bildersuche im ersten Halbjahr 2014, Drs 18/2257 vom 1.8.2014 (http://dipbt. bundestag.de/doc/btd/18/022/1802257.pdf, Zugriff am 3.12.2014).

76 Vgl. ebenda.

77 Vgl. Zollkriminalamt: Operation Speedway II: Mit aller Macht gegen Crystal, Pressemitteilung vom 24.1.2013 (http://www.zoll. de/SharedDocs/Pressemitteilungen/DE/Sonstiges/2013/z90_speedway_zka.html, Zugriff am 17.11.2014).

78 Bock, A. / Püschel, B.: Weiden – Die SoKo »Crystal«, in: Oberpfalz TV vom 18.9.2013 (http://prerelease.myvideo.de/watch/9234157/ Weiden_Die_SoKo_Crystal, Zugriff am 17.11.2014).

79 Vgl. Zollfahndungsamt Dresden: Das Zollfahndungsamt Dresden zieht Bilanz zu 2013, Pressemitteilung vom 14.4.2014 (http:// www.zoll.de/SharedDocs/Pressemitteilungen/DE/Jahresbilanzen/ 2014/z66_jahresbilanz_13_zfa_dresden.html,) Zugriff am 17.11. 2014).

80 Vgl. Willfurth, Reinhold: Die Jagd nach dem tödlichen Muntermacher, in: Mittelbayerische Zeitung vom 20.12.2013 (http:// www.mittelbayerische.de/nachrichten/oberpfalz-bayern/artikel/

die-jagd-nach-dem-toedlichen-muntermacher/997583/die-jagd-
nach-dem-toedlichen-muntermacher.html, Zugriff am 17.11.2014).

81 Vgl. Bundesfinanzdirektion Südost: SOKO Crystal zerschlägt erneut
    Drogenschmugglerbande, Pressemitteilung vom 25.9.2014 (http://
    bfd-suedost.de/pages/topics/soko-crystal-zerschlaegt-erneut-dro-
    genschmugglerbande.php?p=30, Zugriff am 17.11.2014).

82 Gesetz zur Überwachung des Verkehrs mit Grundstoffen, die für
    die unerlaubte Herstellung von Betäubungsmitteln missbraucht
    werden können (Grundstoffüberwachungsgesetz – GÜG, http://
    www.gesetze-im-internet.de/g_g_2008/BJNR030610008.html,
    Zugriff am 7.11.2014).

83 dpa: Herrmann fordert von Tschechien mehr Einsatz gegen Crystal
    Speed, in: Die Welt vom 15.1.2013 (http://www.welt.de/newsti
    cker/news3/article112791449/Herrmann-fordert-von-Tschechien-
    mehr-Einsatz-gegen-Crystal-Speed.html, Zugriff am 9.1.2015).

84 Vgl. Gewerkschaft der Polizei: Besser aufstellen im Kampf gegen
    Crystal Meth, Pressemitteilung vom 4.12.2014 (http://www.gdp.
    de/gdp/gdp.nsf/id/7E5F37B5639E0C44C1257DA4003E4BAD?
    open&Highlight=Crystal, Zugriff am 9.1.2015).

85 Suchtforum & Drogenforum – Fragen und Antworten: deutsch
    tschechische Grenze. Asiamärkte, Forenbeitrag vom 9.3.2014
    (http://forum.suchtmittel.de/viewtopic.php?p=141512, Zugriff am
    21.12.2014).

86 Reisener, Thomas: »Crystal Meth ist ein Milliardengeschäft«, in:
    RP-Online, 27.8.2014 (http://www.rp-online.de/panorama/crys
    tal-meth-ist-ein-milliardengeschaeft-aid-1.4480605, Zugriff am
    29.10.2014).

87 Name geändert.

88 Vgl. Celní správa České republiky: Operace »PALETA« – orga-
    nizátor dovozu 182 kg heroinu se zabýval i obchody s pervitinem,
    Pressemitteilung vom 14.11.2014, http://www.celnisprava.cz/cz/
    tiskove-zpravy/2014/Video/2014-11-14-12142014-11-14-1214
    Akce%20Paleta%20SON%20G%c4%9bC_(converted).wmv,
    Zugriff am 21.12.2014).

89 Vgl. National Drug Headquarter: National Drug Headquarters
    Annual Report 2013, Prag 2014, S. 9.

90 Vgl. Thüringer Innenministerium, Informationsblatt: Bekämpfung
    und Prävention des Konsums der Droge Crystal, Erfurt 2014
    (http://www.thueringen.de/imperia/md/content/polizei/medienin-
    formation.pdf, Zugriff am 21.12.2014).

91 Zum Vergleich: 2009 waren es 24, 2010: 85, 2011: 283, 2012: 528, vgl. Bayerisches Staatsministerium des Innern, für Bau und Verkehr: Antwort auf die Schriftliche Anfrage der Frau Abgeordneten Katharina Schulze vom 05.08.2014 betreffend Probleme durch die Droge »Crystal Meth«, S. 24 (http://katharina-schulze. de/wp-content/uploads/2014/08/2014_10_15_crystal_meth.pdf, Zugriff am 19.2.2015).

92 Vgl. Bundeskriminalamt: Suchtmittelkriminalität in Österreich. Jahresbericht 2013, Wien 2014, S. 41 ff.

93 Die angegebenen Mengen dienen allein als Relationsgrößen; sie beziehen sich jeweils auf einen Tatzeitraum von mehreren Jahren.

94 Barsch, Gundula: Crystal – eine neue psychoaktive Substanz bewegt das Land, in: Akzept e.V. Bundesverband/Deutsche Aids-Hilfe/JES Bundesverband (Hg.): Alternativer Sucht- und Drogenbericht 2014, o.O., o.J., S. 18.

95 Vgl. Zábranský, Tomáš: Methamphetamine in the Czech Republic, Journal of Drug Issues, January (2007) 37, S. 155 ff.

96 O. Verf.: Wie Champagner, in: Der Spiegel, 10/1960 (http:// www.spiegel.de/spiegel/print/d-43063540.html, Zugriff 21.11. 2014).

97 Vgl. Scharfenberg, Elisabeth: 500 000 Euro mehr für Crystal-Prävention, Pressemitteilung vom 2.12.2014 (http://www.elisa beth-scharfenberg.de/presse.php?id=709, Zugriff am 21.12.2014).

98 Vgl. Freistaat Sachsen (Hg.): Zehn-Punkte-Plan zur Prävention und Bekämpfung des Crystal-Konsums (http://www.lpr.sachsen. de/download/landespraeventionsrat/56_Anhang_10-Punkte-Plan%283%29.pdf, Zugriff am 11.1.2015).

99 http://crystal.sachsen.de, Zugriff am 19.2.2015.

100 Evangelisch-Lutherisches Landeskirchenamt Sachsens: Visitation des Landesbischofs bei der Diakonie Sachsen, 30.11.2014 (http:// www.evlks.de/aktuelles/spektrum/14896_25519.html, Zugriff am 21.12.2014).

101 Name geändert.

102 Vgl. Sächsische Landesstelle gegen die Suchtgefahren (SLS) (Hg.): SLS-Jahresbericht 2013. Suchtkrankenhilfe in Sachsen, Dresden 2014, S. 27 f.

103 Vgl. Senatsverwaltung für Gesundheit und Soziales: Sucht, Drogen, Rat & Hilfe: Suchthilfe und Suchtprävention. Ein Wegweiser, Berlin 2012, S. 2.

104 Vgl. Der Polizeipräsident in Berlin: Polizeiliche Kriminalstatistik Berlin 2012, S. 102.

105 Medick, Veit/Middelhoff, Paul: Oberster Berliner Drogenfahnder: »Wir wollen die Crystal-Meth-Dealer finden«. Interview mit Olaf Schremm, in: Spiegel Online vom 10.7.2014 (http://www.spiegel.de/politik/deutschland/crystal-meth-berliner-fahnder-warnt-vor-ausbreitung-der-droge-a-980267.html, Zugriff am 10.12.2014).

106 Zusammen mit den sichergestellten Mengen durch den Zoll ergeben sich für 2013 bayernweit 33,6 Kilogramm.

107 Vgl. Bayerisches Staatsministerium des Innern, für Bau und Verkehr: Antwort auf die Schriftliche Anfrage der Frau Abgeordneten Katharina Schulze vom 05.08.2014 betreffend Probleme durch die Droge »Crystal Meth«, S. 25 (http://katharina-schulze.de/wp-content/uploads/2014/08/2014_10_15_crystal_meth.pdf, Zugriff am 19.2.2015).

108 Region Franken: In Hof stieg die Zahl der Crystal-Klientel von 13 im Jahr 2008 auf 226 im Jahr 2013, in Bayreuth von 143 (2008) auf 170 (2013); Region Niederbayern: Passau: von 6 (2010) auf 37 (2013), vgl. ebenda.

109 Bundesministerium für Gesundheit (Hg.): Epidemiologiebericht Drogen 2014, S. 14 (http://bmg.gv.at/cms/home/attachments/7/9/5/CH1040/CMS1382083630055/epidemiologiebericht_drogen_2014.pdf, Zugriff am 13.10.2014).

110 Interview mit Margit Seidl, in: Institut für Suchtprävention (Hg.): fortyfour – Das Präventionsmagazin (2013) 21, S. 9.

111 Vgl. Sobol, Rosemary Regina: Police: Man busted for running meth lab – again, in: RedEye Chicago vom 26.2.2014 (http://www.redeyechicago.com/news/chi-police-man-busted-for-running-meth-lab-again-20140226,0,3535410.story, Zugriff am 23.12.2014).

112 Vgl. The Associated Press: Northern California man busted cooking meth at senior retirement community, in: Daily News vom 17.6.2014 (http://www.nydailynews.com/news/crime/northern-california-man-busted-cooking-meth-senior-retirement-community-article-1.1833175, Zugriff am 23.12.2014).

113 Vgl. dpa: Dealer verkaufen Crystal Meth aus Imbisswagen, in: Süddeutsche Zeitung vom 23.9.2014 (http://www.sueddeutsche.de/panorama/us-bundesstaat-colorado-dealer-verkaufen-crystal-meth-aus-imbisswagen-1.2142205, Zugriff am 23.12.2014).

114 Vgl. United Nations Office on Drugs and Crime (UNODC): World Drug Report 2014, S. 47 (http://www.unodc.org/documents/wdr2014/ATS_NPS_2014_web.pdf, Zugriff am 23.12.2014).

115 Vgl. Bundeskriminalamt: Rauschgiftkriminalität Bundeslagebild 2012, Wiesbaden 2013, S. 13.

116 Vgl. National Institute on Drug Abuse: Letter from the Director (http://www.drugabuse.gov/publications/research-reports/methamphetamine/letter-director, Zugriff am 23.12.2014).

117 Vgl. Offices of Research and Education Accountability: Methamphetamine Production in Tennessee, Tennessee 2013, S. 14 (http://www.comptroller.tn.gov/Repository/RE/MethProductionTN.pdf, Zugriff am 23.12.2014).

118 Easter, Michael Glenn: Are You Living In A Former Meth Lab?, in: Scienceline vom 28.4.2010 (http://scienceline.org/2010/04/are-you-living-in-a-former-meth-lab, Zugriff am 17.12.2014).

119 Vgl. Drug Enforcement Administration: National Clandestine Laboratory Register (http://www.dea.gov/clan-lab/clan-lab.shtml, Zugriff am 4.1.2015).

120 Minnesota Department of Health: Meth Lab Program (http://www.health.state.mn.us/divs/eh/meth, Zugriff am 15.11.2014).

121 Minnesota Pollution Control Agency: Clandestine Drug Lab General Cleanup Guidance (http://www.health.state.mn.us/divs/eh/meth/lab/guidance.pdf, Zugriff am 4.1.2015).

122 Two Rivers Drug Enforcement Team: What If You Find A Meth Lab? (http://tridentnarc.com/meth, Zugriff am 21.11.2014).

123 Drug Enforcement Administration: Clandestine Drug Laboratories Cleanup (http://www.dea.gov/ops/clandestine.shtml, Zugriff am 5.10.2014).

124 Vgl. U.S. Department of Justice – National Drug Intelligence Center: National Drug Threat Assessment 2004, S. 17f. (http://www.hsdl.org/?view&did=31346, Zugriff am 23.12.2014).

125 Vgl. Real Clear Politics: Top 10 States With the Most Meth Labs, 4.8.2014 (http://www.realclearpolitics.com/lists/meth_states/missouri.html, Zugriff am 18.11.2014).

126 Vgl. Wade, Don: Fighting the meth epidemic in Oklahoma and across the U.S., in: KJRH-TV vom 19.11.2012 (http://www.kjrh.com/news/local-news/investigations/fighting-the-meth-epidemic-in-oklahoma-and-across-the-us, Zugriff am 23.12.2014).

127 Vgl. Gulf Coast HIDTA: 2014 Drug Threat Assessment, S. 24 (http://www.arc-associates.net/yahoo_site_admin/assets/

docs/2014_Threat_Assessment_Final.35124838.pdf, Zugriff am 23.12.2014).

128 Vgl. Montana Meth Project: Results (http://www.montanameth. org/Results/index.php, Zugriff am 24.1.2015).

129 Vgl. O'Donnell, Catherine: New research shows massive ad campaign didn't reduce meth use, in: University of Washington, 20.9.2010 (http://www.washington.edu/news/2010/09/20/new-research-shows-massive-ad-campaign-didnt-reduce-meth-use/, Zugriff am 24.1.2015).

130 Vgl. Piper, Matthew: »Breaking Bad« shows bygone meth era, Utah law enforcement says, in: The Salt Lake Tribune vom 13.8.2013 (http://www.sltrib.com/sltrib/news/56728240-78/meth-says-thomas-enforcement.html.csp, Zugriff am 19.12.2014).

131 Vgl. Robson, Steve: The real-life Breaking Bad? School teacher with cancer arrested for drug trafficking after he his found with two bags of meth, in: Daily Mail vom 24.5.2013 (http://www.dailymail.co.uk/news/article-2330138/The-real-life-Breaking-Bad-School-teacher-cancer-arrested-drug-trafficking-bag-meth.html, Zugriff am 19.12.2014).

132 Vgl. Myers, Susan: Remove Breaking Bad dolls from their shelves, in: Change vom 11.10.2014 (https://www.change.org/p/toys-r-us-remove-breaking-bad-dolls-from-their-shelves, Zugriff am 19.12.2014).

133 Biff92: gefälschtes Blaues Meth »nachmachen«, in: gutefrage.net vom 27.9.2013 (http://www.gutefrage.net/frage/gefaelschtes-blaues-meth-nachmachen, Zugriff am 19.12.2014).

134 Vgl. Spangenberg, Christina: Breaking Bad Cupcakes mit Crystal Meth Candy, in: honigkuchenpferd.com vom 14.12.2012 (http://www.honigkuchenpferd.com/content/breaking-bad-cupcakes-mit-crystal-meth-candy, Zugriff am 19.12.2014).

135 Vgl. Sheridan, Peter: The drug dealer to the stars, in: Daily Express vom 1.4.2013 (http://www.express.co.uk/news/world/388488/The-drug-dealer-to-the-stars, Zugriff am 19.12.2014).

136 Zit. n. Hofer, Sebastian: Kristallwelten: Crystal Meth hat Österreich erreicht, in: profil.at vom 12.2.2013 (http://www.profil.at/home/kristallwelten-crystal-meth-oesterreich-352388, Zugriff am 22.2.2015).

137 Vgl. Kober, Henning: Der Rand des Regenbogens, in: Die Welt vom 10.7.2005 (http://www.welt.de/print-wams/article129716/Der-Rand-des-Regenbogens.html, Zugriff am 24.1.2015).

138 Vgl. Hermann, Jonas: Der Provokateur, in: Frankfurter Allgemeine Zeitung vom 28.2.2012 (http://www.faz.net/aktuell/
gesellschaft/jonas-akerlund-der-provokateur-11662730.html,
Zugriff am 19.12.2014).

139 Vgl. Zimmermann, Marco: Partydroge mit zerstörerischer Wirkung: »Pervitin« in Tschechien, in: Radio Praha vom 21.2.2013
(http://www.radio.cz/de/rubrik/kaleidoskop/partydroge-
mit-zerstoererischer-wirkung-pervitin-in-tschechien, Zugriff am
22.12.2014).

140 John, Radek: Memento, Berlin/Weimar 1989.

141 Ebenda, S. 227.

142 Ebenda, S. 346 f.

143 Vgl. o. Verf.: Zwei Millionen Deutsche dopen, in: Süddeutsche
Zeitung vom 17.5.2010 (http://www.sueddeutsche.de/karriere/
stress-am-arbeitsplatz-zwei-millionen-deutsche-dopen-
1.472956, Zugriff am 10.2.2015); Bönisch, J.: »Pillen zu schlu-
cken, ist nichts Besonderes mehr«. Interview mit Frank Meiners,
in: Süddeutsche Zeitung vom 17.5.2010 (http://www.sueddeut-
sche.de/karriere/doping-im-job-pillen-zu-schlucken-ist-nichts-
besonderes-mehr-1.473874, Zugriff am 10.2.2015).

144 Vgl. Trenkamp, Oliver: Neue Studie zu Hirndoping: Jeder fünfte
Student putscht sich auf, in: Spiegel Online vom 31.1.2013
(http://www.spiegel.de/unispiegel/studium/hirndoping-jeder-fu
enfte-student-nimmt-mittel-zu-leistungssteigerung-a-880810.
html, Zugriff am 10.2.2015).

145 dpa: Kampf gegen Crystal muss länderübergreifend geführt werden, in: Die Welt vom 5.1.2015 (http://www.welt.de/regionales/
sachsen/article136011169/Kampf-gegen-Crystal-muss-laende
ruebergreifend-gefuehrt-werden.html, Zugriff am 10.2.2015).

146 Vgl. Gerlach, Alexandra: Sachsen wollen wieder Grenzkontrollen,
in: Deutschlandfunk vom 22.7.2010 (http://www.deutschland
funk.de/sachsen-wollen-wieder-grenzkontrollen.862.de.html?
dram:article_id=123563, Zugriff am 17.12.2014).

147 Vgl. Rahmann, Tim: »Die AfD ist für Sicherheit – und gegen
unkontrollierte Grenzen«. Interview mit Frauke Petry, in: Wirt-
schaftsWoche vom 5.8.2014 (http://www.wiwo.de/politik/deutsch
land/afd-sachsen-spitzenkandidatin-frauke-petry-die-afd-ist-fuer-
sicherheit-und-gegen-unkontrollierte-grenzen-seite-all/
10282138-all.html, Zugriff am 17.11.2014).

148 Gewerkschaft der Polizei: Besser aufstellen im Kampf gegen Crystal Meth, Pressemitteilung vom 4.12.2014 (https://www.gdp.de/gdp/gdp.nsf/ID/7E5F37B5639E0C44C1257DA4003E4BAD?Open, Zugriff am 10.2.2015).

Literatur

Akzept e.V. Bundesverband für akzeptierende Drogenarbeit und humane Drogenpolitk/Deutsche Aids-Hilfe/JES Bundesverband (Hg.): Alternativer Sucht- und Drogenbericht 2014, o.O., o.J.

Bundeskriminalamt: Rauschgiftkriminalität Bundeslagebild 2012, Wiesbaden 2013

Bundeskriminalamt: Suchtmittelkriminalität in Österreich. Jahresbericht 2013, Wien 2014

Bonhoff, Gerhard/Lawrenz, Herbert: Über Weckamine. »Pervitin« und Benzedrin, Berlin u.a. 1954

Härtel-Petri, Roland/Haupt, Heiko: Crystal Meth. Wie eine Droge unser Land überschwemmt, München 2014

Holzer, Tilmann: Die Geburt der Drogenpolitik aus dem Geist der Rassenhygiene. Deutsche Drogenpolitik von 1933 bis 1972, Norderstedt 2007

Kemper, Wolf R.: »Pervitin« – die Endsieg-Droge? Wach und leistungsstark durch Methamphetamin, in: Pieper, Werner (Hg.): Nazis on Speed. Drogen im 3. Reich, Band 1, Löhrbach 2009

Mortler, Marlene: Crystal Meth: »Ein Ausstieg aus dieser Sucht ist möglich!«, in: Gesamtverband für Suchthilfe e.V.: Partnerschaftlich. Infodienst 2/2014, S. 3

Pieper, Werner: »Pervitin« – Die Flucht in die Tablette, in: ders. (Hg.): Nazis on Speed. Drogen im 3. Reich, Band 1, Löhrbach 2009

Rasch, Ralf: Crystal – Eine neue medizinische Herausforderung, in: Gesamtverband für Suchthilfe e.V.: Partnerschaftlich. Infodienst 2/2014, S. 6

Sächsische Landesstelle gegen die Suchtgefahren (Hg.): SLS-Jahresbericht 2013. Suchtkrankenhilfe in Sachsen, Dresden 2014

Senatsverwaltung für Gesundheit und Soziales: Sucht, Drogen, Rat & Hilfe: Suchthilfe und Suchtprävention. Ein Wegweiser, Berlin 2012

Steinkamp, Peter: »Pervitin« (Methamphetamine) Tests, Use and Misuse in the German Wehrmacht, in: Eckart, Wolfgang Uwe (Hg.): Man, Medicine and the State: The Human Body as an Object of Government Sponsored Medical Research in the 20th Century, Stuttgart 2006

Zentrum für Interdisziplinäre Suchtforschung: Amphetamin und Methamphetamin – Personengruppen mit missbräuchlichem Konsum und Ansatzpunkte für präventive Maßnahmen, Hamburg 2014

Dank

Ohne die Hilfe zahlreicher Gesprächspartner und Informanten wäre dieses Buch nie entstanden. Ein großer Dank geht an die vielen Hinweisgeber im Hintergrund, die hier nicht namentlich genannt werden können, sowie an jene Ermittler von Zoll und Polizei in Deutschland, Tschechien und Österreich, die den Autoren gegenüber kein Blatt vor den Mund genommen haben. Dasselbe gilt für diejenigen, die den Mut bewiesen, hinter der vermeintlich heilen Kulisse von Beruf und Familie offen über ihre Sucht zu sprechen und uns den Zugang zu unterschiedlichen Konsumentenszenen ermöglichten. Ein besonderer Dank geht dabei auch an jene, die uns einen Einblick in das Milieu der organisierten Kriminalität gewährten.

Dem Verlag und seinen Mitarbeitern danken wir für das in uns gesetzte Vertrauen und die zahlreichen Anregungen, von der Entwicklung des Themas bis hin zur Umsetzung. Die exzellente Arbeit unserer Lektorin Beate Clausnitzer gilt es in besonderer Weise hervorzuheben. Ihre Fragen und Ratschläge haben dem Buch unzweifelhaft den erforderlichen Schliff verpasst.

Maik Baumgärtner bedankt sich herzlichst bei: T. und K. für die Geduld! M. für die vielen kritischen Gespräche zum Inhalt des Buches. Bei Enrico Busch und Arthur Coffin für den ungetrübten Blick auf ihren Alltag. Speziell bei den vielen Gesprächspartnern in den Zollbehörden, den Landeskriminalämtern und den Frauen und Männern der Kripo in Stadt und Land. Bei den Kollegen Sven Röbel und Jörg Schindler, die so oft den Rücken freigehalten und das Projekt unterstützt haben. Und bei den vielen anderen Menschen, die hier nicht aufgezählt werden können, aber nicht vergessen sind.

Bastian Pauly richtet seinen Dank an die vielen Unterstützer und Kritiker im Verlag und auf privater Seite, die unerschütterlich an das Projekt geglaubt haben, auch wenn das gewiss nicht immer einfach war. Ein großes Dankeschön geht nach Prag für die Offenheit und den Vertrauensvorschuss. Besonderer Dank gebührt der Crew fürs Dasein, ebenso der Familie und nicht zuletzt – für Nachsicht, Rückhalt und Beihilfe zum Wort – Anett.

Mario Born sagt ein herzliches Danke an: Kerstin, Jonas, Sonja und die Kollegen von ÖSTERREICH; an Birgit Ahamer, Wilfried Kondert und Alois Ebner für ihre ausführlichen Auskünfte und Philip Christl für sein stets offenes Ohr; Rainer Nimmervoll und Walter Eichinger, die die Theorie mit der Rechtspraxis verbanden; an die oberösterreichische Polizei, explizit an David Furtner sowie Erwin Pilgerstorfer für anregende Diskussionen; nicht zuletzt an Silvia Strasser vom Bundeskriminalamt. Großer Dank geht an Thomas Schwarzenbrunner, Olaf Beyer, Kurosch Yazdi und Bernhard Lindenbauer, die wertvolle Einblicke und Einschätzungen aus ihrem Berufsalltag beisteuerten. Hervorzuheben sind Gerhard Krones und Urte Deisenhofer für ihren kritisch-analytischen und vor allem einfühlsamen Blick.

Zu den Autoren

Maik Baumgärtner

Jahrgang 1982, freier Investigativ-
journalist zum Thema Innere Sicherheit in Berlin; arbeitet für Print- und
Online-Medien, Radio und TV.

Mario Born

Jahrgang 1979, Journalist und
Historiker mit Schwerpunkt Neuere
und Neueste Geschichte; arbeitet
zum Thema organisierte Kriminalität
und Rechtsextremismus in Österreich und Süddeutschland.

Bastian Pauly

Jahrgang 1985, freier Journalist in
Berlin; Experte im Bereich alternative Jugendbewegungen und rechtsextreme Gewalt im Fußballumfeld,
bloggt seit 2007 als kritischer
Beobachter über die vielfältige
Ultrakultur und Fansozialarbeit
in seiner Heimatstadt Leipzig.